Die alten Kinderspiele sind nützlicher als die Alten dachten.

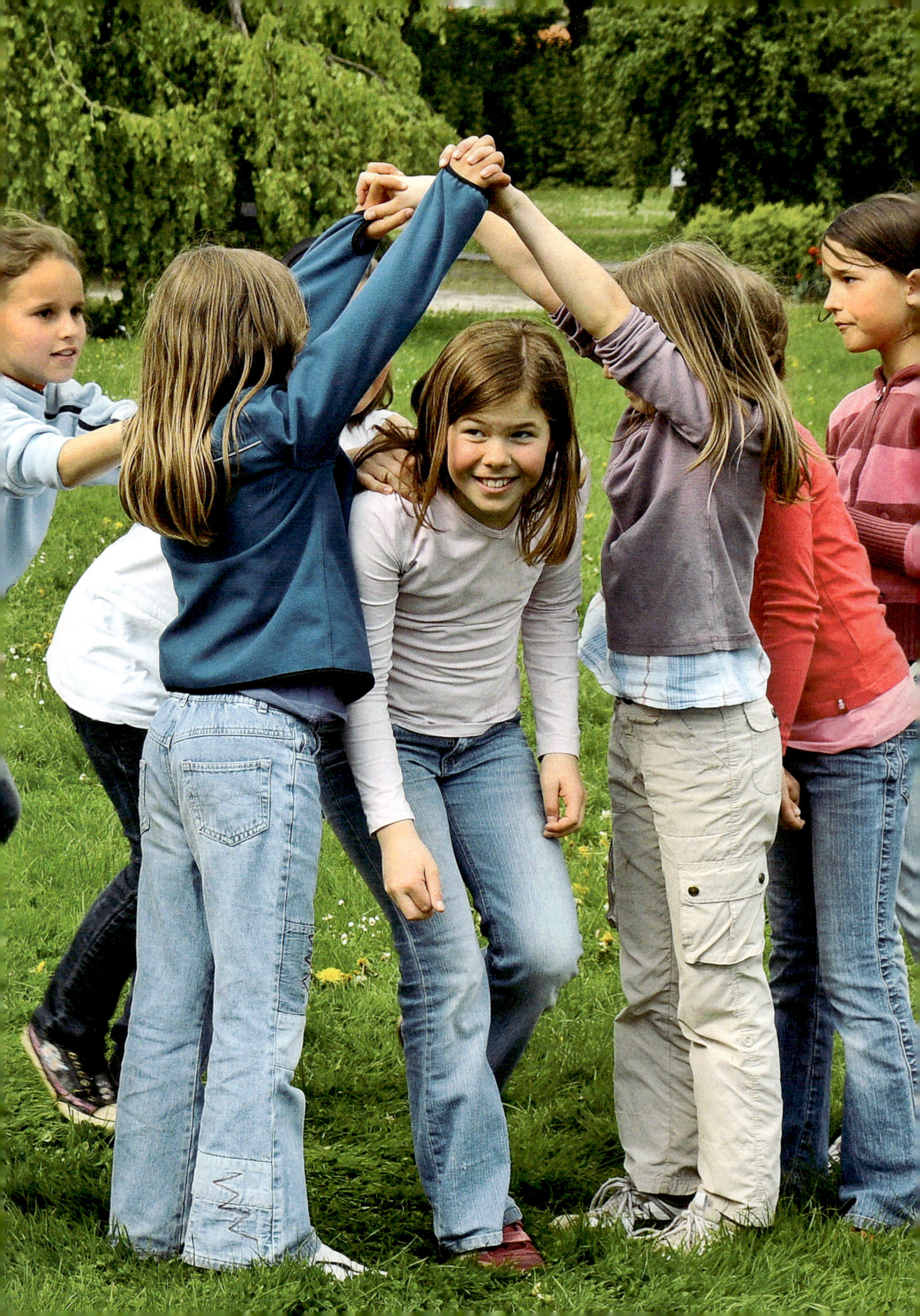

Alte Kinderspiele wieder entdeckt

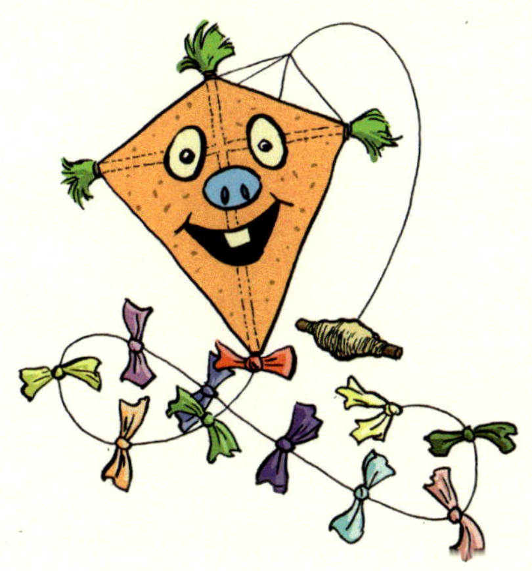

Johanna Woll
Margret Merzenich
Theo Götz

Ulmer

Inhalt

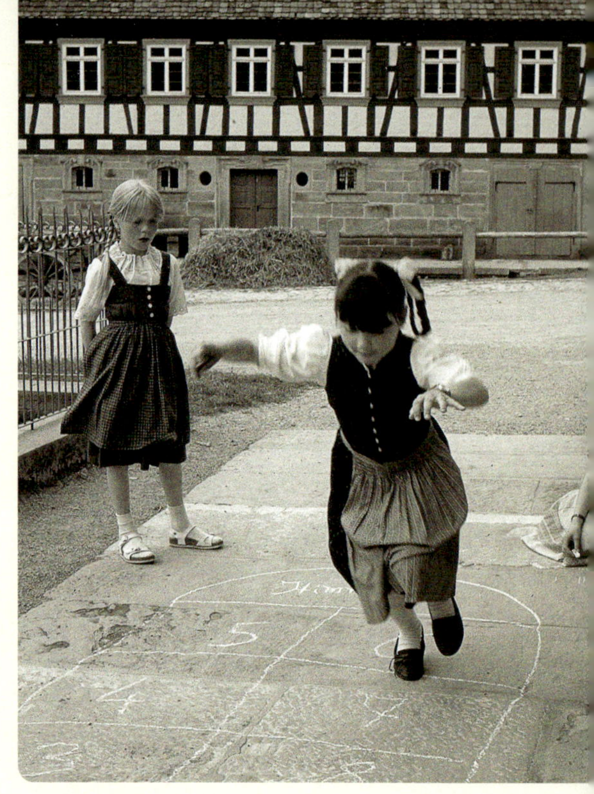

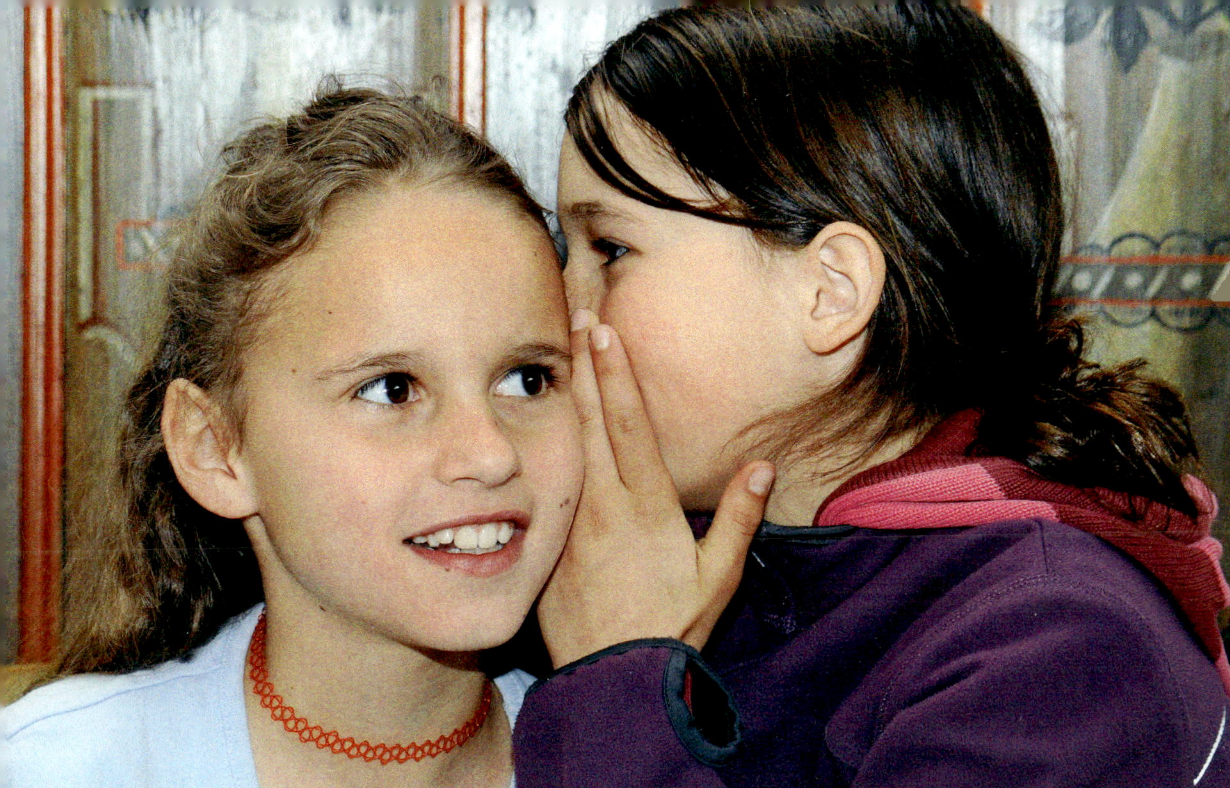

Sprechspiele

Rollenspiele 52

Ratespiele und Rätsel 55

Pfänderspiele 59

Reime und Verse 62

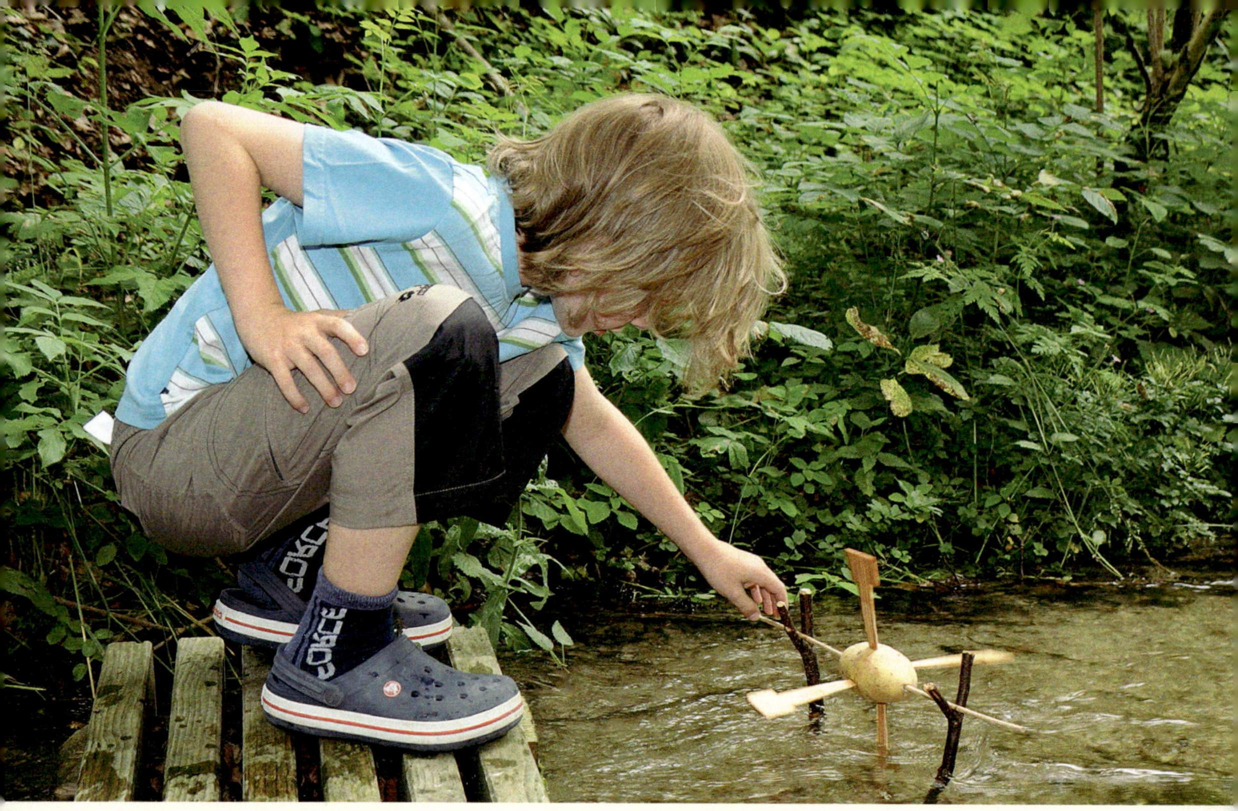

Basteln und Werken

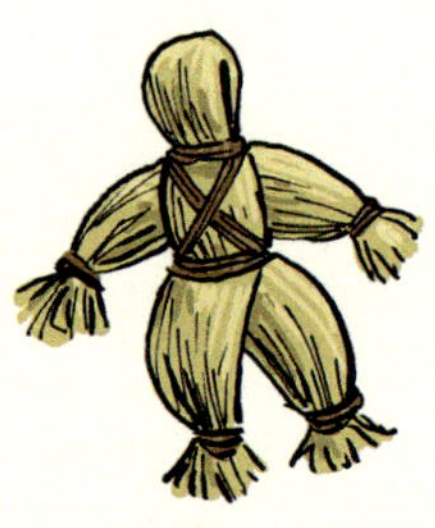

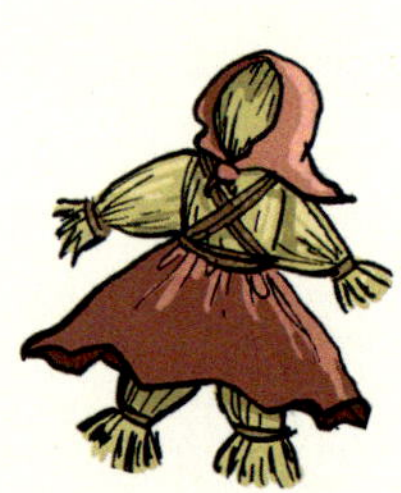

Festliche Bräuche und Spiele

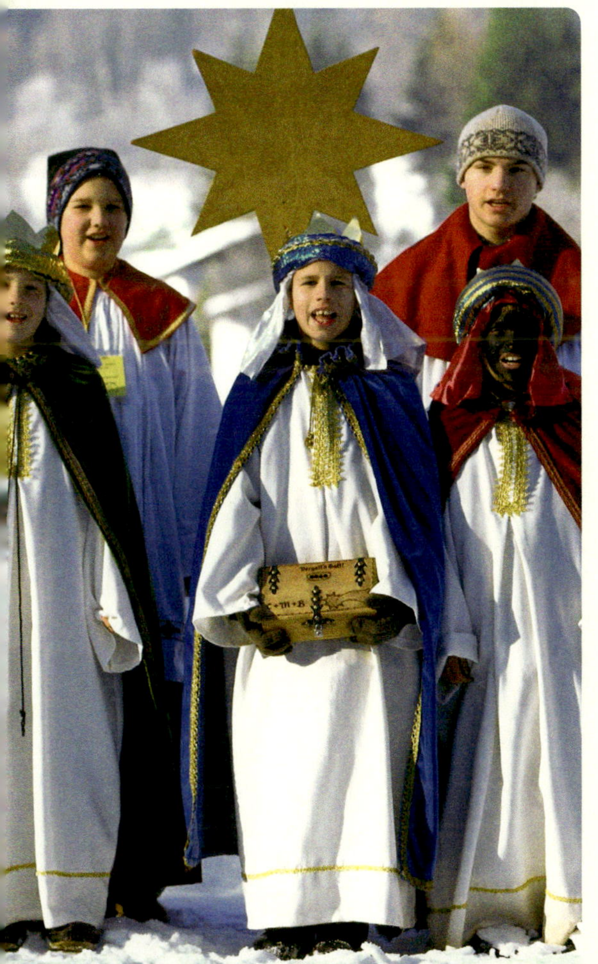

Anhang

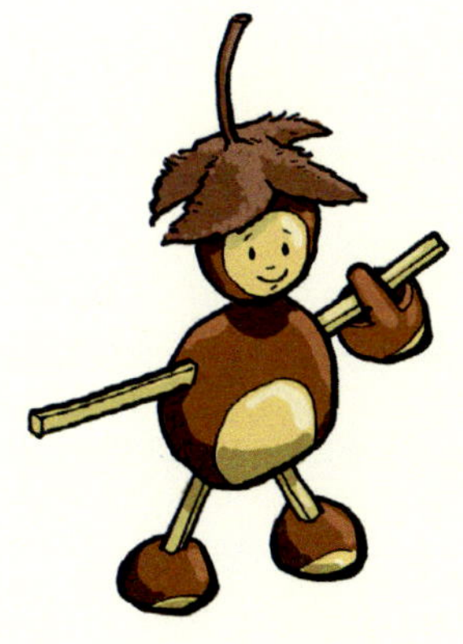

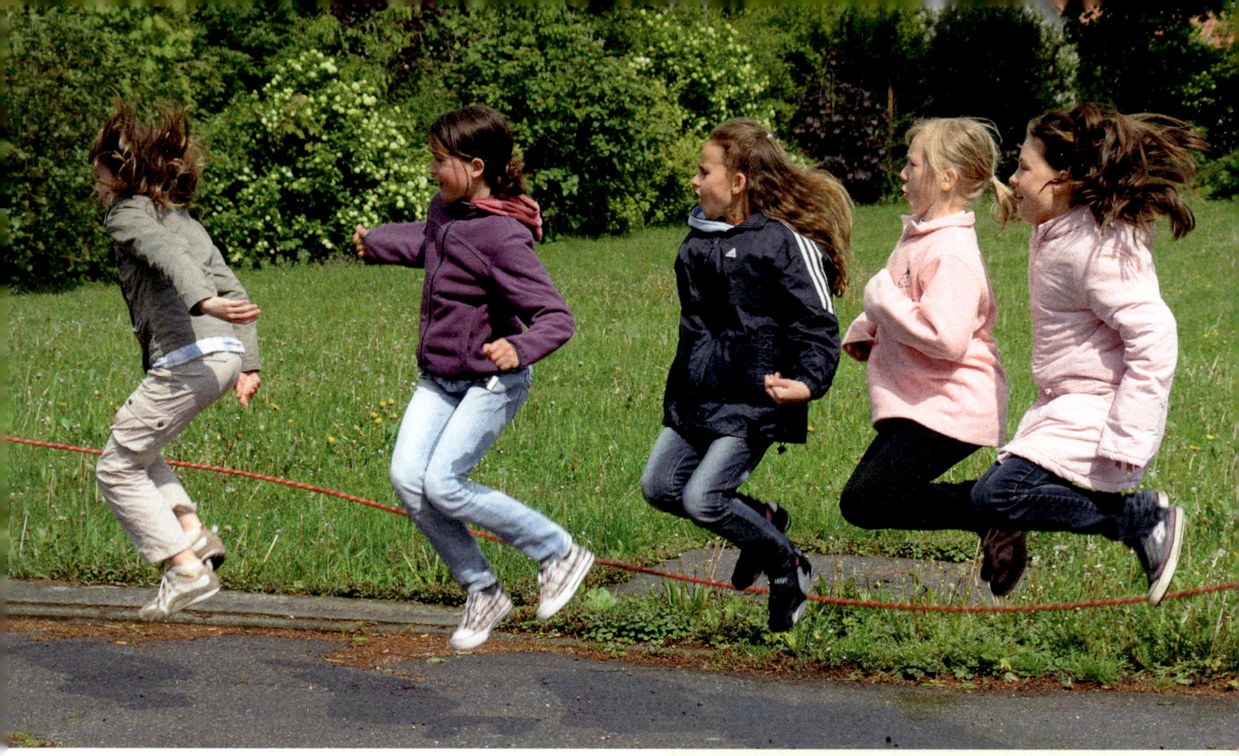

Alte Kinderspiele sind beliebt wie eh und je ...

Kinder brauchen Spiele

Viele Spiele, die einst Generationen von Kindern erfreut hatten, sind in den letzten fünfzig Jahren immer mehr in Vergessenheit geraten. Erst in jüngerer Zeit besann man sich wieder auf sie. Sie haben Beachtung verdient, denn sie sind nicht „altmodisch", sondern erstaunlich zeitlos. Hier können die Kinder ihre Fantasie einbringen, ihrer Freude an der Bewegung freien Lauf lassen, ihre Kräfte messen und vieles mehr.

Ältere Erwachsene erinnern sich meist noch gut an die Spiele, die sie als Kinder liebten, doch ist oft die genaue Anleitung oder der Wortlaut eines Reims im Laufe der Jahre verloren gegangen. Für sie, aber vor allem für unsere heutigen Kinder haben wir die Spiele, Reigen und Verse in diesem Band zusammengestellt. Wir forschten in Archiven, wurden in Lebensbeschreibungen und Biografien fündig, vor allem aber befragten wir viele ältere Menschen nach den Spielen ihrer Kindheit. Dabei zeigte sich rasch, dass Spiele „grenzüberschreitend" sind und sich von Region zu Region kaum unterschieden.

Fangen, Verstecken, Blindekuh, Faul-Ei und viele andere „Klassiker" kennt man quasi weltweit. Heute, wo Kinder vieler Herkunftsländer sich in Kindergarten, Schule und Freizeit begegnen, wo sie Nachbarn sind oder im Urlaub auf Kinder anderer Nationen treffen, können die alten Spiele ohne viele Worte Brücken bauen.

Spielen ist wichtig

Warum ist es so wichtig, dass Kinder spielen? Weil im Spiel Kinder „spielerisch" grundlegende Erfahrungen für ihren Alltag sammeln.

Hier lernen sie zuzuhören, sich zu konzentrieren, Ideen zu entwickeln, Spannung auszuhalten, mit Sieg und Niederlage umzugehen, Regeln einzuhalten und kooperativ zu handeln. Sie trainieren Gedächtnis, Fantasie und logisches Denken und haben eine Menge Spaß dabei. Deshalb ist es so wichtig für sie, Zeit zum Spielen zu haben – spontan einfach so und ungeplant, aber auch organisiert im Familienkreis oder in einer Gruppe. Hier bekommen die Kinder den Umgang miteinander vorgelebt, lernen die anderen von einer vielleicht bisher unbekannten Seite kennen, kommen ins Gespräch, können miteinander lachen, bangen und sich freuen – all das gehört dazu und stärkt das Zusammengehörigkeitsgefühl.

Gemeinsames Spielen kann zu einem der wertvollen Rituale werden, die Kindern Halt und Orientierung geben. Nicht zuletzt kommen sie beim Ballspielen, Hüpfen, Laufen und Fangen in Bewegung, sodass sie ihre Körperbeherrschung und Koordination schulen können und körperlich fit werden – was bei vielen Kindern heute im Zeitalter der Medien und Computer leider zu kurz kommt.

Kinder spielen immer schon

Das kindliche Spiel ist wohl so alt wie die Menschheit – zahlreiche Funde erhaltener Spielsachen, Abbildungen und Schriftstücke geben uns Aufschluss darüber. Mit Bällen spielten die Kinder in Ägypten ebenso wie im alten China. Aus dem zweiten vorchristlichen Jahrtausend stammen Krokodile aus Ton, die ihr Maul öffnen und schließen konnten. Auch Terrakotta-Figuren mit beweglichen Armen und Beinen fand man in Ägypten. Auf griechischen Gefäßen der Antike waren kreisel- und reifentreibende Kinder abgebildet, und vollständig eingerichtete Puppenhäuser kamen bei Ausgrabungen in Rom zutage. Mit-

... und werden heute oft genauso gespielt wie damals.

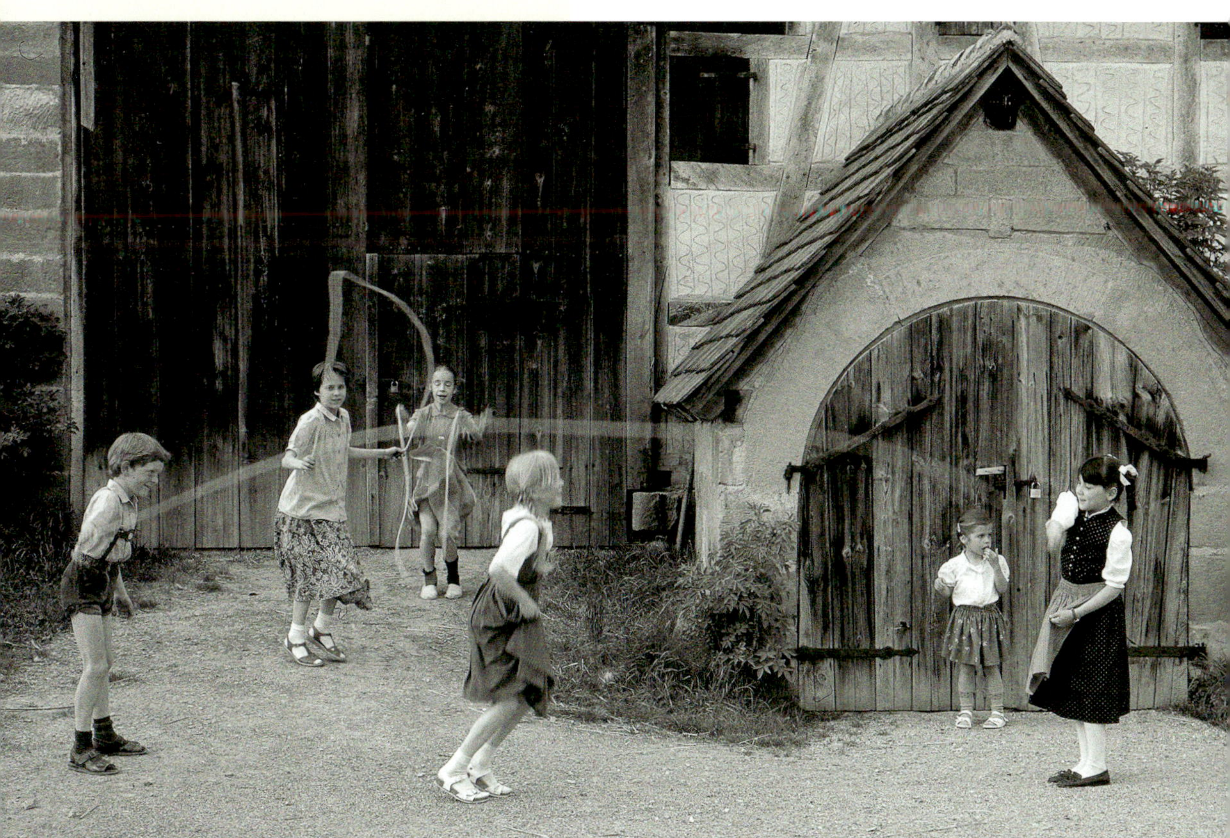

telalterliche Bilder zeigen Jungen, die mit Ritterfiguren spielen.

Auf Pieter Bruegels Gemälde „Kinderspiele“ aus dem Jahr 1560 sind unzählige Kinder und Erwachsene beim Spielen zu beobachten: beim Tauziehen, Seilhüpfen, Reifentreiben und vielem anderen. Bis ins 17. Jahrhundert hinein waren in adligen und bürgerlichen Kreisen die Spiele der Erwachsenen und die der Kinder oft die gleichen, erst dann setzte eine Trennung ein.

Die Kindheit war damals sehr kurz – dies galt für alle Bevölkerungsschichten. Im bäuerlichen Leben, in dem für Spiel und Unterhaltung wenig Zeit blieb, mussten die Kinder schon früh mit anpacken und waren fest in den Arbeitsalltag eingebunden. In den gehobenen Ständen wurden sie bereits mit fünf, sechs Jahren einem uns heute unvorstellbar strengen Lernzwang unterworfen.

Über Jahrhunderte betrachtete man Kinder als unfertige kleine Erwachsene, die die gleiche Kleidung wie die Großen trugen, die gleiche Arbeit verrichteten und eben auch die gleichen Spiele spielten. Erst im 18. Jahrhundert veränderte sich die Einstellung Kindern gegenüber. Man sah Kinder nun mehr und mehr als eigenständige Wesen mit individuellen Bedürfnissen an und erkannte in der Folge die Kindheit als einen eigenen, zu schützenden Lebensabschnitt an. Dabei gewann auch das kindliche Spiel einen neuen, höheren Stellenwert. Die ersten Kindergärten und Spielplätze entstanden.

Zu allen Zeiten übernahmen Kinderspiele die gesellschaftlichen Gegebenheiten ihrer Epoche. So lässt sich an vielen bildlichen und schriftlichen Darstellungen des ausgehenden 19. Jahrhunderts ablesen, wie Spiel und Spielzeug von den Erwachsenen zur Einübung bestimmten Rollenverhaltens und typisch männlicher und weiblicher Tugenden eingesetzt wurde. Das Bild von Familie und Gesellschaft entspricht nicht mehr der heutigen Auffassung und macht den Wandel deutlich, der sich hier vollzogen hat.

Im 20. Jahrhundert, das an seinem Beginn zum „Jahrhundert des Kindes“ ausgerufen wurde, breitete sich der Gedanke der Kindheit als eigenständige Lebensphase mit eigenen Gesetzmäßigkeiten immer mehr aus. Wissenschaften wie Psychologie, Pädagogik und Medizin befassten sich mit ihr. Das Seelenleben des Kindes wurde erforscht, und Erziehungsfragen nahmen einen immer größeren Raum ein. Dementsprechend vergrößerten sich die Freiräume, die Kindern zugestanden wurden. Doch noch lange gab es Elternhäuser, deren Erziehungsstil geprägt war von Strenge und Disziplin, Zucht und Ordnung, und für die Spielen als ein sinn- und nutzloser Zeitvertreib galt. In den letzten fünfzig Jahren setzte auch hier ein Wandel ein.

Da in Dörfern viel Platz war, konnte man oft draußen spielen.

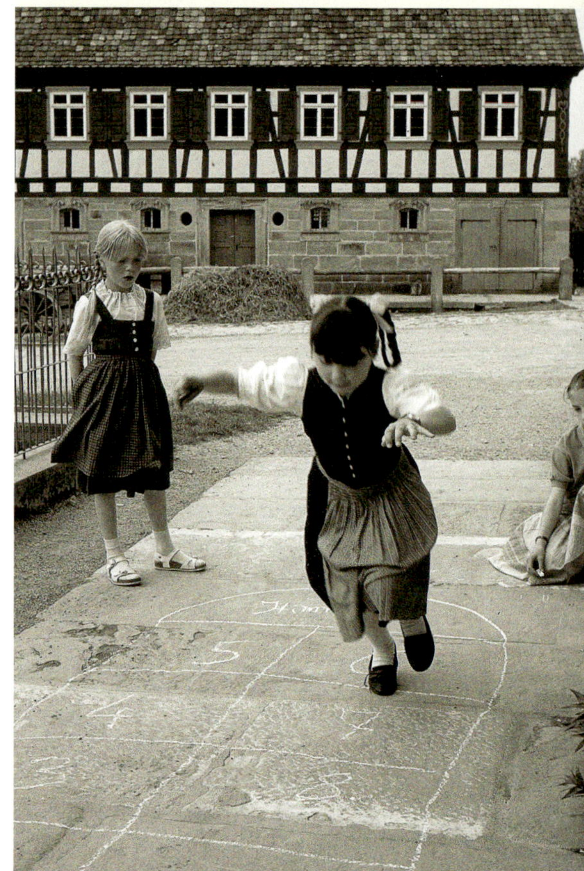

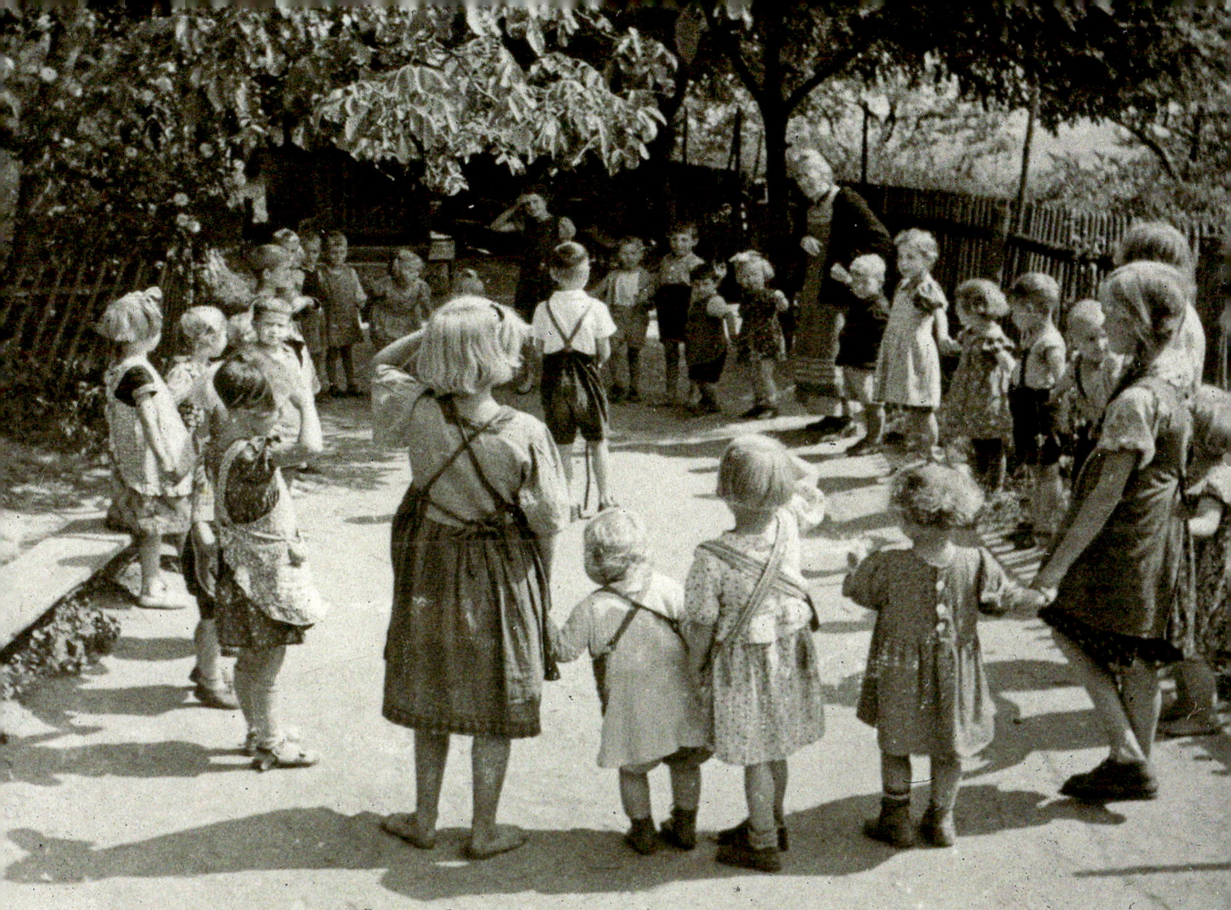

Eine Kindergartengruppe um 1930:
alle Kinder spielen gemeinsam.

Von draußen nach drinnen

Seit dem Zweiten Weltkrieg veränderten sich die Spiele der Kinder. Jene mit vielen Mitwirkenden verschwanden allmählich und machten solchen Platz, bei denen weniger Mitspieler nötig waren. Dazu trug bei, dass in den Städten der Spielraum knapper wurde. So zogen sich Kinder immer mehr in die Wohnungen zurück. Fast könnte man sagen, dass die einst häufig auferlegte Strafe „Stubenarrest“, also im Zimmer bleiben zu müssen und nicht zum Spielen ins Freie hinausgehen zu dürfen, sich in ihr Gegenteil verkehrt hat und viele Kinder heute lieber im Haus bleiben als sich draußen aufzuhalten. Zudem bleibt in ihrem mit vielerlei Aktivitäten gespickten Alltag ohnehin oft wenig Zeit, um unverplant und spontan mit anderen Kindern zu spielen.

Raum zum Spielen

In jeder Jahreszeit fanden Kinder, wenn sie Gelegenheit zum Spielen hatten, Plätze dafür. Auf dem Land waren es im Winter und bei schlechtem Wetter Haus, Dachboden, Scheune und Schuppen. Sobald es die Witterung erlaubte, traf sich schnell eine Handvoll Kinder im Freien. Der Hofraum mit seinen Winkeln, Mauern, offenen Toren, Leiterwagen, dem Brunnen, Hausbaum, Hackklotz und der Holzbeige regte die Kinder zu vielerlei Spielen an.

Auf Hackklötzen wurde gewippt, mit Holzscheiten wurde gekegelt und allerlei gebaut. Scheunen- und Werkstatttore waren ideal für Ballspiele wie das „Zehnerle“. Da Hofflächen meist nicht befestigt waren, konnte man auf ihnen gut mit Murmeln spielen. Der feste Untergrund zum Kreiseltreiben fand sich auf den Steinplatten vor dem Haus und am Straßenrand.

Über Straßen und Plätze trieben die Jungen ihre Reifen, wobei die eisernen auf den gepflasterten Stellen laut klapperten. Wer nicht das Glück hatte, einen eigens geschmiedeten Reifen zu besitzen, half sich mit einem ausgedienten Faß- oder Radreifen oder zusammengewundenen Weidenruten. Die Jungen gelangten meist zu großer Kunstfertigkeit darin, den Reifen ohne Unterbrechung durch

Murmeln faszinieren Kinder schon immer.

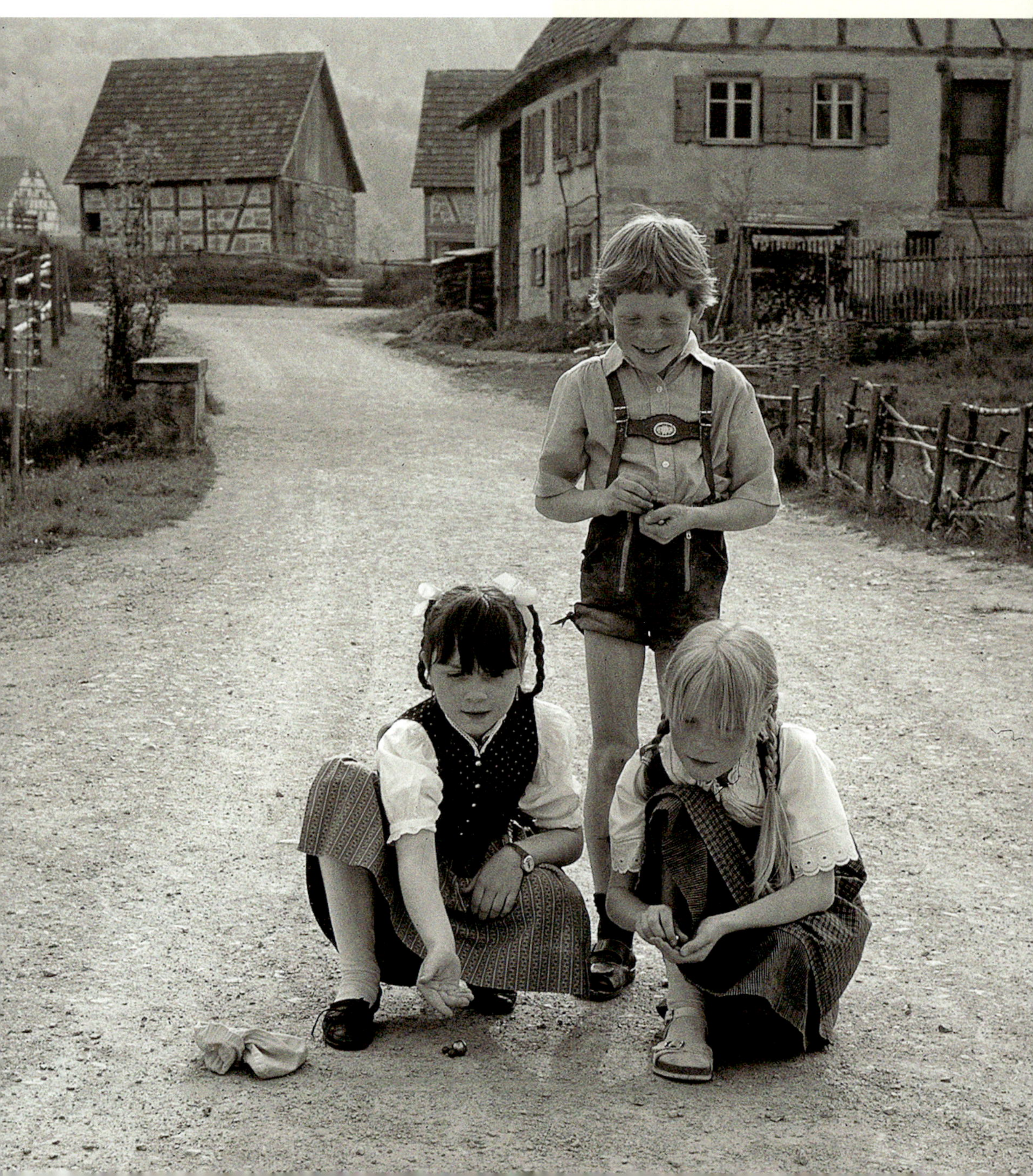

schwierige Stellen und allerlei Hindernisse zu treiben – war er doch oft ihr ständiger Begleiter bei allen Boten- und Einkaufsgängen. Mit derselben Ausdauer waren die Mädchen beim Seilhüpfen anzutreffen. Einzeln, paarweise oder in ganzen Scharen hüpften sie nach festen Regeln und Reimen durch das geschwungene Seil und versuchten, möglichst lange auszuhalten.

Selten musste Fuhrwerken und anderen Fahrzeugen ausgewichen werden. Schwierig konnte es eher werden, wenn der Eigentümer des zum Spiel benutzten Gebäudes oder Geländes damit nicht einverstanden war und die Kinder schimpfte oder verjagte. Eine aufregende Flucht war die Folge. Doch das kam selten vor, denn im Allgemeinen waren Kinder überall gern gesehen. Oft gingen sie bei den Nachbarn ein und aus. Sie wussten genau, wo welche „Gesetze" galten, um welches Haus man lieber einen Bogen machte und wo etwas Gutes wie ein Marmeladenbrot zu erwarten war.

So gab es das ganz Jahr hindurch Plätze in Dorf und Stadt, an denen Kinder spielen und sich vergnügen konnten, wenn es ihnen die knappe Freizeit erlaubte.

Spielsachen damals und heute

Pfeifen aus Weiden schnitzen, Blumenkränzchen und -ketten winden, Stöcke zuspitzen, Rindenschiffe schnitzen, Beeren zu Ketten auffädeln – damit verkürzten die Kinder gern die Zeit bei eintönigen Arbeiten. Eine Strohwindmühle ließ sich leicht zusammenstecken; man blies auf Grashalmen, fertigte Mohnpüppchen an, stellte sich Rätselfragen und vieles mehr. Da gekauftes Spielzeug rar war, machten die Kinder aus der Not eine Tugend und spielten mit den Dingen, die sie umgaben: Tannenzapfen wurden zu Kühen, aus Eichelhülsen ließen sich ganze Armeen zusammenstellen, Holzscheite konnten vom Schmiedehammer bis zum Wickelpüppchen alles bedeuten.

Einen besonderen Reiz übte von jeher das Spielen am Bach oder Weiher aus. Ein Wasserrad war rasch aus zwei Astgabeln mit aufgelegter Achse, einer Kartoffel und einigen Holzstreifen gebaut. Einiges Geschick erforderte es, einen Bach zu stauen, wenn die Kinder mit einfachen Mitteln wie Steinen, Lehm, Sand und Zweigen eine Staumauer errichteten und abdichteten. Aus einem Stück Baumrinde geschnitzt und mit Mast und Segel aus einem Baumblatt versehen wurden einfache Schiffchen zu Wasser gelassen. Schlittschuhlaufen war lange Zeit Sache für Jungen. Erst ab etwa 1900 wurde es auch den Mädchen erlaubt, sich Schlittschuhe an die Stiefel zu schnallen. Wer keine hatte, vergnügte sich mit Schleifen über gefrorene Teiche, Bäche oder Wasserrinnen.

Auch in der Stadt tummelten sich die Kinder gern draußen. Sie fanden Spielmöglichkeiten auf Straßen, Gehwegen und Plätzen, in Höfen und Schrebergärten. Ältere Menschen erzählen von Spielen wie „Räuber und Gendarm" oder „Völkerball", an denen sich die Kinder einer ganzen Straße beteiligten.

In Läden und auf Märkten wurde bereits eine Fülle von Spielzeug angeboten – Bälle, Blechspielwaren, Lege- und Brettspiele, Baukästen, Kaufläden, Puppen und vieles mehr – doch für viele Kinder blieb dessen Besitz ein Wunschtraum.

Seit damals haben sich die Lebensbedingungen grundlegend verändert. Heute halten nicht mehr das Eingebundensein ins Arbeitsleben, Mithilfe in Haus und Hof, Verantwortung für jüngere Geschwister die Kinder vom Spielen ab, sondern vielfach die neuen Medien, die auf Kinder einen ungeheuren Reiz ausüben und mit denen sie einen großen Teil ihrer Freizeit verbringen. Fachleute bezeichnen dies als „Verinselung". Hier sind die Erwachsenen aufgefordert gegenzusteuern. Das vorliegende Buch möchte dabei eine Hilfe sein und eine Fülle von Alternativen aufzeigen.

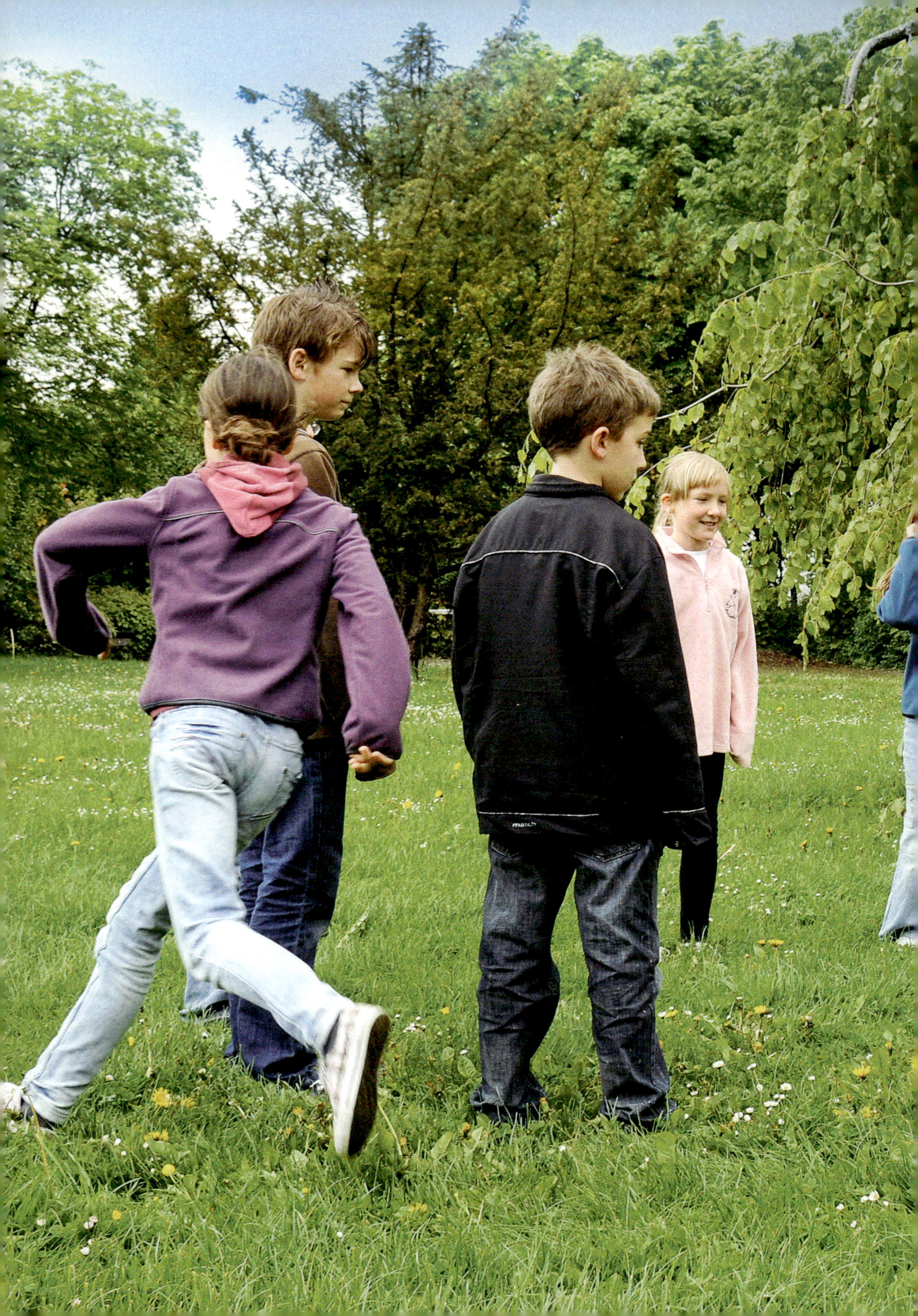

Bewegungs-spiele

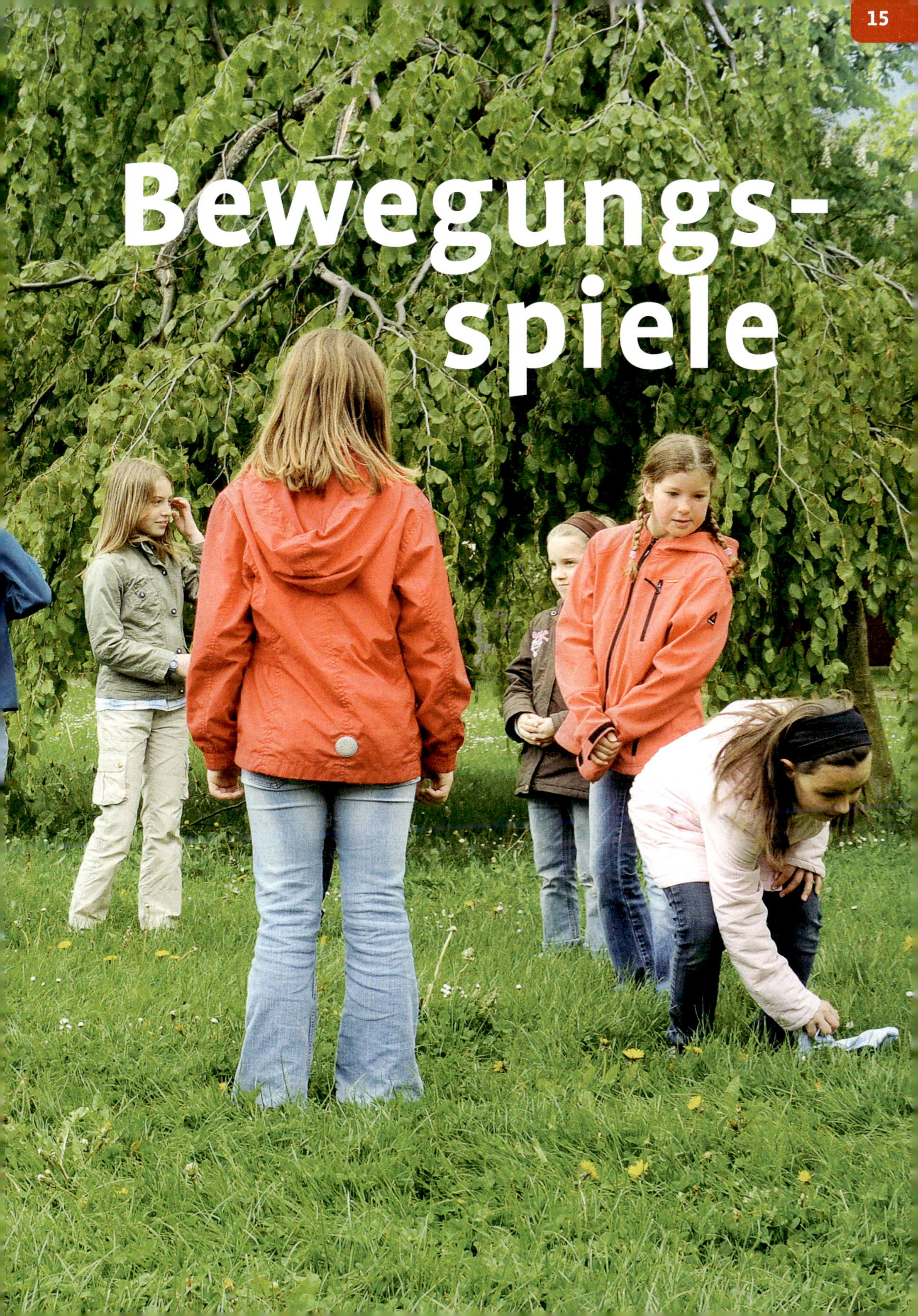

Laufen und Fangen

Wo immer es möglich ist – ob auf Kinderspielplätzen, auf dem Schulhof oder bei Ausflügen in die Natur –, beginnen Kinder ihr freies Spielen meist spontan mit Laufen und Fangen. Rennen sie zunächst noch planlos durcheinander, können Spielregeln Aufmerksamkeit und Klarheit in den Spielablauf bringen. Damit kommen selbst auf begrenzten Spielflächen Spannung und Fantasie mit ins Spiel. So kann man auch häufig beobachten, dass bisher abseits stehende Kinder zum Mitmachen animiert werden.

Kinder wissen heute wie früher, dass ein geordnetes Spiel einen Spielführer verlangt, der in der Regel durch einen Abzählvers bestimmt wird.

Das freie Spielen beginnt meistens spontan mit Laufen und Fangen.

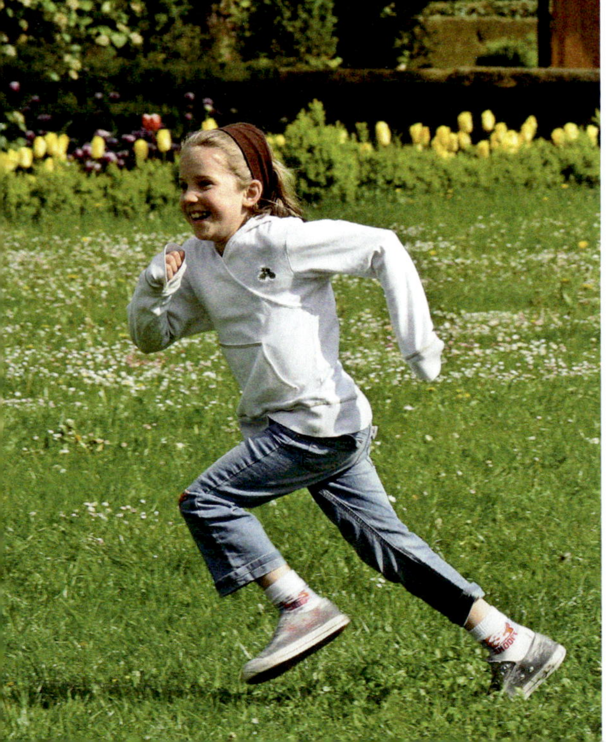

Hier ist ein Beispiel für einen solchen Abzählvers:

Ich, du, er, wir, ihr, sie,
wen es trifft, der streite nie.
Auf den letzten Puff kommt's an,
drum bist du dran!

Eine Reihe weiterer Abzählverse wird im Kapitel „Reime und Verse" aufgeführt.
Lauf- und Fangspiele gibt es in einer Fülle von Varianten und mit immer wieder neuen Ideen. Im Folgenden werden eine Reihe spannender Spiele vorgestellt.

Komm mit

Für dieses Spiel wird zunächst einmal ein Kreis gebildet. Die Spieler stehen Arm in Arm mit Blick in das Kreisinnere. Ein Spieler läuft außen um den Kreis herum. Dabei schlägt er mit der Hand irgendeinem Mitspieler auf die Schulter und ruft: „Kommt mit!" Der Mitspieler muss nun versuchen, in einer Runde den Läufer zu erhaschen. Gelingt das nicht, muss der Aufgeforderte wieder seinen Platz in dem Kreis einnehmen. Der Läufer setzt das Spiel so lange fort, bis er gefangen wird. Dann erst ist der Fänger an der Reihe, um den Kreis zu laufen, und das Spiel beginnt von vorn.

Der Plumpsack geht um oder Faul Ei

Der „Plumpsack" wird aus einem großen Taschentuch oder Kopftuch gefertigt. Hierzu wird das Tuch zunächst zusammengerollt, dann wird in der Mitte der Rolle ein Knoten gebunden. An beiden Enden hält man den Knoten fest.

Ursprünglich soll dieser Plumpsack ein an einer Schnur befestigter Ball gewesen sein.

Überlieferungen nach ist das Spielen mit dem Plumpsack sehr alt.

Die Kinder (es sollten mindestens acht sein) stehen im Kreis und legen die Hände auf den Rücken. Sie dürfen sich nicht umsehen. Mit dem Plumpsack in der Hand geht einer um den Kreis herum und sagt den Vers:

Dreht euch nicht um,
der Plumpsack geht um,
er geht um den Kreis,
dass niemand was weiß.
Und wer ihn will haben,
muss Schläge ertragen.

Sieht sich eines der Kinder um, erhält es einen Schlag. Unauffällig lässt nun der Spieler, der außen herumläuft, den Plumpsack hinter einem Mitspieler fallen und geht weiter um den Kreis. Der Mitspieler, der den Plumpsack hinter sich entdeckt, hebt diesen auf und läuft dem anderen nach, um ihm damit einen Schlag auf den Rücken zu geben, ehe dieser seine Runde beendet und in die Lücke des Kreises tritt. Gelingt ihm das nicht, muss der, der den Plumpsack hinter sich gefunden hat, damit den Kreis umrunden.

Wird der Plumpsack nach einer Kreisrunde von dem Betroffenen nicht entdeckt, muss sich dieser in die Kreismitte stellen; er wird dann als „das faule Ei“ verspottet.

Eine Abwandlung des Spiels mit dem Plumpsack ist die Variante „Faul Ei“. Hierbei wird ohne den Spielvers und mit einem ungeknoteten Taschentuch gespielt. Alle anderen Regeln sind dieselben.

Der Kaiser schickt Soldaten aus

Bei diesem Spiel geht es ein bisschen derb zu, deshalb haben früher die Jungen dieses kämpferische Spiel am liebsten ohne die Mädchen gespielt. Heute ist das anders – es gibt auch weibliche Soldaten.

Zwei gleich starke Gruppen von mehreren Mitspielern stellen sich jeweils in einer Reihe mit einem Abstand von 8 bis 10 Metern voneinander entfernt auf. In jeder Gruppe wird ein Kaiser gewählt. Die in der Reihe stehenden Spieler fassen sich fest an den Händen. Einer der beiden Kaiser beginnt nun mit dem Spiel und ruft:

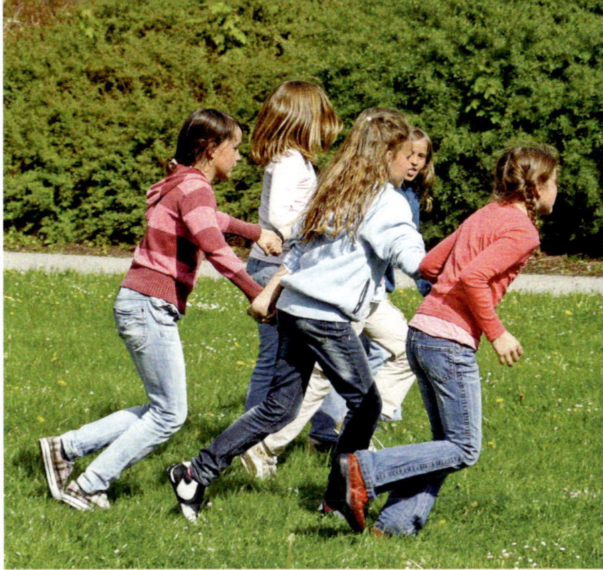

Der Kaiser schickt auch Soldatinnen aus.

Der Kaiser schickt seine Soldaten aus,
er schickt den (hier Name) hinaus.

Bei dem Vers nennt der Kaiser den Namen eines Spielers aus seiner Reihe. Dieser muss nun versuchen, im Laufen mit Schwung die gegenüberstehende Soldatenreihe zu durchbrechen. Wenn ihm das gelingt, darf er dort, wo er die Linie durchbrochen hat, den rechten oder linken „Soldaten“ in die eigene Reihe mitnehmen. Kann er die Kette nicht zerreißen, ist er der eigenen Mannschaft verloren. Er muss sich dann in die feindliche Reihe eingliedern.
Mit dem Ausspruch:

Der Kaiser schickt sich selbst hinaus.

kann er aber selbst wieder loslaufen. Insgesamt hat dieser Spieler jedoch zwei „Leben“, das heißt, er ist erst beim zweiten gescheiterten Versuch, die feindliche Kette zu durchbrechen, tatsächlich verloren. Dann muss er für sich einen Ersatz bestimmen. Das Spiel geht so lange weiter, bis von einer Gruppe kein Spieler mehr übrig bleibt.

Kind verkaufen

Für dieses Spiel stellt sich eine Spielgruppe paarweise (fünf oder mehr Paare) in einem Kreis auf, sodass alle Kinder zur Kreismitte schauen, aber die beiden Partner jeweils hintereinander stehen. Der innen stehende Spieler stellt die Mutter dar, der Dahinterstehende ist das Kind. Einer der Spieler bleibt allein und beginnt mit dem Spiel, indem er zu einer Mutter geht und fragt:

Frau, verkaufen Sie Ihr liebes Kind nicht?

Die Mutter antwortet dann:

Nein, um hunderttausend Taler nicht.
Lieber will ich betteln laufen,
als mein liebes Kind verkaufen.
Betteln laufen mag ich nicht,
und mein Kind verkauf' ich nicht.

Jetzt rennen beide um die Wette, um das Kind zu gewinnen. Sie laufen dabei in entgegengesetzter Richtung um den Kreis. Wer zuerst beim Kind ankommt, darf die Mutter sein. Wer zu spät ankommt, muss nun das Spiel fortsetzen und bei einem anderen Paar anfragen.

Schneider, leih' mir dei' Scher'

Fünf oder mehr Kinder stellen sich etwa kreisförmig auf, und zwar an einem Ort, wo jeder einen festgelegten Platz einnehmen kann, wie zum Beispiel an einzelnen Bäumen oder Markierungen am Boden.

Ein Kind, das vorher durch Auszählen bestimmt wurde, geht nun von einem zum anderen und sagt:

Schneider, leih' mir dei' Scher'!

Der Angesprochene schickt ihn zu einem anderen und sagt:

Da drüben liegt sie leer!

Lieber will ich betteln laufen,
als mein liebes Kind verkaufen!

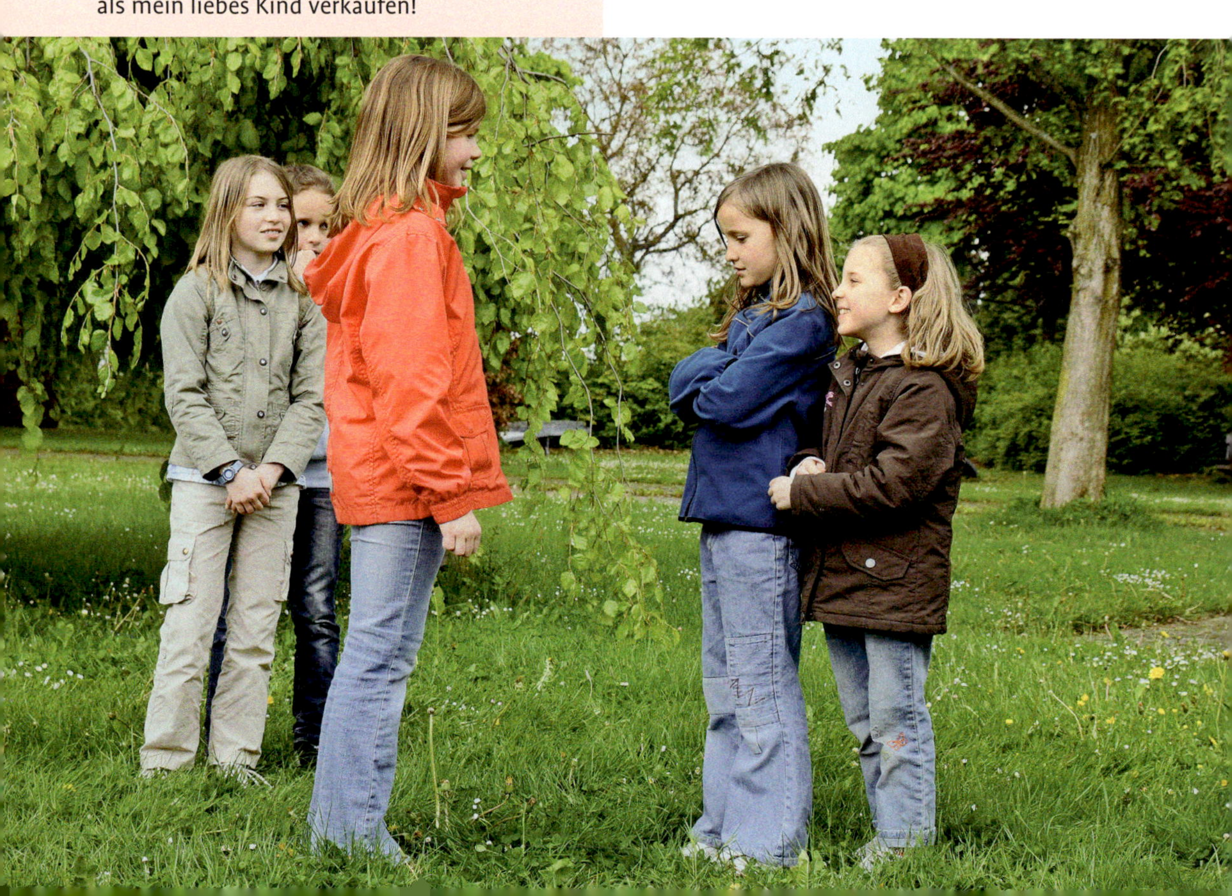

Inzwischen wechseln die übrigen Spieler hinter dem Rücken des Herumgehenden ihre Plätze. Gelingt es dem Bittenden, einen leeren Platz einzunehmen, so tritt der, dessen Stelle er besetzt, als Bittender auf.

Kaiser, wie viel Schritte gibst du mir?

Aus einer Schar mitspielender Kinder wird durch Auszählen der „Kaiser“ gewählt. Die Kinder stellen sich entlang einer Linie auf. Sie können sich zum Beispiel auch an einer Hauswand oder Gartenmauer aufstellen. Der Kaiser steht mindestens zwanzig Schritte von ihnen entfernt. Ein Kind nach dem andern fragt nun:

Kaiser, wie viel Schritte gibst du mir?

Darauf antwortet der Kaiser zum Beispiel:

zwei Riesenschritte

oder

drei Katzendäpperle

oder

einen Hüpfer

Bevor das Kind diese Schritte geht, muss es fragen:

Darf ich?

Sagt der Kaiser „Nein“, muss das Kind stehen bleiben. Der Kaiser kann auch bestimmen, dass die erlaubten Schritte rückwärts zu gehen sind, denn er möchte möglichst lange Kaiser bleiben. Er lässt also die Mitspieler nur langsam nach vorn kommen. Wer zuerst beim Kaiser eintrifft, tritt an seine Stelle. Dann fängt das Spiel von vorn an.
In manchen Regionen heißt dieses Spiel auch „Kaiser, wie weit darf ich reisen?“.

Variante: Der Kaiser steht mit dem Rücken zu den Mitspielern und sieht nicht, wem er den Befehl erteilt.

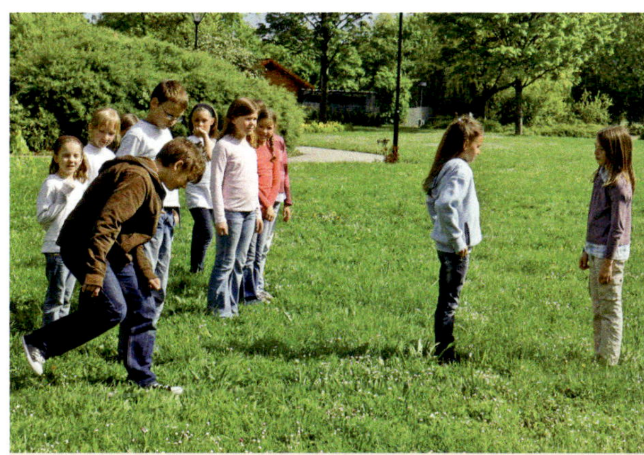

Die Kaiserin lässt den Jungen einen Hüpfer reisen.

Varianten vom Fangen

Die Spielregeln des einfachen Fangenspiels sind allgemein bekannt, weil es zu allen Zeiten von Kindern aller Altersgruppen gern gespielt wurde. Es sollen hier einige Abwandlungen davon beschrieben werden.

Vor jedem Spiel wird ein Spieler durch einen Abzählreim als Fänger bestimmt. Dabei sollten möglichst viele Kinder mitspielen.

Hocke-Fangen

Läuft eines der springenden Kinder Gefahr, vom Fänger erreicht zu werden, setzt es sich in die Hocke und versucht auf diese Weise, dem Fänger möglichst lange zu entkommen, denn in der Hocke darf es nicht gefangen werden.

Blumen-Fangen

Der Verfolgte kann der Gefahr des Gefangenwerdens entgehen, indem er stehen bleibt und einen Blumennamen ruft. Durch Antippen bringt ihn ein Mitspieler wieder zum Weiterlaufen.

Man kann sich bei dieser Spielart auch auf andere Begriffe einigen: Tiernamen, Mädchen- oder Jungennamen und vieles mehr.

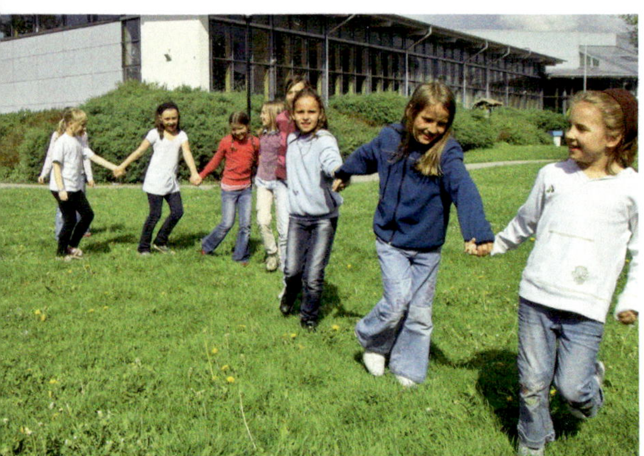

Beim Ketten-Fangen darf die Kinderkette nicht reißen.

Stock-Fangen

Hier ruft der Spieler, der in Gefahr ist, gefangen zu werden, „Stock“. Daraufhin bleibt er stehen und darf so lange nicht abgeschlagen werden, bis ihn ein Mitspieler durch Antippen befreit. Nun kann er wieder mitlaufen und gefangen werden.

Schatten-Fangen

Dieses Fangspiel kann nur bei Sonnenschein gespielt werden. Hier muss der Fänger versuchen, auf den Schatten des laufenden Mitspielers zu treten. Wessen Schatten getroffen ist, scheidet aus.

Ketten-Fangen

Der durch einen Abzählreim ausgewählte Spieler fängt an. Hat er einen zweiten Spieler gefangen, halten sich die beiden an den Händen fest und laufen gemeinsam, um einen dritten und vierten Mitspieler zu erhaschen. Auch diese hängen sich an die anderen an. Sie bilden eine Kette, wobei jeweils nur die äußeren „Glieder“ andere Mitspieler fangen können.

Es wird so lange weitergespielt, bis alle Kinder an der Kette hängen. Reißt die Kette, kann nicht gefangen werden.

Salzhering

Ein durch einen Abzählreim bestimmter Spieler ist der „Salzhering“. Er stellt sich mit dem Gesicht gegen eine Wand. Die Hände hält er auf dem Rücken. Die übrigen Mitspieler tippen ihm nacheinander in die Hände. Er bestimmt dann, wie viele Schritte sich der betreffende Spieler von ihm entfernen muss.

Haben sich alle nach seinen Angaben postiert, dreht sich der Salzhering um und ruft: „Salzhering!“ Auf diesen Ruf hin eilen alle schnell zu ihm zurück. Wer als Letzter ankommt, wird Salzhering.

Verstecken und Suchen

Spiele mit Verstecken und Suchen sind bei allen Altersgruppen beliebt. Schon die Kleinsten machen vergnügt mit, indem sie sich die Hände vors Gesicht halten, weil sie glauben, so nicht gesehen zu werden. Größere Kinder entdecken schnell, welcher Platz sich für Ver-

Der Baum, bei dem abgezählt wird, ist auch der „Bot“ (Platz für das Anschlagen).

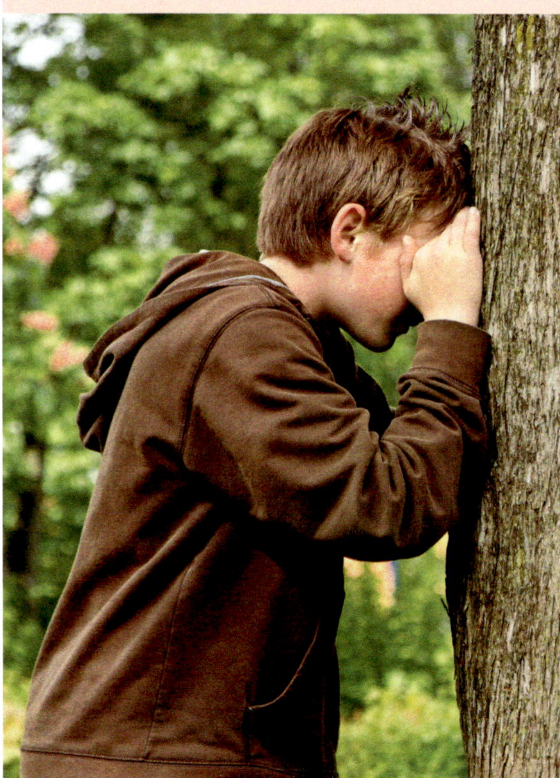

stecken und Anschlagen eignet. Am schönsten ist dieses Spiel dort, wo es viele Versteckmöglichkeiten gibt.

Unsere alten Dörfer boten sich mit ihren verborgenen Winkeln und Ecken, mit den Holz- und Steinhaufen, Hecken und Zäunen geradezu zum Verstecken an. Beim Versteckspielen haben Kinder den Ehrgeiz, an ihrem Versteckplatz möglichst lange unentdeckt zu bleiben. So finden sie in ihrem Einfallsreichtum oft die originellsten Verstecke.

Dieses Spiel wurde gern von Jungen und Mädchen gemeinsam gespielt. Weil die Mädchen wussten, dass die Jungen ihnen beim Laufen überlegen waren, haben sie sich sehr bemüht, diese im Versteck aufzustöbern und „anzuschlagen“. Und für einen Jungen war es eine Blamage, von einem Mädchen angeschlagen zu werden.

Verstecken mit Anschlagen

Durch Auszählen wird ein Kind zum Suchen bestimmt. Eine Stelle an einer Wand oder an einem Baum wird als Mal oder Bot zum Anschlagen bezeichnet. Das suchende Kind stellt sich mit dem Gesicht zum Mal, verdeckt seine Augen und beginnt laut bis zu einer vereinbarten Zahl zu zählen, zum Beispiel bis 50 oder bis 100.

1, 2, 3, 4, 5, 6, 7, 8, 9 …

Dann ruft es:

Wer links, wer rechts, wer hinter mir steht,
muss sein.
Ich komme!

Auch der folgende Spruch kann am Ende des Zählens gerufen werden:

Eins, zwei, drei, vier – Eckstein,
alles muss versteckt sein!
Hinter mir und vor mir, da gilt es nicht.
Ich komme!

Während des Zählens suchen sich die Mitspieler ein Versteck. Sie müssen versteckt sein, wenn der Suchende: „Ich komme!“ ruft. Hat das suchende Kind einen Mitspieler entdeckt, der sich versteckt hat, läuft es mit diesem um die Wette zum Mal und schlägt an, indem es ruft:

Eins, zwei, drei – für (Name des gefundenen Mitspielers)

Hiebei wird der Name des gefundenen Kindes gerufen. Wenn der Suchende das Mal verlassen hat, dürfen die versteckten Kinder sich selbst anschlagen. Dabei rufen sie:

Eins, zwei, drei – für mich!

Der zuerst vom Sucher Angeschlagene muss beim nächsten Spiel auf die Suche gehen. Haben sich alle Spieler selbst angeschlagen, muss der alte Sucher erneut sein Glück versuchen.

Heiß und kalt

Bei diesem Versteckspiel wird ein Gegenstand gesucht. Es ist deshalb auch gut im Zimmer zu spielen. Durch Auszählen wird das Kind bestimmt, das suchen muss. Es verlässt kurz den Raum, damit der Gegenstand versteckt werden kann.

Ist das geschehen, wird das Kind wieder hereingeholt. Je nachdem, in welcher Entfernung es sich dann dem versteckten Gegenstand nähert, rufen die übrigen Kinder „heiß“ oder „kalt“ (heiß ist nahe, kalt ist entfernt). Sie sind ihm auf diese Weise behilflich, den Versteckplatz zu finden.

Fuchs suchen

Für dieses Spiel ist ein weitläufiges Gelände nötig. Mit einem Auszählreim bestimmen die Kinder aus ihrer Gruppe den „Fuchs“. Der Fuchs versteckt sich, während die anderen Kinder die Augen verdecken. Den Weg zu seinem Versteck markiert der Fuchs in nicht zu engen Abständen mit Papierschnipseln.

Nach etwa fünf Minuten (die Zeit wird zuvor ausgemacht) machen sich die übrigen Spieler auf die Suche. Der Erste, der den Fuchs findet, darf in der nächsten Runde den Fuchs spielen.

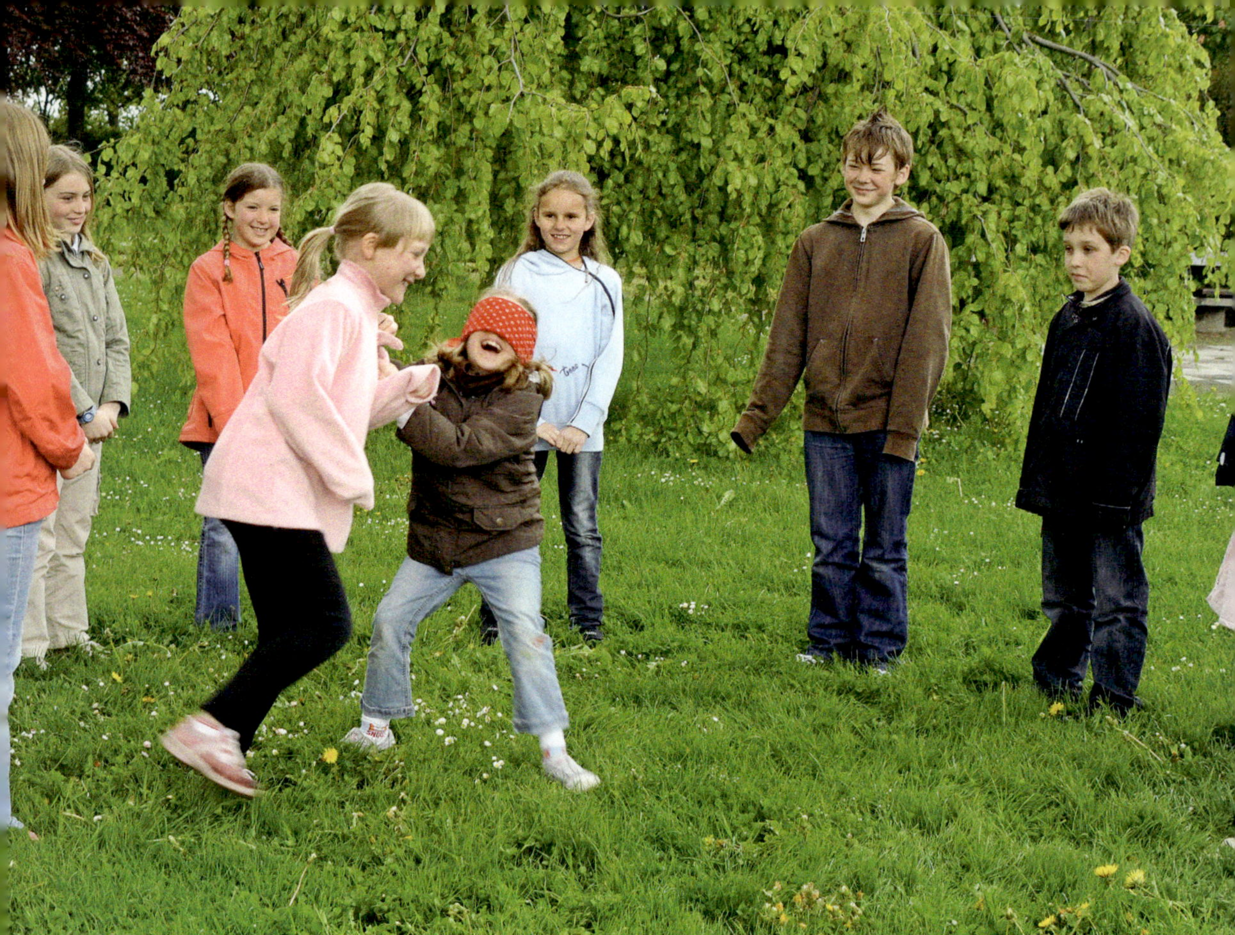

Die Blindekuh bringt die Mitspieler immer zum Lachen.

Räuber und Gendarm

Vor Beginn des Spiels wird die Begrenzung des Spielbereichs abgesprochen und eventuell markiert. Auch der Sammelplatz wird festgelegt.

Die Spielgruppe teilt sich auf in „Räuber" und „Gendarmen". Dies kann zum Beispiel durch Hölzchenziehen oder Münzenhochwerfen geschehen.

Die Räuber werden mit einem zeitlichen Vorsprung – zum Beispiel lässt man die Gendarmen bis fünfzig zählen – weggeschickt, um sich zu verstecken. Nun gehen die Gendarmen los, um die Räuber zu suchen und zu fangen. Mit drei Schlägen auf den Rücken ist ein Räuber gefangen. Er muss dann zum Sammelplatz zurückkehren. Sind alle Räuber gefunden und gefangen, werden die Rollen getauscht.

Blindekuhspiele

Das Blindekuhspiel, in manchen Gegenden auch „Blinde Maus", „Blinder Bock", „Blinde Henne" oder „Blinde Katze" genannt, ist sehr alt. Forscher gehen davon aus, dass es mit einem vorchristlichen Brauch in Verbindung zu bringen ist: Eine Maske ohne Augen stellt den Dämon dar, der versucht, die Menschen zu fangen.

Blindekuh

Es wird ausgezählt, wer Blindekuh sein soll. Mit einem Tuch werden diesem Spieler die Augen verbunden. Dann wird er im Kreis herumgeführt, um die Orientierung zu verlieren.

Nun muss die Blindekuh versuchen, ein anderes Kind zu erhaschen. Die Kinder necken dabei die Blindekuh und rufen von allen Seiten:

Blinde Kuh, fang mich doch,
dann hast du Ruh!

Der Spieler, der von der Blindekuh erwischt wird, muss sie ablösen und selbst die Blindekuh spielen.

Jakob, wo bist du?

Zwei Spielern werden die Augen verbunden. Der eine ist „Jakob“, der andere sein „Herr“. Die übrigen Spieler bilden einen Kreis und nehmen Jakob und seinen Herrn in die Mitte. Der Herr sucht nun Jakob und ruft: „Jakob, wo bist du?“

Dieser antwortet: „Hier!“, geht ihm dabei aber wieder aus dem Weg. Beide tappen recht tölpelhaft umher, um einander zu finden. Die außen stehenden Kinder haben ihre Freude an so viel Ungeschick. Schließlich laufen sich die beiden doch in die Arme. Ein anderes Spielerpaar ist nun an der Reihe.

Topfschlagen

Einem Spieler werden die Augen verbunden. Er bekommt einen Stock in die Hand. Ein alter Blechtopf oder Eimer wird umgekehrt auf den Boden gestellt. Ein anderer Spieler klopft auf diesen Topf und weist so dem Spieler mit den verbundenen Augen die richtige Richtung. Der „blinde“ Spieler muss nun mit dem Stock diesen Topf finden und ihn durch Aufschlagen treffen. Wenn er den Topf getroffen hat, kommt ein anderer Spieler an die Reihe.

Bei Kinderfesten oder Geburtstagsfeiern legt man den Kindern ein kleines Geschenk unter den Topf.

Dieses Spiel war ursprünglich eine Kirmesunterhaltung der Erwachsenen und wurde auf recht rohe Art ausgeführt. Unter einem Topf aus Ton befand sich ein lebender Hahn. Wer mit verbundenen Augen den Topf zerschlagen konnte, hatte gewonnen und durfte den Hahn mit nach Hause nehmen.

Wer kann das sein?

Bei diesem Spiel sitzen die Kinder im Kreis. Einem durch Auszählen bestimmten Spieler werden die Augen verbunden. Mit einem Kochlöffel in der Hand muss er durch Abtasten herausfinden, wer vor ihm sitzt. Hat er das Kind erkannt, tauschen die beiden die Rollen. Wenn nicht, muss er sein Spiel fortsetzen.

Der verlorene Ring

Eine Spielgruppe findet sich auf einer Wiese zusammen und schließt sich zum Kreis. Ein Kind tritt in den Kreis; ihm werden die Augen verbunden. Die anderen Kinder gehen im Kreis und singen das unten stehende Lied.

Der im Kreis stehende Spieler beginnt, den „Ring“ (einen Stein oder einen anderen Gegenstand), der zuvor in den Kreis gelegt wurde, zu suchen. Der Gegenstand muss gefunden sein, wenn das Lied dreimal gesungen wurde. Ist dies nicht der Fall, stehen die Sänger still und der Sucher wird von dem Spieler abgelöst, den er anfasst.

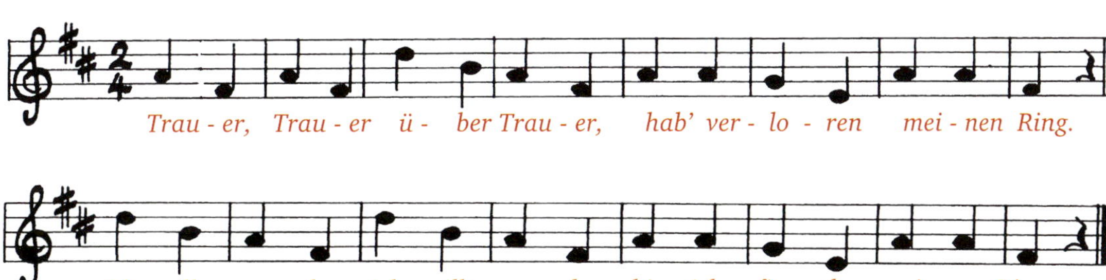

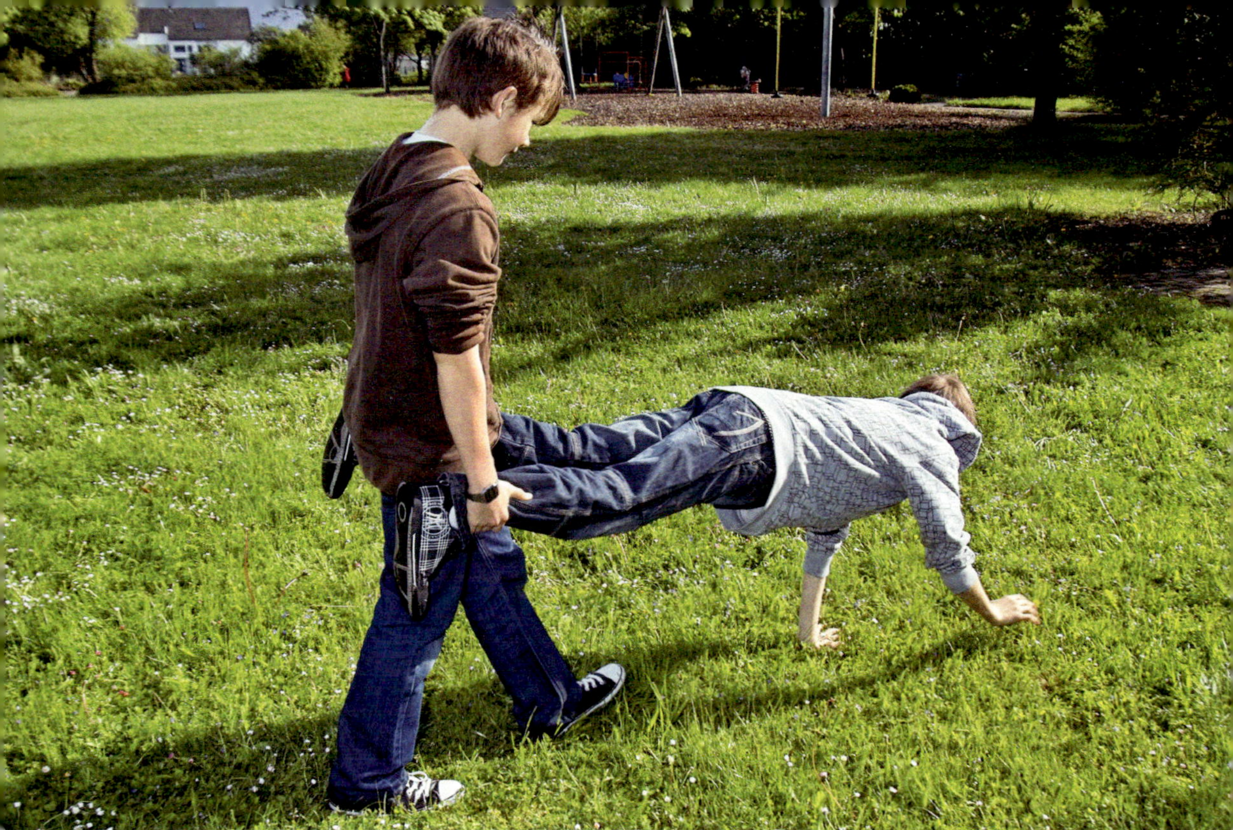

Geschicklichkeitsspiele fördern die Koordination.

Geschicklichkeitsspiele

Spiele dieser Art erfordern einen geschickten Umgang mit dem Spielgerät, Körperbeherrschung und Reaktionsschnelligkeit. So muss sich zum Beispiel beim Seilspringen das Kind darauf konzentrieren, dass es im richtigen Moment in das schwingende Seil springt und dann auch, wie bei „Teddybär, Teddybär, dreh dich um“, die passenden Figuren ausführt. Beim Murmelspiel, ebenso beim Spiel mit den Pflöcken, kommt es unter anderem auf die Geschicklichkeit des Zielens an. Das Kreiseltreiben wiederum erfordert reaktionsschnelles Handeln, um den Kreisel tanzend in Schwung zu halten.

Alle diese Spiele verlangen Übung, werden von den Kindern dann aber mit Begeisterung und Hingabe gespielt.

Seilspringen

Das Seilspringen gibt es in verschiedenen Varianten. Hierfür ist immer ein richtiges Sprungseil erforderlich. Fertige Sprungseile mit gedrechselten Griffen und verstärkter Mitte gibt es zu kaufen und gab es auch früher schon. Die Kinder auf dem Land mussten sich jedoch meist mit einem Kälber- oder Garbenstrick begnügen.

Springen mit dem kurzen Seil

Mit einem kurzen Seil spielt ein Kind für sich allein. Es schwingt das Seil über den Kopf nach vorn und hüpft in gleichmäßigem Rhythmus darüber in den verschiedenen Schritten:

- mit geschlossenen Beinen auf der Stelle
- auf einem Bein, links und rechts im Wechsel
- mit „Zwischenhupf"
- im Laufschritt vorwärts

Geschickte Kinder können die verschiedenen Hüpfer auch mit gekreuzten Armen oder mit dem nach rückwärts geschwungenen Seil ausführen.

Drei langsam, drei rasch

Das Seil wird jeweils dreimal langsam, dreimal schnell geschwungen. Wenn der Springer einen Fehler macht, kommt ein anderer dran.

Seilspringen mit dem großen Schwungseil

Hier spielen mehrere Kinder zusammen. Von zwei Spielern wird ein 3 bis 4 Meter langes Seil an den beiden Enden gefasst und in weitem Bogen in Schwung gebracht.

Auch das Hüpfen mit einem großen Schwungseil bietet verschiedene Möglichkeiten:

Zu zweit ist Seilspringen noch lustiger als alleine.

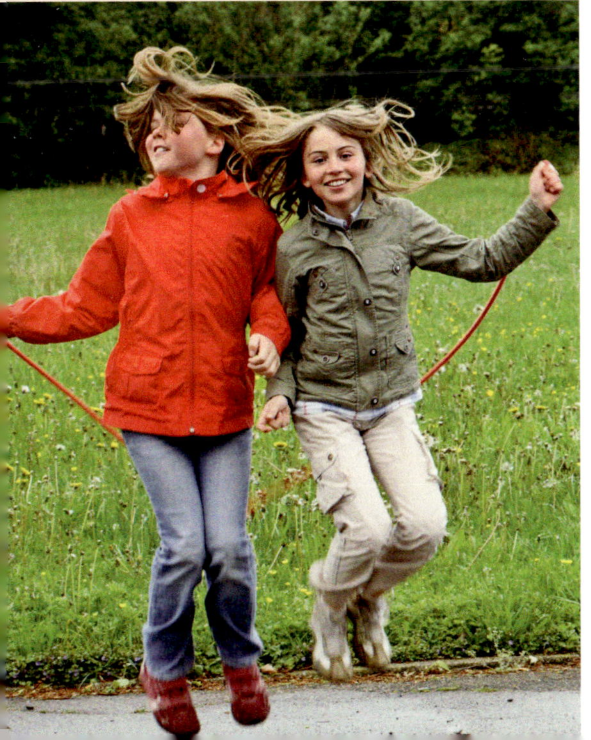

Die Kinder können nacheinander springen. Während das Seil nach oben schwingt, wird eingelaufen, mehrere Seilschwünge lang gesprungen und dann nach der anderen Seite wieder hinausgelaufen.

Dies kann man auch zu zweit an den Händen gefasst tun. Oder die außen stehenden Kinder zählen die Seilschwünge und stellen so fest, wer am längsten fehlerfrei springen kann. Wer das Seil berührt, scheidet aus.

Eine hübsche Spielart ist auch die, zu der nachstehender Text gesprochen wird:

Teddybär, Teddybär, dreh dich um,
Teddybär, Teddybär, mach dich krumm,
Teddybär, Teddybär, zeig dein' Fuß,
Teddybär, Teddybär, wie alt bist Du?
1, 2, 3, 4 …

Die in dem Text angesprochenen Bewegungen werden beim Springen ausgeführt. Danach wird so lange gezählt, bis ein Fehler gemacht wird.

Auch bei folgendem Vers kommt es darauf an, wer es hüpfend am längsten aushält:

Salat, Salat,
ich esse gern Salat!
Im Januar, im Februar, im März …

Oder es wird nach diesem Vers gehüpft, der von den Außenstehenden (A) im Wechsel mit dem hüpfenden Kind (H) zu sprechen ist:

A: Grüß Gott, grüß Gott, was kriegen Sie?
H: (springt hinein) Zucker und Kaffee.
A: Da haben Sie's, da haben Sie's!
H: Ade, ade, ade (springt hinaus).
A: Ach halten s' doch, ach halten s' doch,
Sie kriegen noch was raus.
H: (springt hinein) Ich kann ja nicht, ich kann ja nicht,
ich muss jetzt schnell nach Haus!
(springt hinaus)

Die stark rhythmischen Reime üben zusammen mit dem gleichmäßigen Hüpfen einen großen Reiz auf die Kinder aus.

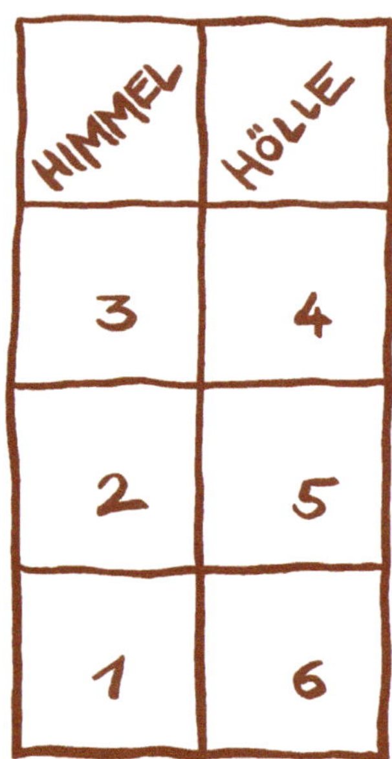

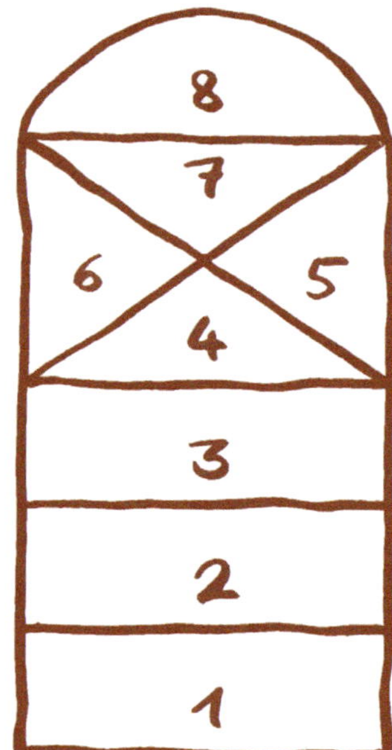

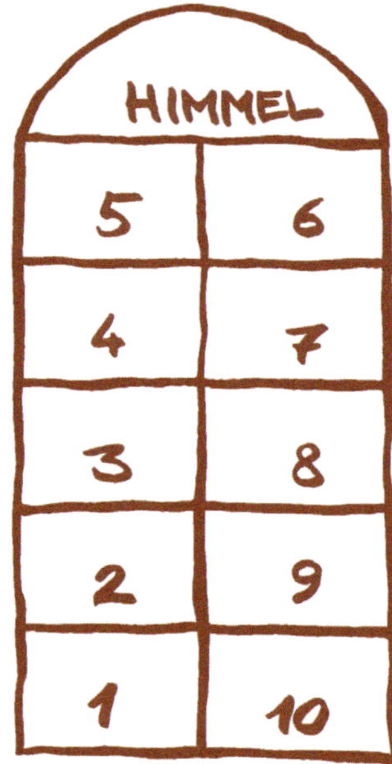

Paradieshüpfen

Andere Bezeichnungen für dieses Spiel sind „Himmel und Hölle“, „Tempelhüpfen“, „Hinkeln“, „Platthüpfen“ oder „Steinchenwerfen“.

Im 18. und 19. Jahrhundert vergnügten sich die Kinder mit diesem uralten Hüpfspiel besonders gern und noch vor dreißig Jahren waren an allen möglichen Plätzen hüpfende Kinder auf ihren aufgezeichneten Feldern anzutreffen.

Unterschiedlich und vielfältig sind die Spielarten, auch das Spielfeld kann nach verschiedenen Mustern gestaltet werden. Das Feld ist mit Kreide oder einer Tonscherbe auf den geteerten oder gepflasterten Boden aufzumalen. Es kann aber auch mit einem Stock in Sand (am Strand) oder in die Erde geritzt werden.

Heute noch findet man wie früher auf Schulhöfen oder autofreien Plätzen formenreiche Hüpffelder aufgemalt. Dafür gibt es auch spezielle Malkreiden zu kaufen, die der Regen dann wieder abwäscht.

Jeder Spieler sucht sich einen flachen Stein oder eine Scherbe. Durch Abzählen oder Losen wird festgelegt, wer anfangen darf. Der Spieler wirft sein Steinchen in Feld 1. Hüpfend befördert er das Steinchen mit der Fußspitze weiter in Feld 2, 3 und so fort, bis er zum Himmel oder bei Figur 2, in Feld 8 kommt. Dort darf er sich ausruhen, das heißt, mit beiden Beinen auf dem Boden stehen und kurz rasten.

Die Hölle wird nicht berührt, also übersprungen (bei Figur 2 und 3 ist Feld 7 die Hölle). Das Kreuz (zu Figur 2 die Felder 5 und 6) muss überspannt werden, das heißt, ein Bein steht in Feld 6, das andere in Feld 5, dabei ist das Steinchen in das nächsthöhere Feld zu stoßen.

Vom Paradies (Himmel, Feld 8) wird auf dieselbe Weise bis zum Ausgangspunkt zurückgehüpft. Wer einen Fehler macht, wird von einem anderen Spieler abgelöst.

Fehler ist,

- wenn mit dem Stein oder dem Fuß eine Linie berührt wird,
- wenn der Stein ins falsche Feld gestoßen oder über die Figur hinausgeworfen wird oder
- wenn ein Spieler die Hölle betritt.

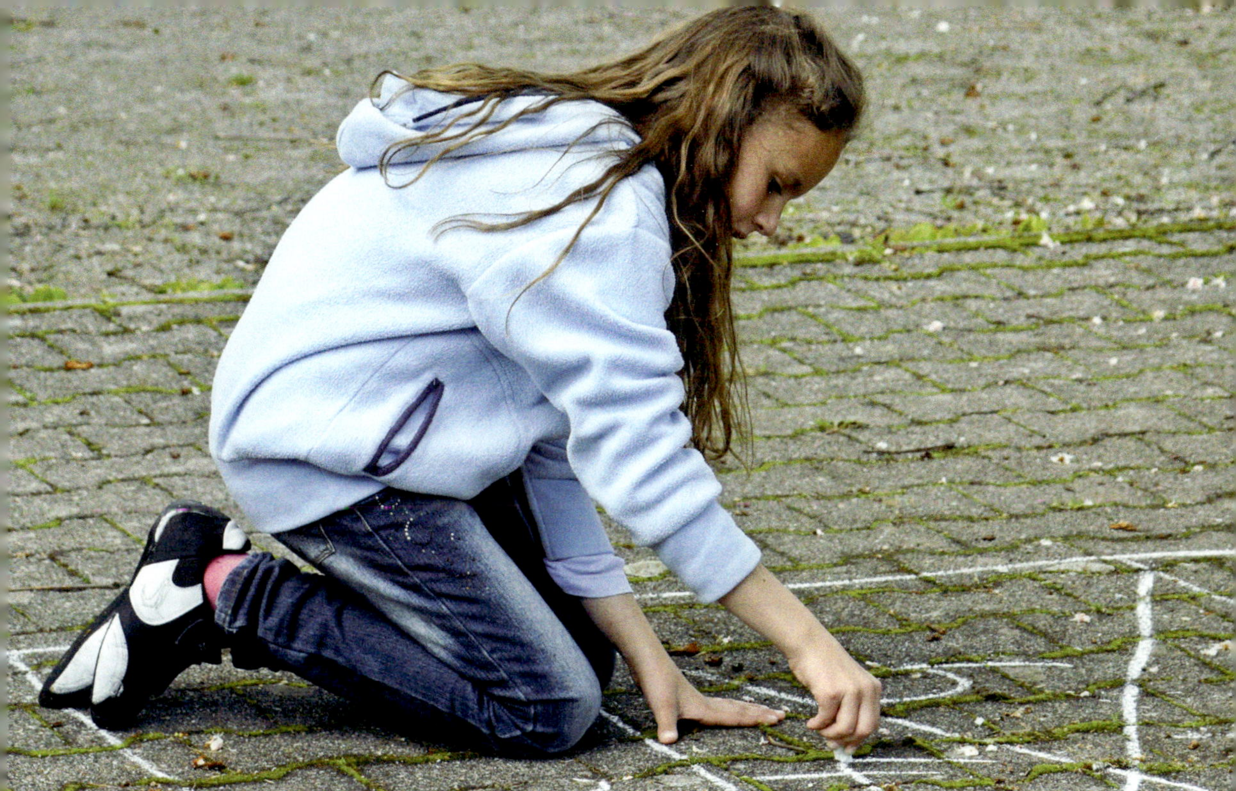

Mit Malkreide kann „Himmel und Hölle“ schön aufgezeichnet werden.

Eine Variante des Paradieshüpfens

Der erste Spieler wirft seinen Stein auf Feld 1. Dieses Feld wird auf einem Bein hüpfend übersprungen, das heißt, der Spieler gelangt gleich in Feld 2, von wo aus er alle weiteren Felder durchhüpft. Im Paradies kann er sich kurz ausruhen. Auf dem Rückweg nimmt er den in Feld 1 liegenden Stein, immer noch auf einem Bein stehend, auf. Von der Ausgangsstelle wird nun der Stein in Feld 2 geworfen, beim Hüpfen dieses Feld übersprungen und das Spielfeld wie vorher durchhüpft. Das geht über alle Felder so weiter: Immer das Feld, in dem der Stein liegt, wird übersprungen. Natürlich ist auch hier die Hölle zu meiden. Bei einem Fehler kommt der Nächste an die Reihe.

Es kann auch so gespielt werden, dass das Steinchen oder die Scherbe auf der Fußspitze, der Schulter, dem Kopf oder einem Finger hüpfend durch alle Felder getragen werden muss.

Es gibt also eine ganze Reihe Spielmöglichkeiten; auch für das Spielfeld gibt es noch viele andere Formen. Die Regeln dazu werden von den Kindern selbst aufgestellt und auch immer wieder abgewandelt.

Kegelspiele

Die ersten schriftlichen Hinweise auf das Kegelspiel stammen aus dem 13. Jahrhundert. Die Erwachsenen kegelten um Geld; da sie jedoch, wie bei allen Glücksspielen, nicht Maß halten konnten, wurde schon 1335 ein Kegelgesetz erlassen.

Einfachere Spiele haben auch die Kinder ausgeführt, und zwar meistens im Freien. An Regentagen oder im Winter durfte schon mal im Hausflur gekegelt werden. Zwei Spielmöglichkeiten für Kinder sind das Parteienkegeln und das Ballkegeln.

Kegel wurde früher aus Holz angefertigt. Heute werden aber im Fachhandel Kegel in verschiedenen Größen, Formen und Farben entweder aus Holz oder aus Kunststoff angeboten.

Parteienkegeln

Für das Parteienkegeln werden neun Kegel in einem Quadrat über Eck aufgestellt. Der König steht ausnahmsweise vorn. Die Spieler bilden zwei Parteien. Mit einem Auszählvers wird ermittelt, wer beginnt. Jeder Spieler hat drei Würfe mit einer Kugel. Ein Wurf hat nur dann Gültigkeit, wenn der König fällt. Gewonnen hat die Partei, die am meisten Kegel umgeworfen hat. Es kann auch vor Beginn des Spieles ausgemacht werden, wie viele Kegel fallen müssen. Sieger ist dann die Partei, die am schnellsten die bestimmte Zahl Kegel umgeworfen hat.

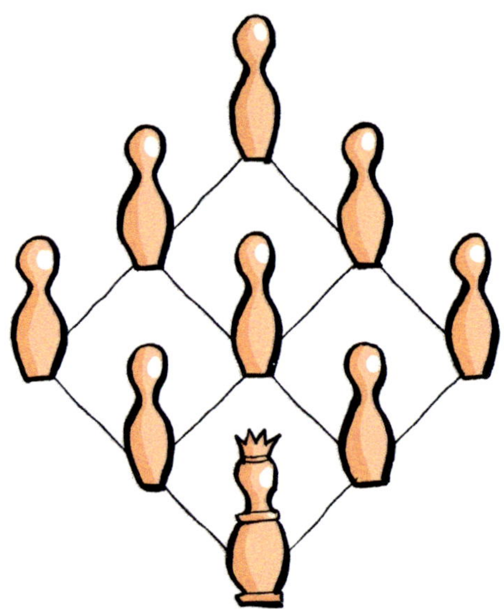

Ballkegeln

Zum Ballkegeln sind die Kegel nach dem gleichen Schema wie oben, jedoch im Abstand von einem Meter vor einer Wand aufzustellen. Statt mit der Kugel wird nun mit einem Ball gespielt. Der Ball ist so an die Wand zu rollen, dass beim Rückprall die Kegel getroffen werden. Jeder umgefallene Kegel zählt einen Punkt, der König fünf Punkte. Erst wenn alle Kegel gefallen sind, wird wieder aufgestellt und das Spiel kann von Neuem beginnen. Wer am meisten Kegel umgelegt hat, ist Sieger.

Stöckles- oder Pflockspiel

Mit Leidenschaft betrieben früher besonders Jungen dieses Spiel, weil sie dabei ihre Geschicklichkeit im Treffen und auch ihre Kraft zeigen konnten. Da sich für dieses Spiel am besten eine Wiese eignet, war es damals auch ein beliebter Zeitvertreib beim Viehhüten.

Zunächst schnitzten die Jungen ihre 40 bis 50 cm langen Stöcke oder Pflöcke (manche nannten sie auch Spachteln) spitz zu. Sie hatten dabei den Ehrgeiz, besonders gut geeignete Stöcke zu finden und diese auch schön zu verzieren.

Zwei Jungen spielen hierfür zusammen. Der erste Spieler schleudert seinen Pflock so in den Boden, dass er stecken bleibt. Der zweite Spieler wirft seinen Pflock so, dass er den des anderen trifft und aus dem Boden hebt, sein eigener muss jedoch möglichst fest im Boden stecken bleiben.

Murmelspiele begeistern kleinere Mädchen genauso ...

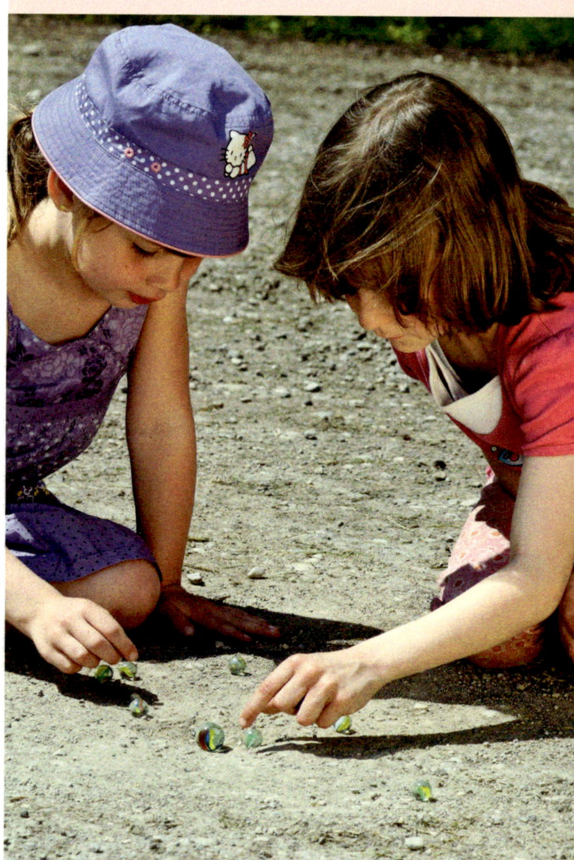

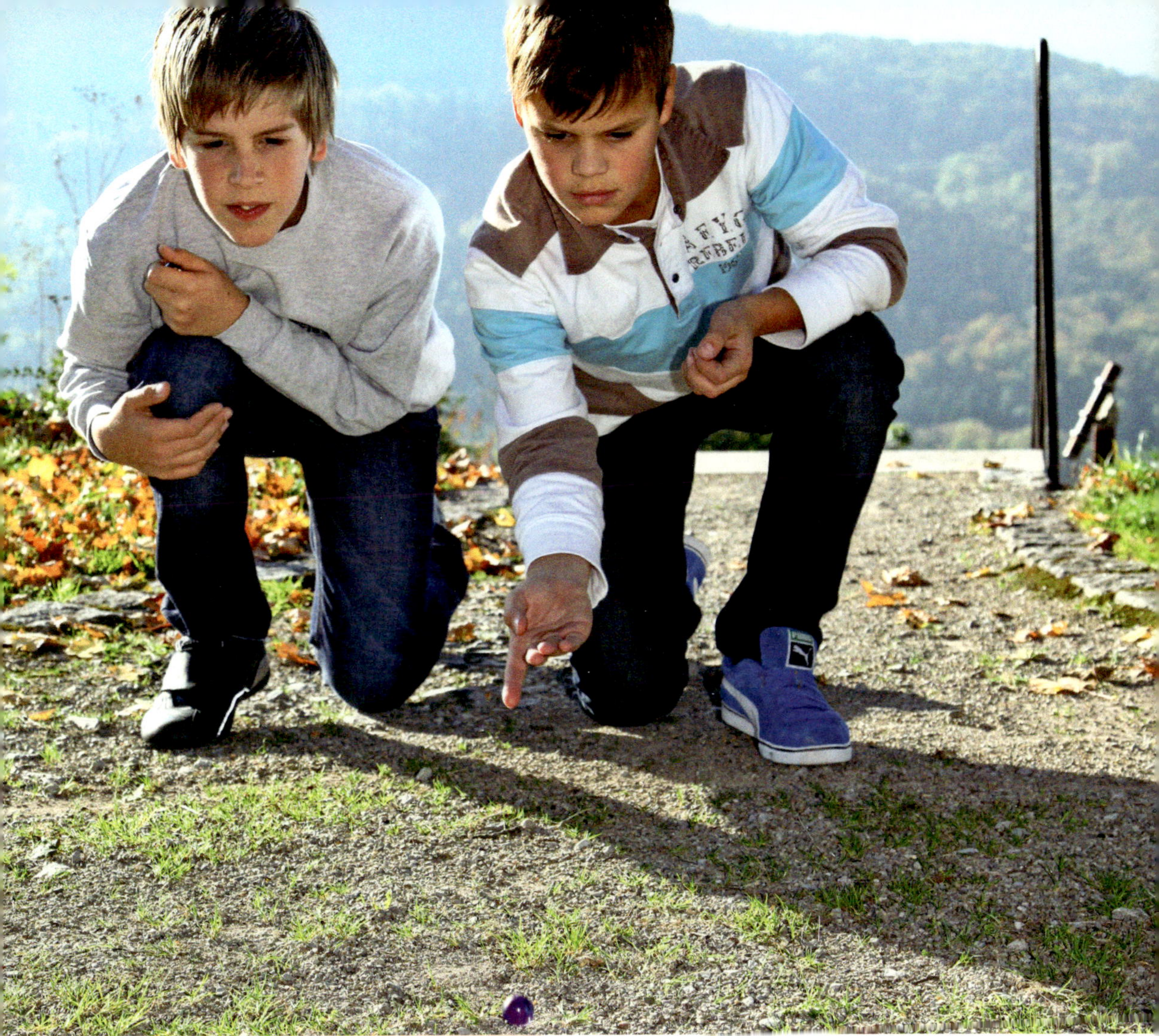

... wie größere Jungen – schließlich kann man etwas gewinnen!

So entwickelt sich im Wechsel ein Kampf um die Pflöcke. Es geht darum, möglichst zielsicher zu treffen und den Pflock des anderen mit einem Schlag umzuwerfen.

Murmelspiele

Mit den ersten warmen Sonnenstrahlen holten die Kinder im Frühling ihre Murmelsäckchen hervor, um sich mit Hingabe diesem ersten Spiel im Freien zu widmen. Jungen und Mädchen konnten sich gleichermaßen dafür begeistern. Immer wieder wurden sie von den ineinanderfließenden, zarten Farben der Kugeln fasziniert und dadurch zum Spiel angeregt, das sie meist mit Ausdauer betrieben. Sie hatten ja auch die Chance, bei dem Spiel etwas zu gewinnen, und konnten so ihren Schatz dieser bunten Vielfalt vergrößern. Auch das machte den Reiz des Spiels aus.

Es gibt übrigens noch viele andere Namen für die bunt schillernden kleinen Kugeln aus Glas oder Ton; einige Beispiele wären Klicker, Knicker, Picker, Schneller, Marbel oder Schusser.

Von den vielen Möglichkeiten, mit Murmeln zu spielen, werden im Folgenden einige vorgestellt.

Zielmurmel

Bei dieser Variante muss auf die Murmel eines Mitspielers gezielt werden. Dieser setzt 1 bis 2 Meter von der Wurflinie entfernt eine Murmel. Mit gerollten Murmeln versuchen die anderen Spieler, von der Wurflinie aus die gesetzte Murmel zu treffen. Wer sie trifft, darf diese Murmel wegnehmen. Trifft keiner die Murmel, darf der, dem sie gehört, von allen anderen Mitspielern eine Strafmurmel abnehmen.

Schusserspiel

Auf ebenem, nicht befestigtem Boden wird eine günstige Stelle gesucht, die sich als Schusserbahn eignet. An deren Ende wird eine kleine, flache Mulde gegraben. Von der festgelegten Startlinie aus versuchen die Kinder nacheinander, ihre Kugel in die Mulde zu rollen oder zu werfen. Wenn die Murmel nicht beim ersten Anstoß in die Mulde rollt, bleibt sie auf der Bahn liegen und der nächste Spieler ist an der Reihe. In der nächsten Spielrunde wird die Murmel mit dem Zeigefinger weiter auf die Mulde zugeschubst. Wer seine Kugel zuerst in der Mulde hat, ist Sieger.

Murmelwerfen

Auf den Boden wird ein Quadrat geritzt, das etwa 50 × 50 cm groß ist. In die Mitte des Quadrats sowie an jede Ecke wird eine kleine Mulde gegraben. Die Spieler legen in jede Außenmulde eine Kugel. In die mittlere Mulde legt jeder zwei Murmeln. Die Abwurfstelle ist etwa 2 bis 3 Meter vom Quadrat entfernt.

Von der Wurflinie aus darf der Reihe nach jeder mit einer Murmel auf eine der Mulden zielen. Hat ein Spieler mit seiner Kugel in eine Grube getroffen, in der sich schon Murmeln befinden, darf er diese kassieren. Trifft er jedoch in eine leere Grube, muss er seine Murmel darin liegen lassen. Wer am Ende des Spieles die meisten Murmeln erspielt hat, ist Sieger.

Das Schlösschen

Ein Kind sitzt mit gespreizten Beinen auf der Erde und ritzt einen kleinen Kreis in den Boden. In diesen legt es vier Murmeln eng zusammen, die fünfte setzt es obendrauf. Das ist das „Schlösschen“. Die Startlinie ist 2 bis 3 Meter entfernt. Von dort aus rollen die Spielpartner, einer nach dem anderen, ihre Kugel auf das „Schlösschen“ zu. Wer es trifft, darf alle fünf Murmeln behalten. Wer nicht trifft, muss dem Kind, welches das „Schlösschen“ aufgebaut hat, fünf Kugeln abgeben. Dieses Spiel kann übrigens auch mit Nüssen viel Spaß machen.

Neunloch

Die Kinder graben neun gleich große Löcher in den Boden, die wie die Kegel auf Seite 28 angeordnet sind. Nun legt jedes Kind in das mittlere Loch eine Murmel als Einsatz. Der Reihe nach wird vom Standmal aus auf das Feld gezielt. Wer in das mittlere Loch trifft, darf die darin liegenden Kugeln behalten. Wer in eines der anderen Löcher trifft, muss eine Strafkugel in das Loch in der Mitte legen.

Kreiseln

Der Kreisel ist nach archäologischen Funden eines der ältesten Spielzeuge überhaupt. Das Spiel mit dem Kreisel war schon im alten Ägypten beliebt. Ein Kreisel, in manchen Regionen auch Tänzer oder Dopp genannt, gehörte früher bei uns zu den Spielzeugen, die fast jedes Kind besaß. Dann war der Kreisel für einige Zeit fast in Vergessenheit geraten. Heute gibt es die Kreisel in modernen Versionen aber wieder im Spielwarenhandel zu kaufen.

Unter einem Kreisel versteht man einen geraden Kegel, der auf den Kopf, also auf die Spitze gestellt wird. Dazu gehört eine Schnur, die eng um den Kreisel herum im Uhrzeigersinn von unten nach oben gewickelt wird. Häufig ist hierfür eine eng verlau-

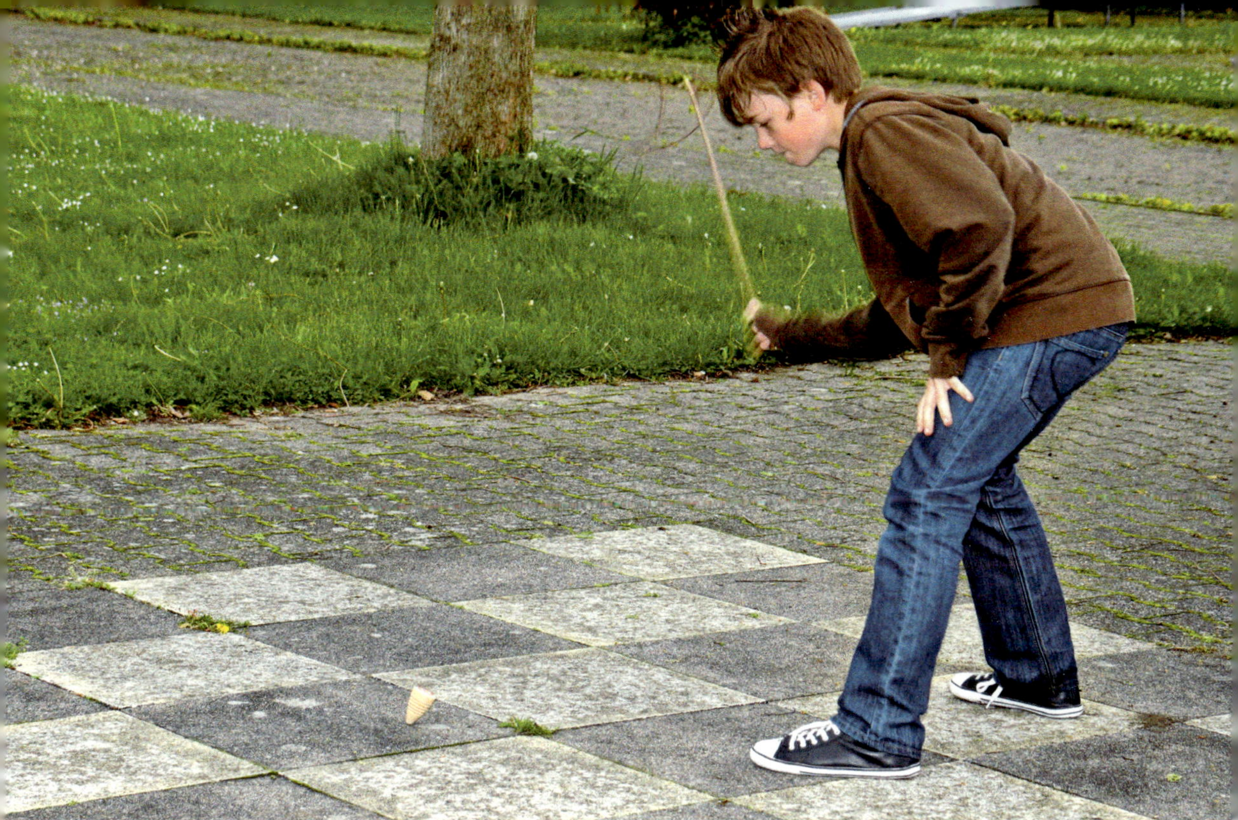

Der Kreisel wird mit der Peitsche immer wieder angetrieben.

fene spiralförmige Rille in das Holz eingefräst, damit die Schnur besser an der richtigen Position hält.

Das Spiel mit dem Kreisel erfordert Geschick und Aufmerksamkeit. Wie bringt man ihn aber in die Bewegung, sodass er möglichst lange tanzt?

Wenn die Schnur um den Kreisel gewickelt ist, wird dieser mit der linken Hand am Boden kurz festgehalten, gleichzeitig wird mit der rechten Hand die Schnur, die danach auch als Peitsche verwendet wird, angezogen. Durch schnelles Ziehen an der Peitsche und gleichzeitiges Loslassen des Kreisels wird dieser zum Tanzen gebracht. Mit kräftigen Peitschenhieben soll er nun recht lange auf der Spitze tanzen.

Zum Kreiseln gibt es den folgenden Vers:

Spring, Kreisel, spring,
tanz, du närrisch' Ding!
Springst du hundertmal herum,
fällst du dann von selber um.
Spring, Kreisel, spring,
tanz, du närrisch' Ding!

Wer besonders geschickt ist, kann den Kreisel mit Daumen und Zeigefinger der linken Hand so andrehen (auch aus der Luft), dass er auf dem Boden gleich zum Tanzen kommt, um dann mit der Peitsche immer wieder neu angetrieben zu werden. Nun kann mit anderen um die Wette gekreiselt werden.

Heutzutage gibt es eine Fülle von verschiedenen Ausführungen des Kreisels in unterschiedlichen Formen und Farben. Aber auch wenn sie dem klassischen alten Kreisel, der bei uns früher ein so beliebtes Spielzeug war, nicht mehr ganz ähnlich sehen, basiert die Bewegung auf demselben physikalischen Prinzip. Sie alle erfordern eine gewisse Geschicklichkeit und Übung und können auch zu einem Um-die-Wette-Kreiseln verwendet werden.

Bockspringen

Bockspringen ist auf der ganzen Welt bekannt. Es wurde bereits in Büchern aus dem 16. und 17. Jahrhundert als „Kinder-Lustspiel" beschrieben und dargestellt.
Beim Bockspringen spielen zwei oder mehr Kinder zusammen. Ein Kind stellt sich als Bock auf, indem es den Rumpf vorbeugt, die Hände auf die Oberschenkel stützt, dabei leicht in die Knie geht und den Kopf etwas einzieht. Der Spielkamerad nimmt einen kurzen Anlauf, springt vor dem Hindernis mit beiden Beinen ab und hüpft mit gegrätschten Beinen über den Bock. Mit den Händen stößt er sich auf dessen Rücken ab.

Spielen mehrere Kinder mit, stellt sich der Springer ein paar Meter weiter in derselben Richtung als Bock auf. Der nächste Spieler springt über beide Böcke und bleibt auch als Bock stehen. Das geht so weiter, bis alle Spieler als Böcke stehen. Die Reihe wird wieder aufgelöst, indem einer nach dem andern, angefangen beim Letzten, über alle Spieler vor ihm springt.

Hammelspringen

Dies ist eine Abwandlung des Bockspringens. Der Bock stellt sich quer zum Springer. Dieser muss mit stärker gegrätschten Beinen das Hindernis überspringen.

Hans, guck um

Der „Hans", der durch Auszählen gewählt werden kann, stellt sich mit dem Gesicht zur Wand. Die mitspielenden Kinder, es sollten

Schon zu zweit kann man Bockspringen spielen.

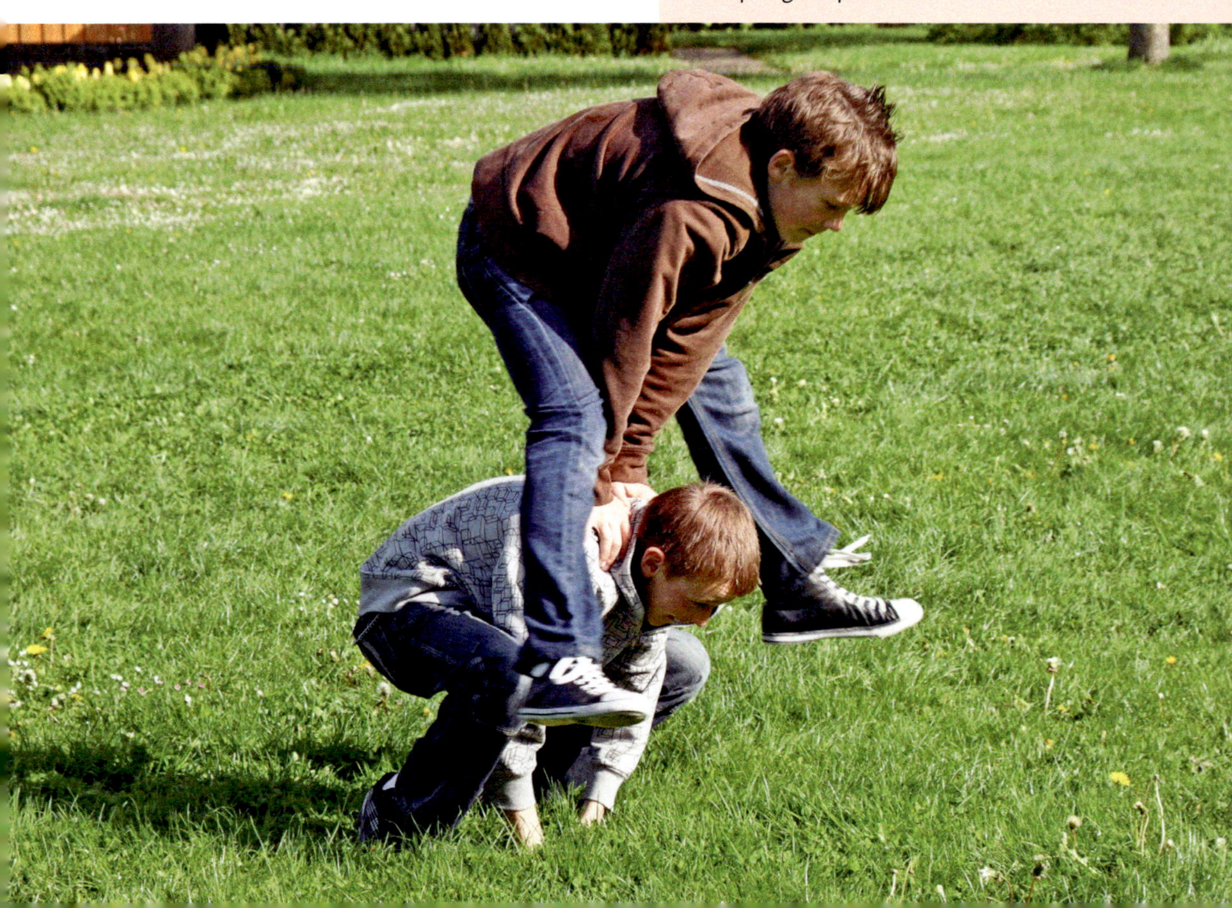

wenigstens fünf sein, stehen in einer Reihe einige Meter hinter ihm. Von Hans unbemerkt, versuchen sie vorwärtszugehen, um seinen Platz zu erreichen. Will Hans sich umdrehen, muss er rufen: „Hans, guck um!" Lässt sich dabei ein Kind beim Gehen erwischen, muss dieses wieder bis zur Ausgangslinie zurück. Mit diesem Ausruf dreht sich Hans immer wieder um und schickt jedes Kind zurück, das er beim Vorwärtsgehen erwischt. Hans wird von dem Spieler abgelöst, der als Erster unbemerkt bei ihm ankommt.

Hans, steh auf

Fünf bis zehn Kinder setzen sich entlang einer Hauswand oder eines Zaunes in einer Reihe hin. Wer beim Auszählen übrig bleibt, muss mit dem Spiel beginnen. Dieser Spieler stellt sich vor die sitzenden Kinder und erteilt seine Befehle.

Er deutet auf eines der Kinder und sagt zunächst: „Hans, steh auf!" Das angesprochene Kind muss fragen: „Darf ich?" Sagt der Spielführer „Ja", steht das Kind auf und führt jeden weiteren Befehl aus, den sich der Spielführer ausdenkt. Er muss zuvor aber immer „Darf ich?" fragen.

So kann der Spielführer zum Beispiel befehlen: „Hüpfe fünf Schritte auf einem Bein", „Gehe dreimal um mich herum" und Ähnliches. Die beiden spielen so lange weiter, bis der Spieler einen Fehler macht, vergisst, „Darf ich?" zu sagen oder bis er vergisst, auf das „Ja" des Spielführers zu warten. Dann kommt das nächste Kind an die Reihe. Viele kennen das Spiel auch unter dem Namen „Ochs am Berg, schau um."

Schubkarrefahren

Beim Schubkarrefahren geht es darum, dass mindestens zwei oder mehr Zweierteams von Mitspielern möglichst schnell ein Ziel erreichen müssen. Hierfür schließen sich jeweils zwei Spieler zusammen und bilden eine „Schubkarre", indem einer als Vordermann auf den Händen läuft, während der Hintermann dessen Beine in die Hände nimmt und ihn an die Ziellinie führt. Das Paar, das zuerst am Ziel ist, hat gewonnen.

Zublinzeln

Nicht nur als Kinder, sondern auch als Jugendliche und Erwachsene haben unsere Großeltern dieses Spiel geliebt und immer wieder in ihre Gesellschaftsspiele mit einbezogen. Besonders spannend war: Die Jugend kam sich bei diesem Spiel näher.

Im Kreis werden Stühle aufgestellt. Auf diese setzen sich die „Damen", wobei ein Stuhl unbesetzt bleiben muss. Hinter jedem Stuhl steht ein „Herr", auch hinter dem unbesetzten.

Der Herr versucht, durch Zublinzeln eine der Damen auf seinen leeren Stuhl zu bekommen. Diese muss rasch reagieren, um von dem hinter ihr stehenden Herrn loszukommen, denn dieser möchte seine Dame natürlich behalten. Wenn sie wegspringen will, darf er sie an den Schultern festhalten. Zu beachten ist dabei, dass alle Herren ihre Hände immer wieder auf dem Rücken halten müssen.

Oft ist das Spiel auch unter dem Namen „Blinzeln" bekannt.

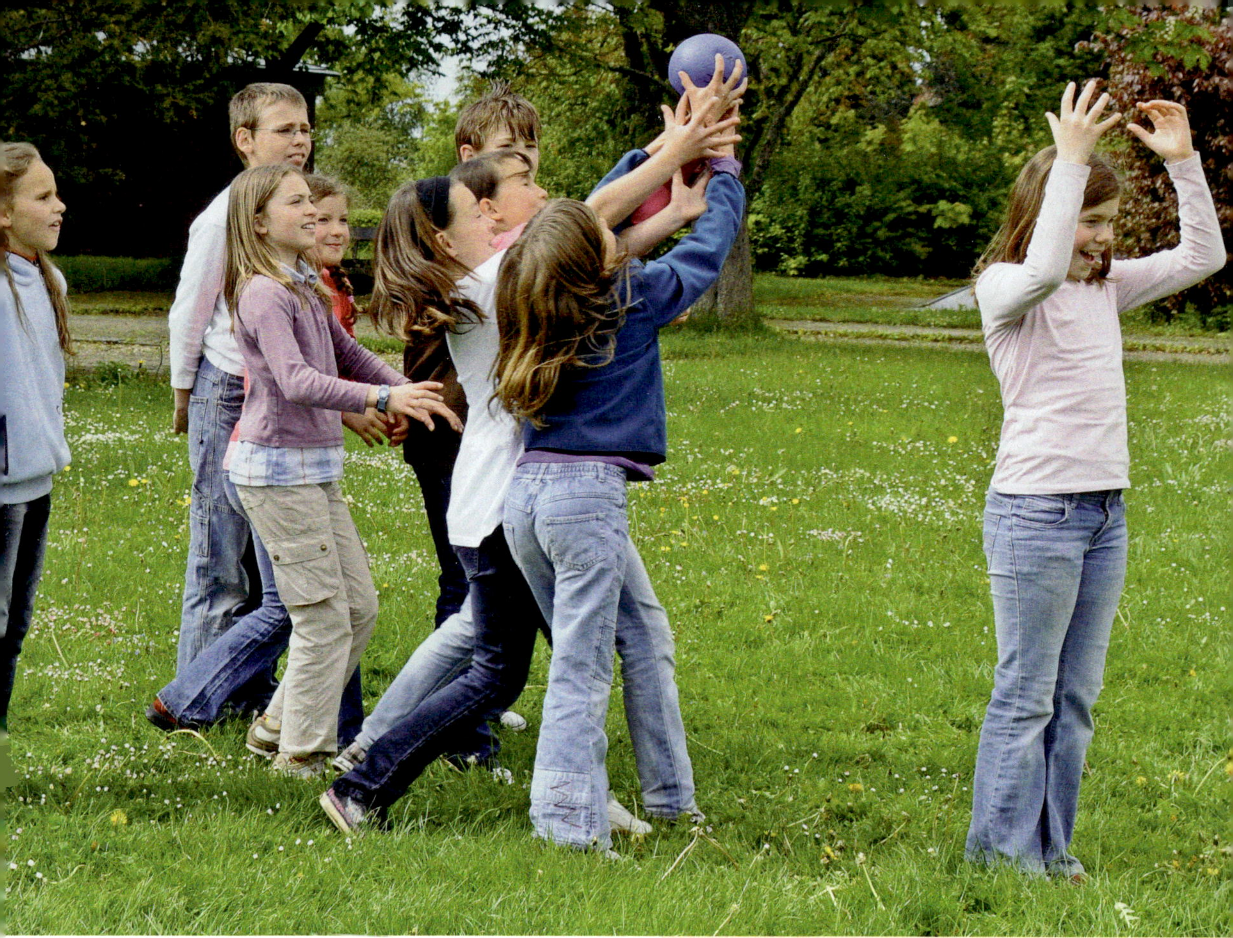

Bei Ballspielen sind die Kinder immer in Bewegung.

Ballspiele

Werfen, auffangen, dem Ball nachlaufen, neugierig werden, wohin er springt oder was er beim Aufprellen macht – solche Übungen können begeistern. Kinder lernen dabei, dass durch stete Wiederholung das Spiel immer besser gelingt. Dadurch wächst die Freude daran – denn Übung macht den Meister! Handliche Gummibälle, die beim Aufprellen schön springen, waren in der Kindheit unserer Großeltern teure und rare Kostbarkeiten. Deshalb wurden sie besonders gehütet und der Jammer war groß, wenn so ein Ball verloren oder kaputt ging. Hatte man Glück, so bekam man zu Ostern einen neuen Ball.

Heute gibt es für jede Art von Ballspiel spezielle Bälle in unterschiedlichen Größen und Materialien, vor allem, wenn es um reinen Ballsport geht.

Für die hier beschriebenen Spiele sollte der Ball nicht zu groß sein, also gut in der Hand liegen. Damit lässt sich auch auf kleinen Plätzen geschickt spielen.

Ball prellen

Lieber Ball, sag mir doch,
wie viel Jahre lebst du noch?

Mit diesem Sprüchlein prellen die Kinder den Ball mit einer oder auch mit beiden Händen auf den Boden, dabei zählen sie und sind bemüht, dies möglichst lange fehlerlos zu schaffen.

Dieses Spiel fördert die Geschicklichkeit und Koordination und kann alleine oder im Wechsel mit anderen Kindern gespielt werden.

Ich bin ein Student

Wer im Werfen und Auffangen des Balles noch nicht so geübt ist, kann es mit diesem kleinen Spielchen immer wieder versuchen. Hier übt ein Kind für sich allein, es können aber auch mehrere zusammen spielen. In letztem Fall scheidet der Spieler aus, der den Ball fallen lässt.

Der Ball ist im Rhythmus des Textes in die Luft oder gegen eine Wand zu werfen, während des Fluges sind die entsprechenden Bewegungen auszuführen.

Ich bin ein Student

Ball hochwerfen und auffangen

und wasch' mir die Händ'.

Händewaschen nachahmen.

Ich trockne sie ab,

Händetrocknen nachahmen.

steck' sie in die Tasch.

Hände in die Tasche stecken.

Ich knie nieder und bete zu Gott.

Niederknien.

Ich stehe wieder auf

Aufstehen.

und geh' fröhlich nach Haus.

Einmal um sich selbst drehen.

Das Werfen des Balls an eine weiße Wand wird nicht überall gern gesehen. So ist es aber ideal.

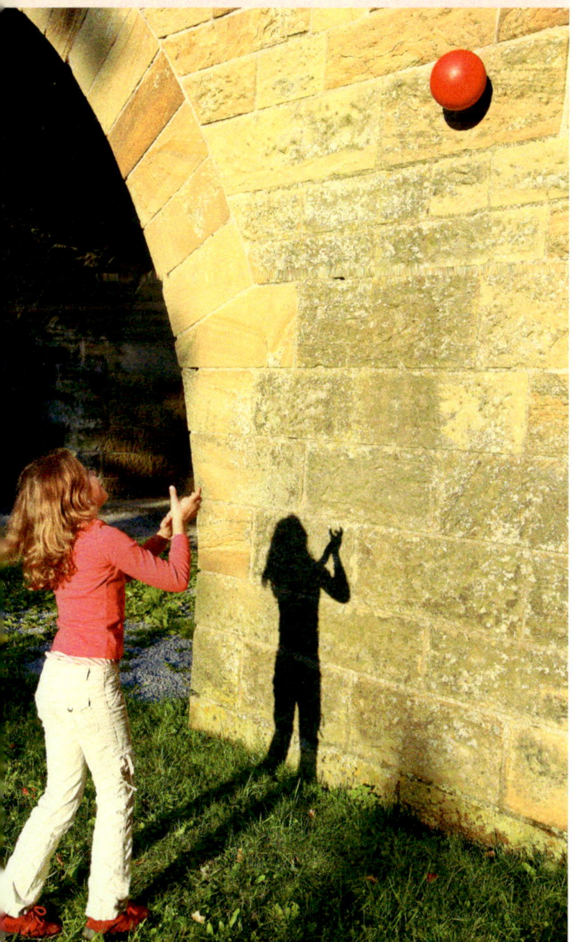

Zehnerle

Der Ball, der mittelgroß sein sollte, wird an eine Wand geworfen. Ein Kind fängt an, die anderen schauen zu und sind an der Reihe, wenn das spielende Kind einen Fehler macht.

- 10-mal mit der rechten Handfläche den Ball nach oben an die Wand prellen,
- 9-mal mit der linken Handfläche nach unten prellen,
- 8-mal mit der rechten Faust prellen,
- 7-mal mit gefalteten Händen prellen,
- 6-mal mit einem Knie prellen,
- 5-mal um den Rücken geben,
- 4-mal mit aufeinander gelegten, flachen Händen prellen,
- 3-mal mit dem Kopf prellen,
- 2-mal mit der Brust prellen,
- 1-mal mit beiden Händen prellen, sich dabei umdrehen und den Ball hinter dem Rücken auffangen.

Klatschball

In der Mitte eines von den Kindern gebildeten Kreises steht der Spielführer mit dem Ball. Diesen wirft er irgendeinem Kind im Kreis zu, das zuvor in die Hände klatschen muss. Wer das Klatschen vergisst oder den Ball fallen lässt, muss sich hinsetzen. Klatscht ein Kind, ohne dass ihm der Ball zugeworfen wird, weil es sich vom Spielführer hat foppen lassen, so muss es sich ebenfalls setzen. Der Letzte, der noch im Kreis steht, ist Sieger. Er wird der Spielführer in der nächsten Runde.

Verliebt, verlobt

Die Kinder stehen im Kreis und werfen sich reihum den Ball zu. Wer den Ball einmal fallen lässt, ist „verliebt". Wer ihn zwei Mal fallen lässt, ist „verlobt". Beim dritten Mal ist er „verheiratet" und wer ihn zum vierten Mal fallen lässt, hat ein „Kind". Bis zu 20 „Kindern" wird gezählt, dann muss der Spieler ausscheiden. Der Letzte bleibt Sieger.

Beim Klatschball muss der Fänger in die Hände klatschen und dann fangen.

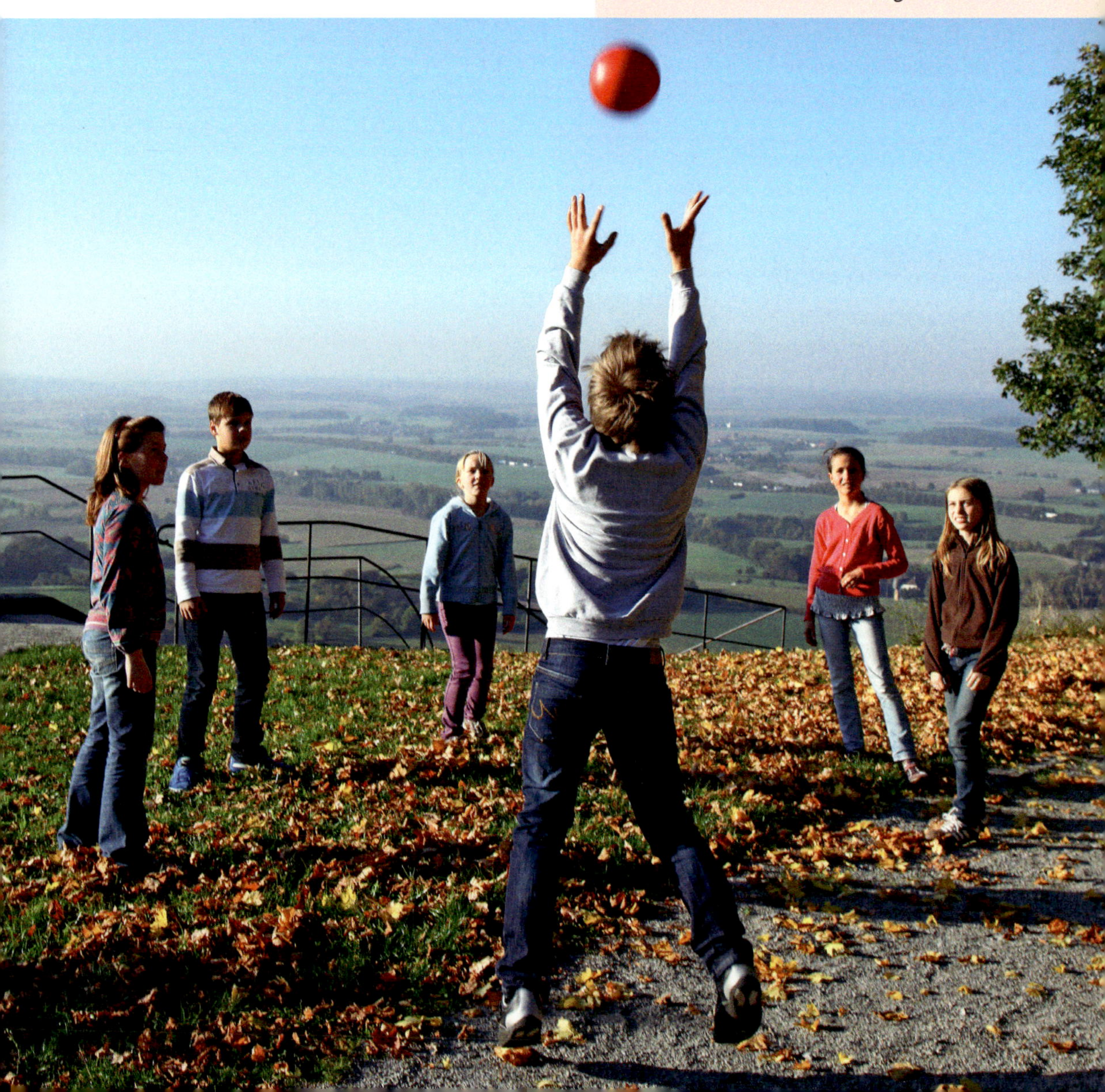

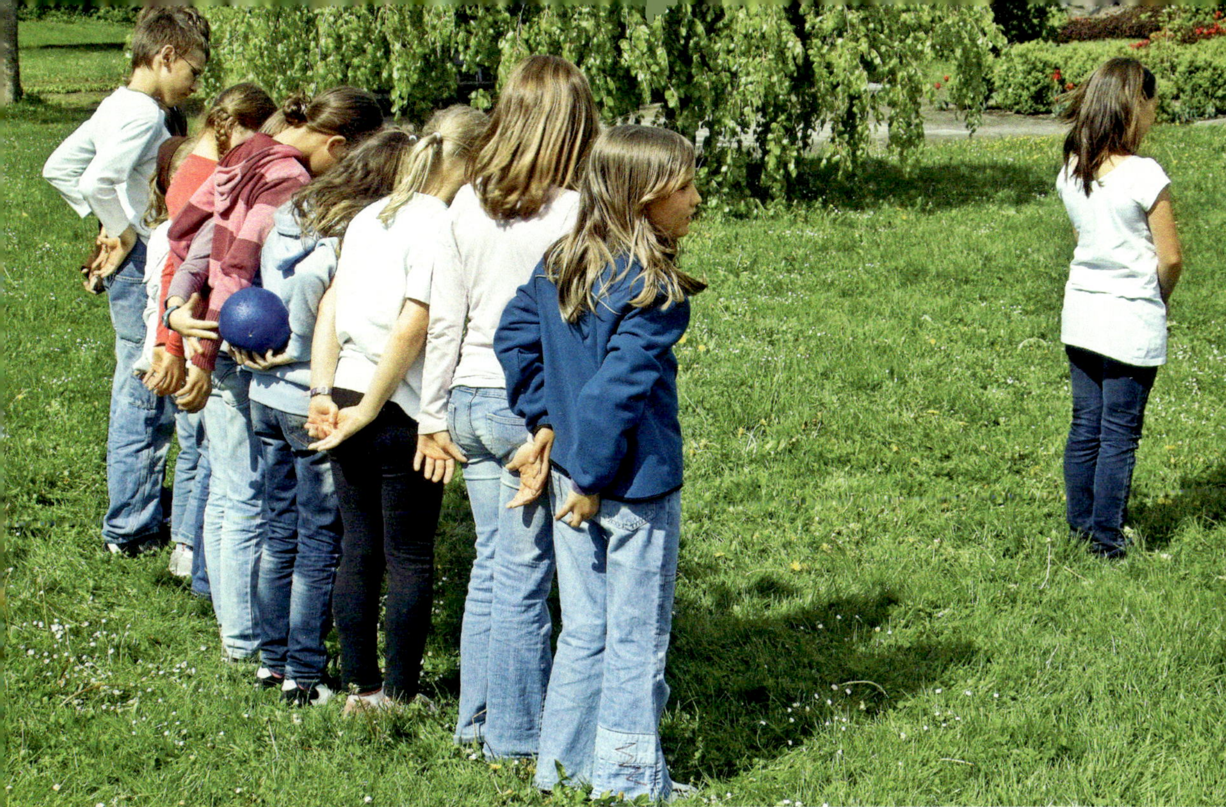

„Eins – zwei – drei – wer hat den Ball“ macht umso mehr Spaß, je mehr Kinder mitmachen.

Eins – zwei – drei – wer hat den Ball?

Die Kinder stellen sich im Halbkreis auf. Ein Kind stellt sich so davor, dass es den anderen den Rücken zukehrt. Es wirft den Ball über seinen Kopf rückwärts nach hinten, darf sich dabei nicht umdrehen und sagt:

Eins, zwei, drei, wer hat den Ball?

Der Ball wird von einem der Kinder aufgefangen. Alle nehmen die Hände auf den Rücken. Während der Spielführer weiterspricht

Vier, fünf, sechs, wer hat ihn jetzt?

wandert der Ball von einem zum anderen auf dem Rücken weiter. Mit den Worten

Sieben, acht, neun, Du kannst es sein!

dreht sich der Spielführer um und zeigt auf das Kind, das den Ball haben könnte. Wenn er richtig erraten hat, welches Kind den Ball hält, wird dieses in der nächsten Runde der Spielführer.

Halli – Hallo

Mehrere Kinder stehen in einer Reihe. Ein Kind, das durch einen Auszählvers zum Anfangen bestimmt wurde, stellt sich mit dem Ball vor die Reihe. Nun wirft es den Ball dem ersten Kind zu mit der Aufgabe, einen Mädchennamen zu erraten, dessen Anfangsbuchstaben beispielsweise ein „Ma“ und dessen Endbuchstabe ein „a“ ist (Maria). Wird der Name nicht erraten, muss sich der Spieler hinsetzen und der Nächste kommt an die Reihe.

Hat einer den Namen erraten, wirft er den Ball an den Spielführer zurück. Dieser läuft mit dem Ball weg und wirft ihn aus einiger Entfernung. Der Ball muss von dem Kind aufgefangen werden, das den Namen erraten hat, und von diesem dann dem Spielführer durch die gefassten, offenen Arme geworfen werden. Ist dies gelungen, darf dieses Kind das Spiel übernehmen und vor die Reihe tre-

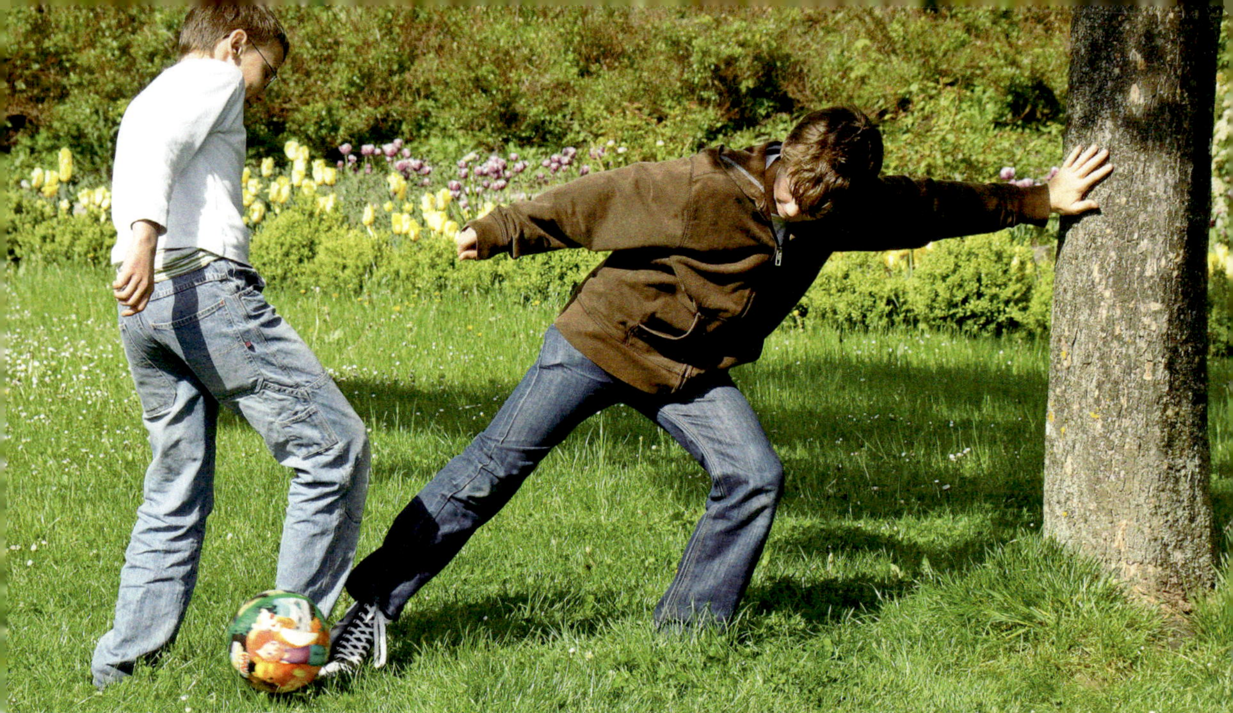

Baumball ist eine gute Übung für fußballbegeisterte Jungen.

ten. Hat es nicht in den Armkreis getroffen, muss auch dieses Kind sich hinsetzen.

Stehball oder Stand

An diesem Ballspiel, das auf einem freien Platz stattfinden sollte, können sich zehn bis 15 Kinder beteiligen. Sie stehen kreisförmig dicht beisammen. Ein Mitspieler wird zum Spielführer bestimmt. Er steht in der Mitte und wirft den Ball kraftvoll hoch in die Luft. Sofort rennen die Spieler nach allen Seiten davon. Hat der Spielführer den Ball wieder aufgefangen, ruft er „Stehen" oder „Stand" und augenblicklich müssen alle Mitspieler stehen bleiben.

Nun versucht der Spielführer, einen der stehenden Spieler zu treffen. Hat er dies geschafft, übernimmt der Getroffene die Spielführung und die anderen Spieler versuchen, sich von ihm zu entfernen, bis er „Stehen" ruft. Es darf niemand durch Bücken oder Bewegen vor dem Getroffenwerden ausweichen. Wurde kein Spieler aus der Runde getroffen, muss von Neuem begonnen werden.

Baumball

Der Spielplatz ist ein Garten, in dem mehrere Bäume stehen. Die Spielschar zählt aus, wer der „Balltreiber" sein soll. Die anderen Spieler stellen sich jeweils an einen Baum. Nun versucht der Balltreiber, den Ball mit dem Fuß gegen einen besetzten Baum zu treiben, während die an den Bäumen Stehenden versuchen, dies durch Zurückstoßen zu verhindern. Sie dürfen sich dabei nur so weit von ihrem Baumstamm entfernen, dass sie diesen noch mit der Hand berühren können. Wenn der Treiber mit dem Ball einen Baum trifft, wird er von dem Spieler, der an dem Baum stand, abgelöst.

Falls ein Treiber nach mehreren Versuchen keinen Baum erreichen kann, hat er die Möglichkeit, an einen Baum zu kommen, indem er dreimal in die Hände klatscht und ruft: „Wechselt den Baum". Nun muss jeder seinen Baum verlassen und einen anderen besetzen. Dabei kann auch der Treiber einen Baum besetzen. Wer keinen freien Baum mehr findet, wird Treiber.

Tanzspiele

Auf der Wiese, in Hofräumen, auf freien Plätzen im Dorf, gern aber auch im Schulhof sind die Mädchen aller Altersklassen in anmutiger Weise diesen Spielen nachgegangen. Ausdauernd blieben sie beim Spiel, nur ungern ließen sie sich unterbrechen. Reigen, wie die Tanzspiele vor allem bezeichnet wurden, waren gleichzeitig auch die Sonntagsspiele im Freien, weil bei den ruhigen, tänzerischen Bewegungen das Sonntagskleid, das zu schonen war, angelassen werden durfte. Reigen als typische Mädchenspiele – das war früher. Heute spielen Jungen und Mädchen gemeinsam, worauf sie Lust haben.

Meist ist es die Mutter, die mit den Kleinen den ersten Reigen tanzt. Zu einfachen Melodien und Texten gehen sie gemeinsam die ersten Schritte im Kreis.

In den meisten Kindergärten sind Tanzspiele fester Bestandteil des erzieherischen Programms. Mit ganzer Hingabe lernen die Kinder Melodie, Text und Spielhandlung, wohl auch deshalb, weil sich Kleinkinder im geschlossenen Kreis geborgen und gegenseitig angenommen fühlen, ja sich selbst sogar bestätigt finden. Keiner steht draußen, sondern alle sind beteiligt.

Außerhalb des Kindergartens trifft man heute nur noch selten auf reigenspielende Gruppen. Dabei wirken Kreisspiele mit Gesang und rhythmischen Bewegungen beruhigend auf Körper und Geist.

Reigen für Kleinere

Häslein in der Grube

Die Kinder bilden einen Kreis. Ein Kind stellt das Häslein dar. Es sitzt in der Kreismitte und legt die Hände als Ohren an den Kopf.
Die anderen Kinder gehen im Kreis singend um das Häslein herum. Bei den Worten: „Häslein hüpf" hoppelt das Kind in der Hocke auf ein anderes Kind im Kreis zu, das beim nächsten Spiel Häslein sein darf.

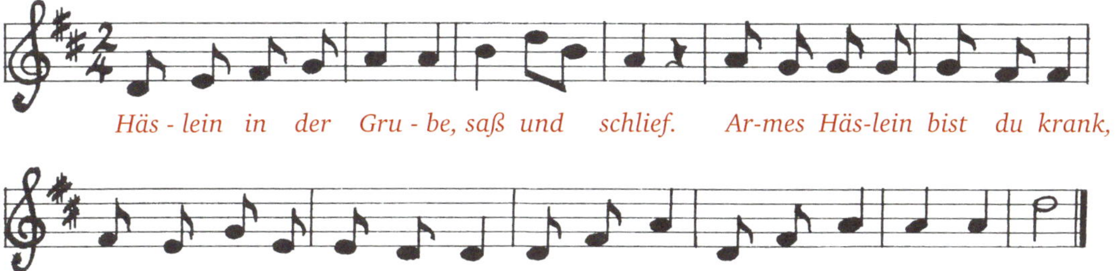

Es tanzt ein Bibabutzemann

Ein Kreis wird gebildet und es wird festgelegt, wer den „Butzemann" spielen soll. Der Butzemann stellt sich in die Kreismitte. Die Kinder singen das Lied und der Butzemann macht die Bewegungen dazu: Säckchen tragen, rütteln, schütteln,

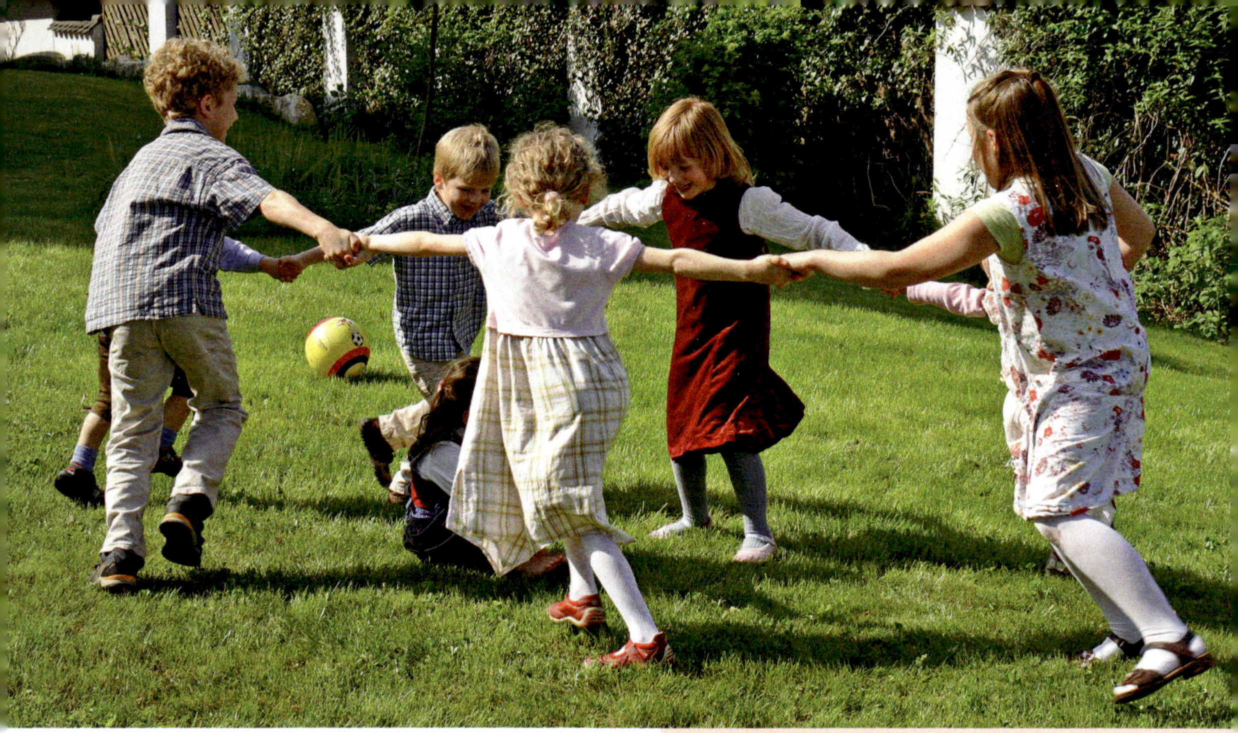

„Häslein in der Grube“ ist eines der klassischen Tanzspiele für kleinere Kinder.

Säcklein hinter sich werfen. Bei „Wir klatschen in die Hand“ klatschen alle Kinder in die Hände. Bei „Wir sind uns ja verwandt“ fasst Butzemann das Kind bei den Händen, vor dem er gerade steht und tanzt mit ihm rund um den Kreis.

Das Kind, das mit dem Butzemann getanzt hat, darf dann in der nächsten Runde den Butzemann spielen.

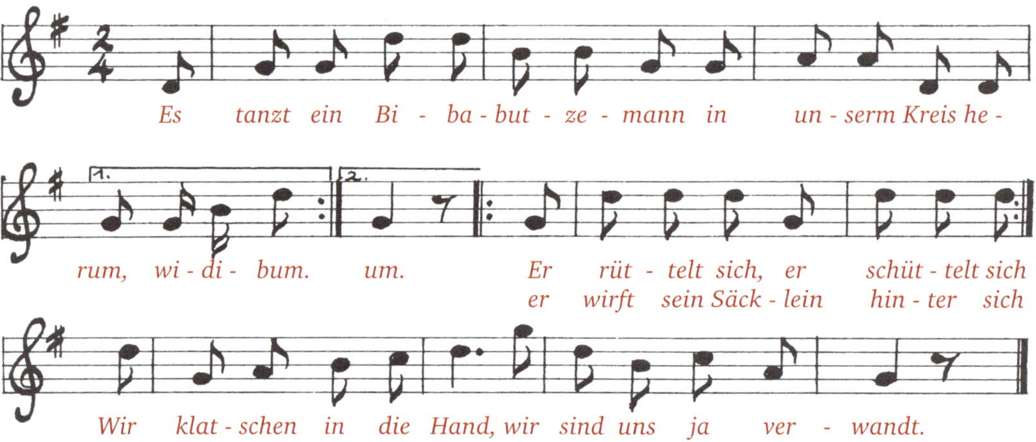

Petersilie Suppenkraut

In einem Kreis steht ein Mädchen, das die Braut ist. Die Kinder gehen singend im Kreis. Wenn das Lied gesungen ist, sagt die Braut: „Der Bräutigam soll kommen“. Sie wählt sich einen Partner. Während die im Kreis gehenden Kinder das Lied wieder von vorn zu singen beginnen, tanzt das Paar im Kreis herum.

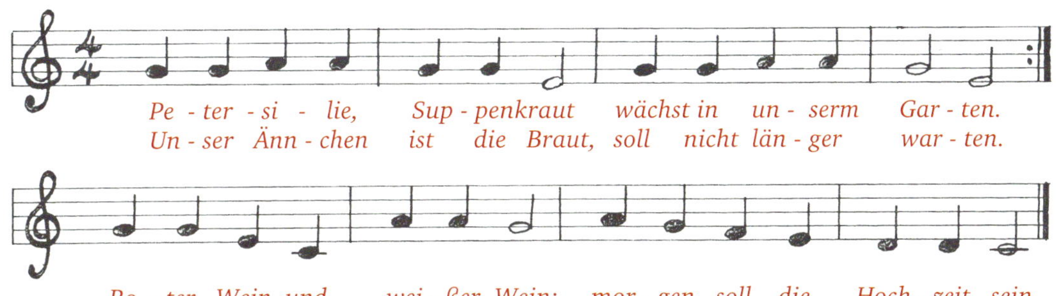

Der Nussbaum

In der Kreismitte steht die „liebe Anna“ (beim Spiel wird der tatsächliche Name des Kindes gesungen). Der Kreis dreht sich singend um sie. Wenn gesungen wird: „Guten Morgen“, verbeugen sich alle vor ihr.

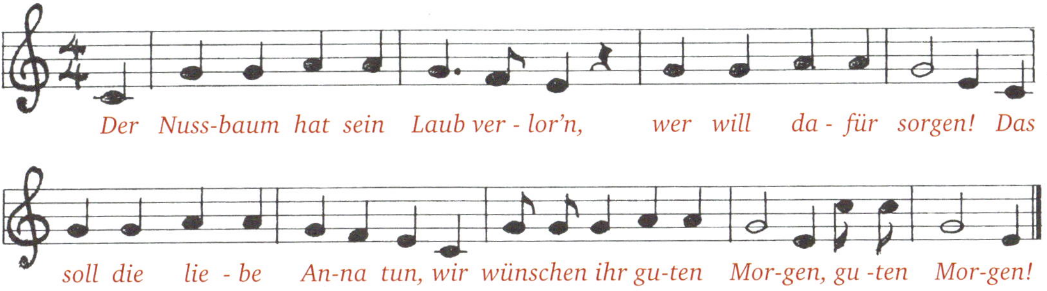

Liebe Schwester, tanz mit mir

Die Kinder stehen sich in zwei Reihen gegenüber. Mit Beginn des Liedes gehen sie aufeinander zu und fassen sich paarweise an den Händen. Während gesungen wird: „Einmal hin, einmal her“ geht jedes Paar im Rhythmus des Liedes hin und her. Bei „rundherum“ lassen sie die Hände los und drehen sich einzeln auf der Stelle herum, bis der Vers beendet ist. Auf diese Weise werden alle drei Strophen getanzt.

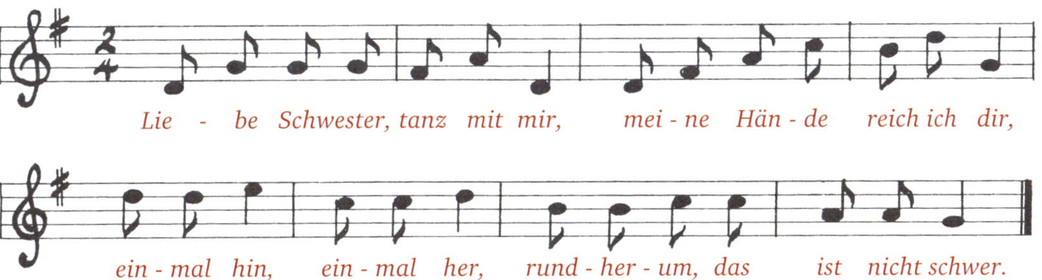

2. Ei, das hast du schön gemacht;
ei, das hätt’ ich nicht gedacht!
Einmal hin…

3. Noch einmal das schöne Spiel,
weil es mir so gut gefiel!
Einmal hin…

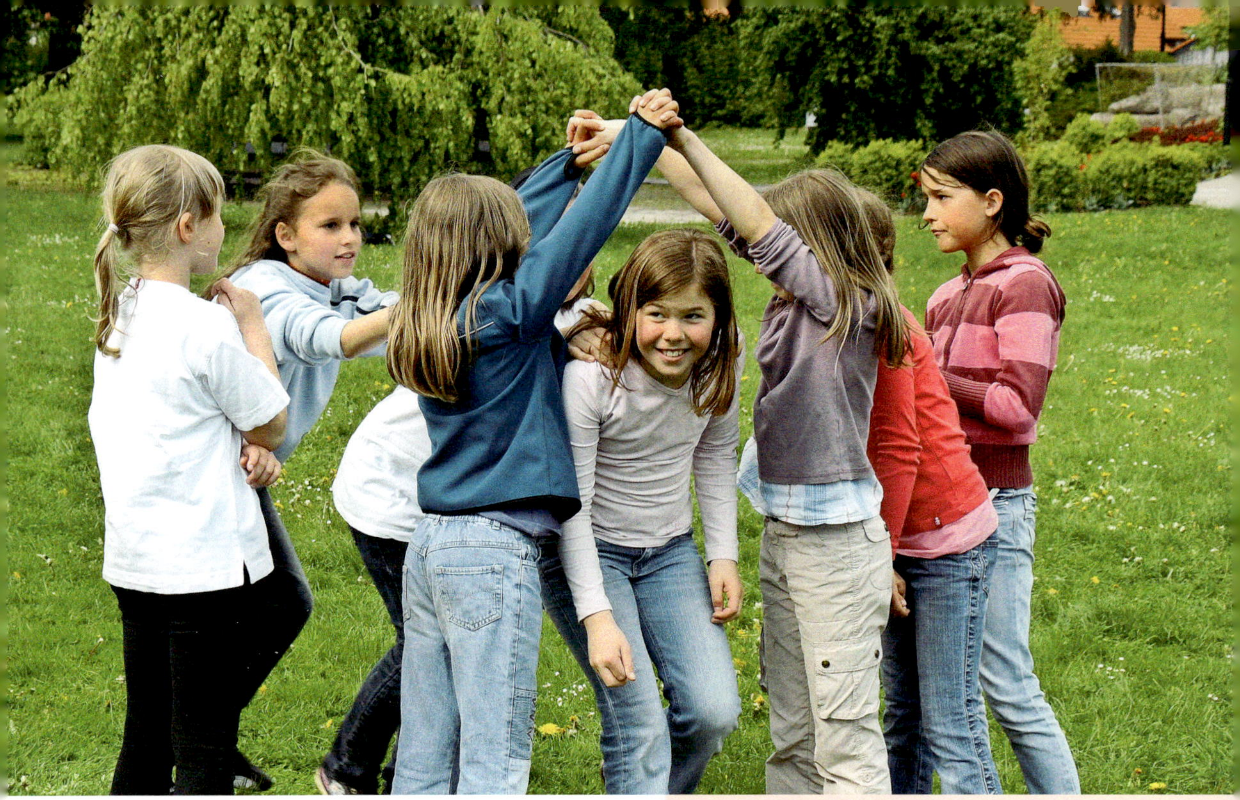

Anspruchsvollere Tanzspiele gefallen auch größeren Kindern.

Tanzspiele für Größere

Dornröschen war ein schönes Kind

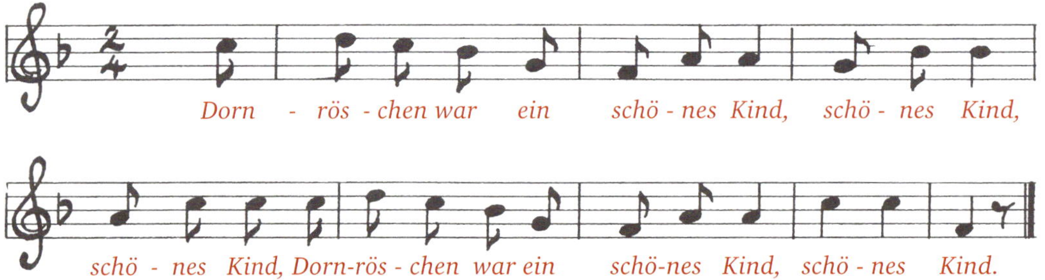

Die Kinder gehen singend im Kreis herum. In der Mitte des Kreises sitzt das Dornröschen.

Dornröschen war ein schönes Kind, schönes Kind, …

Dornröschen, nimm dich ja in Acht! …

Der Kreis bleibt stehen, die Kinder schauen mit warnendem Finger auf Dornröschen.

Da kam die böse Fee herein …

Die böse Fee tritt in den Kreis.

Dornröschen, schlafe hundert Jahr! …

Dieser Vers wird von der bösen Fee allein gesungen, sie hält dabei die Hand über Dornröschen, danach geht sie wieder zurück.

Da wuchs die Hecke riesengroß …

Mit gefassten, erhobenen Armen treten die Kinder gemeinsam in den Kreis und bilden so um Dornröschen die Hecke.

Da kam der junge Königssohn ...

Der Königssohn kommt, durchbricht die Hecke, die Kinder treten zurück.

Dornröschen, wache wieder auf!

Der Königssohn singt allein, er hält die Hände über Dornröschen.

Da feierten sie das Hochzeitsfest ...

Königssohn und Dornröschen fassen sich an den Händen und tanzen im Kreis.

Da jubelte das ganze Volk ...

Die ganze Kinderschar tanzt hüpfend mit.

Rote Kirschen ess ich gern

Die Kinder gehen im Kreis, fassen sich an den Händen und singen. Außerhalb des Kreises geht ein Kind in der Gegenrichtung. Bei dem gesprochenen Text

Heda, Platz gemacht, für die jungen Damen! Sitzt der Kuckuck auf dem Dach, diese möcht ich haben!

durchteilt das außen herumgehende Kind den Kreis, geht durch die Mitte und wieder hinaus.

Bei „diese möcht ich haben“ tippt es eine Mitspielerin an, die ihr folgen muss. Es wird so lange gesungen, bis alle Kinder nachfolgen.

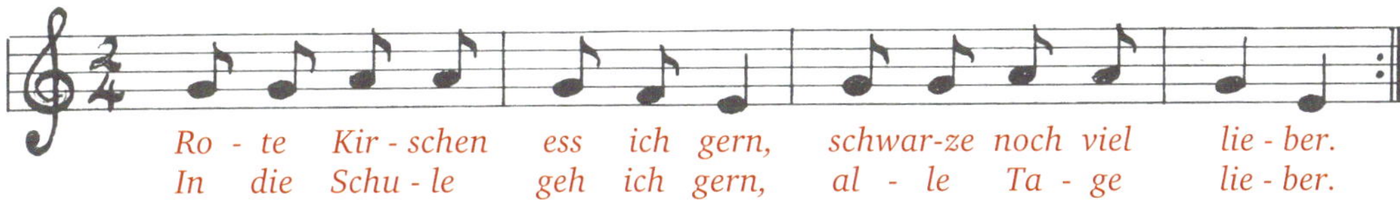

Alle „jungen Damen“ folgen am Ende dem Sprecher.

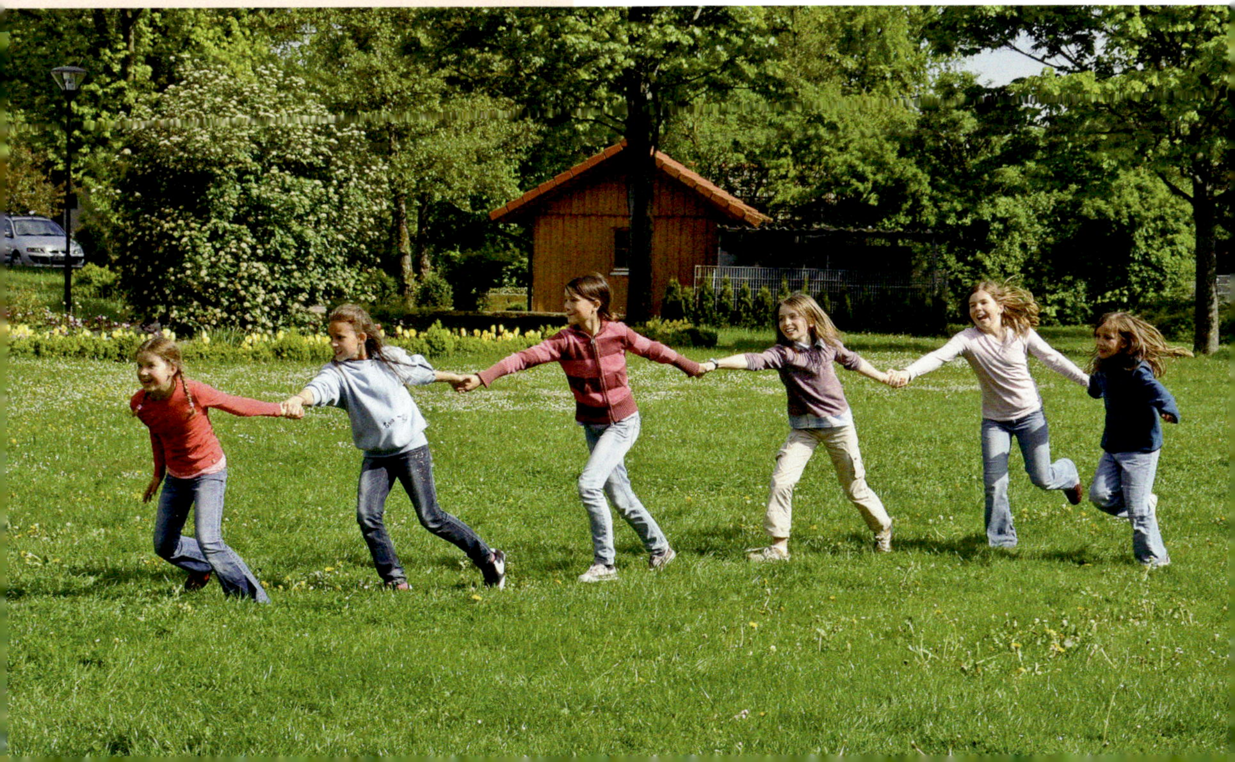

Auf der Donau bin i gfahre

Mit gefassten Händen gehen die Kinder singend im Kreis herum. An der Stelle „und das Schiffle heißt …“ wird der Name eines mitspielenden Kindes gesungen. Dieses aufgerufene Kind dreht sich um, sodass es mit dem Gesicht nach außen schaut. Der Kreis bleibt geschlossen, bis alle Kinder genannt sind und sich gedreht haben.

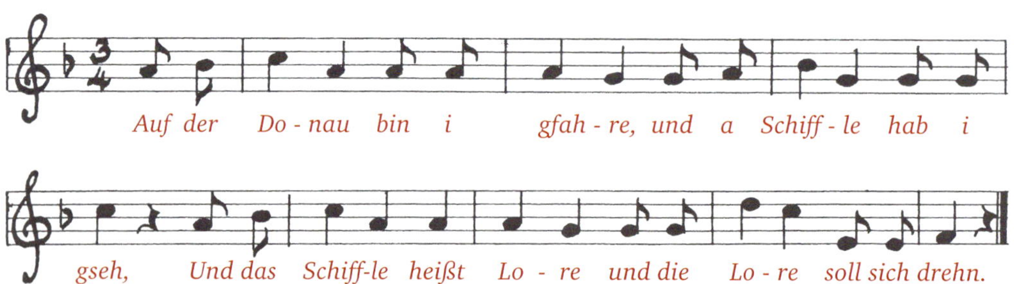

Der Goldfisch

Vor Beginn des Reigens wird ein Kind zum „Goldfisch“ ernannt. Die Kinder gehen im Kreis; der „Goldfisch“ geht in entgegengesetzter Richtung außerhalb des Kreises, während alle singen. Wenn sie an die Stelle kommen „Der Goldfisch, der Goldfisch …“, stupst der außen gehende Spieler einen Mitspieler an, der ihm folgen muss. Das Spiel geht weiter, bis alle zu „Goldfischen“ geworden sind.

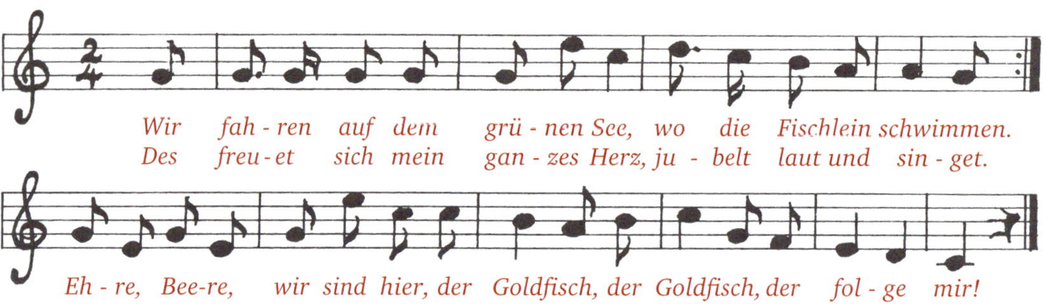

Wir woll'n den Kranz winden

Die Kinder setzen spontan an die passende Stelle im Lied den Namen eines der Mitspieler ein. Das betreffende Kind kreuzt seine Arme und fasst so seine Nachbarn.

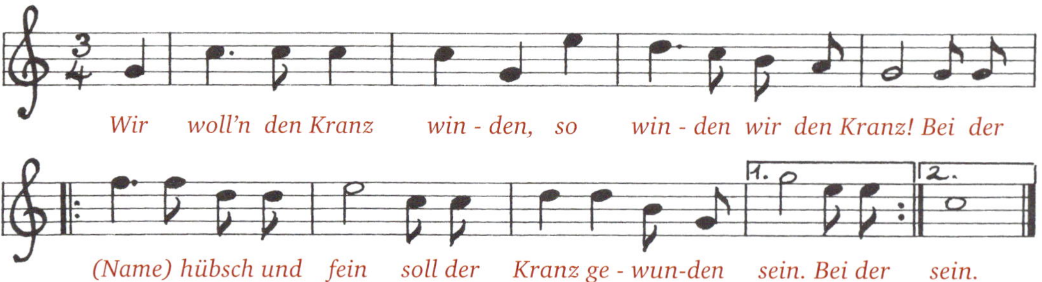

Es wird so lange weitergegangen und -gesungen, bis der „Kranz gewunden ist“, das heißt bis alle Kinder ihre Arme gekreuzt haben. Oft wird daran anschließend der ganze Kranz wieder gelöst – das Liedchen lautet dann:

Wir woll'n den Kranz lösen, so lösen wir …

Ein Kind nach dem andern fasst seine Nachbarn wieder ungekreuzt an den Händen.

Kommt ein Reitersmann daher

Die Kinder stehen im Kreis und singen. Zuvor wird ausgemacht, wer von ihnen die auftretenden Personen darstellen soll. Liese, Reitersmann, Kaufmannssohn, Schneiderlein und Stoffel spielen und singen entsprechend dem Text ihre Rollen.

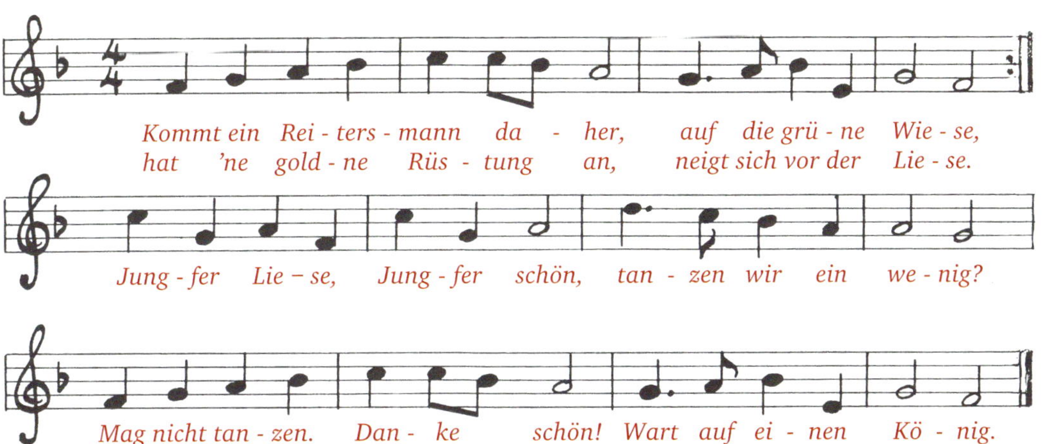

2. Kommt ein Kaufmannssohn daher,
auf der grünen Wiese,
hat ein Wams aus Seide an,
neigt sich vor der Liese.
Jungfer Liese …

3. Kommt ein Schneiderlein daher,
auf der grünen Wiese,
hat ein grünrot Röcklein an,
neigt sich vor der Liese.
Jungfer Liese …

4. Liese wartet Jahr um Jahr,
auf der grünen Wiese,
Doch kein König kommen mag,
der da spricht zur Liese:
Jungfer Liese …

5. Kommt ein Schweinehirt daher,
namens Christian Stoffel,
hat nicht Schuh noch Strümpfe an:
trägt nur Holzpantoffel.
Lieber Stoffel tanz mit mir
auf der grünen Wiese!
Und der Stoffel tanzt mit ihr,
mit der dummen Liese!

Zum Schluss tanzen Stoffel und Liese zusammen.

Ei Baur, was kost dein Heu

Es wird ein Kreis gebildet, in dessen Mitte der Bauer steht. Die im Kreis gehenden Kinder singen die mit einem Punkt gekennzeichneten Strophen. Der Bauer singt die Zwischenstrophen allein. Er holt sich dabei die jeweilige Person in den Kreis herein. Bei „Da kriegt der Baur ein Schups" wird er aus dem Kreis geschupst und alle anderen tanzen zusammen.

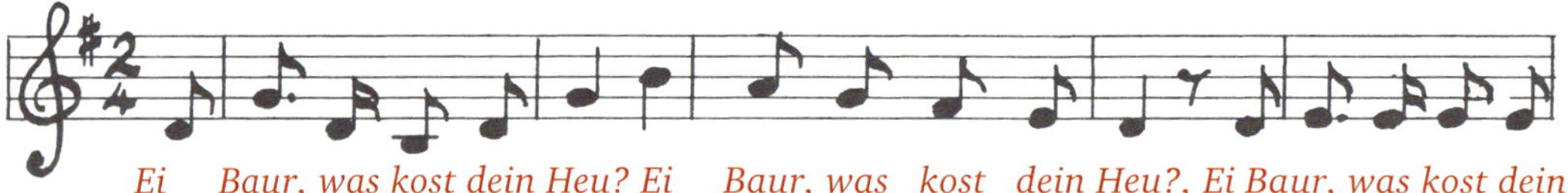

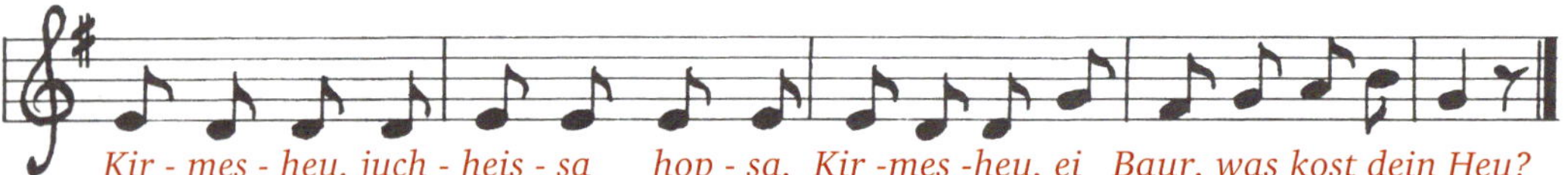

- *Mein Heu, das kost ein Taler …*
  Kirmestaler …
- *Ei Baur, das ist zu viel …*
  Kirmes-viel …
- *Da sagt der Baur zur Frau …*
  Das ist mein liebe Frau …
- *Da sucht der Baur ein Kind …*
  Das ist mein liebes Kind …
- *Da sucht der Baur ein Knecht …*
  Das ist mein lieber Knecht …
- *Da sucht der Baur eine Magd …*
  Das ist mein liebe Magd …
- *Da sucht der Baur ein Hund …*
  Das ist mein lieber Hund …
- *Da kriegt der Baur ein Schups …*
- *Da sind wir alle froh …*

Zeigt her eure Füße

Die Kinder stehen im Kreis und stützen die Arme in die Hüften. Im Rhythmus der Melodie stellen sie abwechselnd den rechten und den linken Fuß vor. An der Stelle „Sie waschen" ahmen sie die Bewegungen des Waschens nach. Ebenso werden die weiteren Verse mit den entsprechenden Nachahmungen ausgeführt.

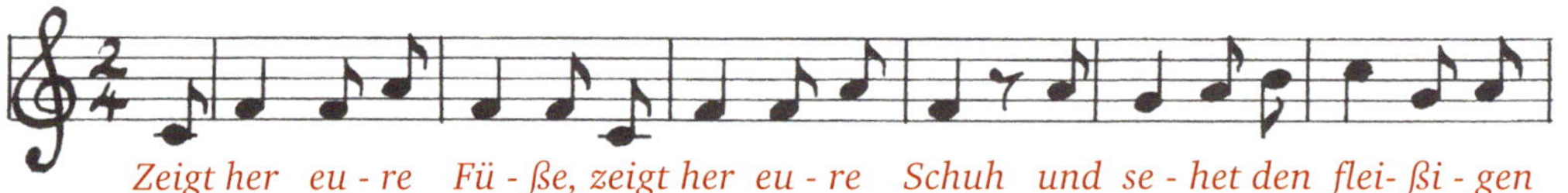

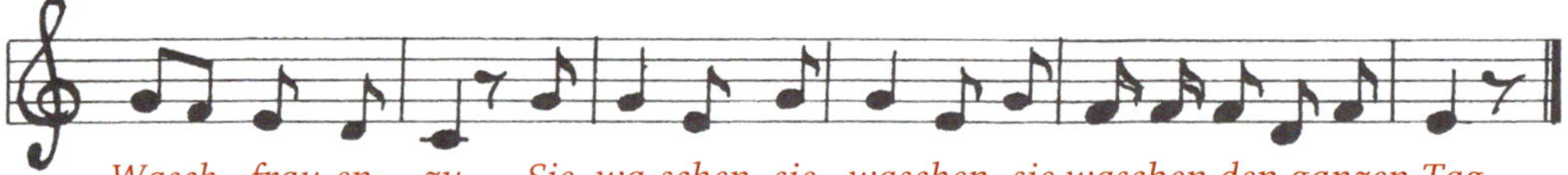

… sie winden
… sie hängen
… sie legen
… sie rollen
… sie bügeln
… sie ruhen
… sie tanzen

Gold'ne Brücke

Zwei Kinder stehen einander gegenüber und bilden mit erhobenen Armen eine Brücke. Durch diese Brücke gehen die anderen Kinder, die Hand an Hand eine Kette bilden, singend hindurch. An der Stelle „den letzten woll'n wir fangen" nehmen die Kinder der

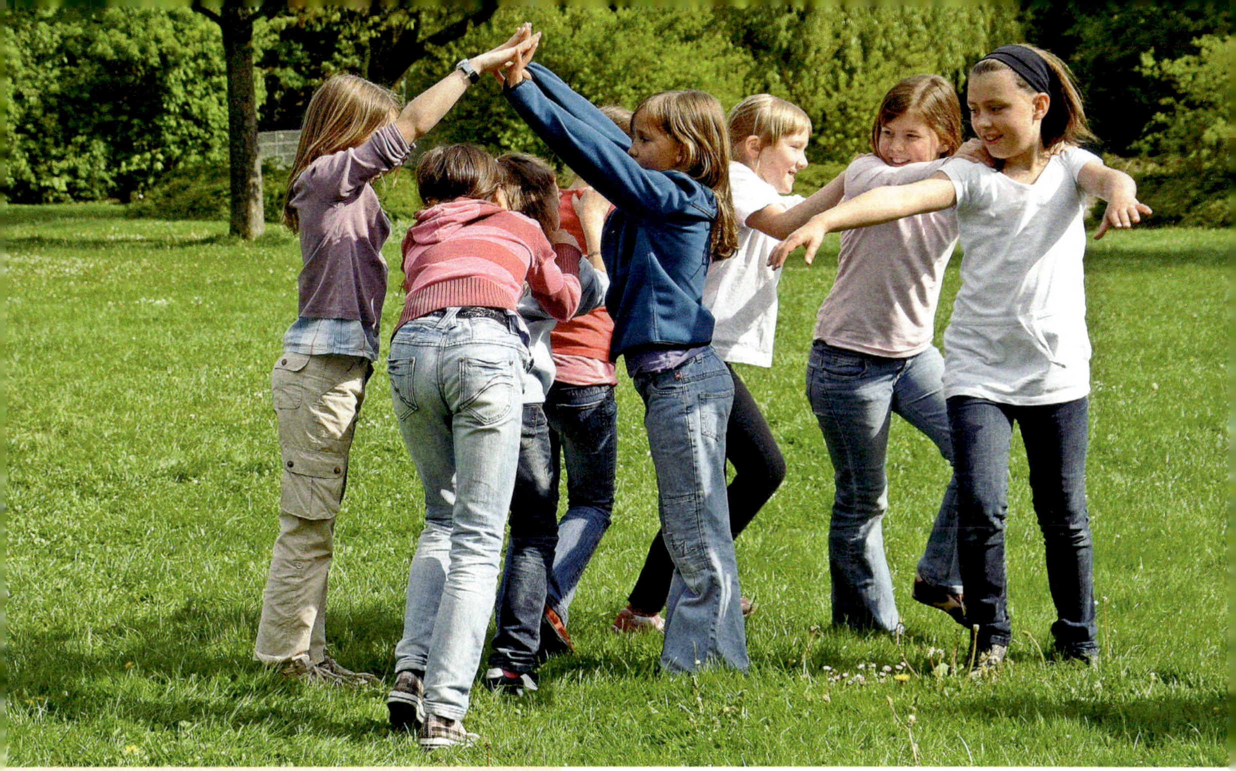

Gold'ne, gold'ne Brücke,
wer hat sie denn gebrochen?

Brücke ihre Arme herunter und halten den Letzten darin fest. Das Kind wird gefragt: „Silber oder Gold?" Je nachdem, was es sagt, muss es sich auf die eine oder die andere Seite der Brücke stellen.

Die beiden Kinder, die die Brücke bilden, haben zuvor ausgemacht, wer von ihnen Silber und wer Gold ist und sich verständigt, welche Seite Engel und welche Teufel ist. Wenn alle Kinder durchgezogen und aufgeteilt sind, wird ihnen gesagt, ob sie Engel oder Teufel sind, denn:

Engele werden getragen,
Teufele werden geschlagen.

Die Kinder der Brücke nehmen die Engel auf ihre gefassten Arme und tragen sie ein Stückchen. Die Teufel werden zwischen den Armen der Brücke kräftig hin- und hergeschleudert.

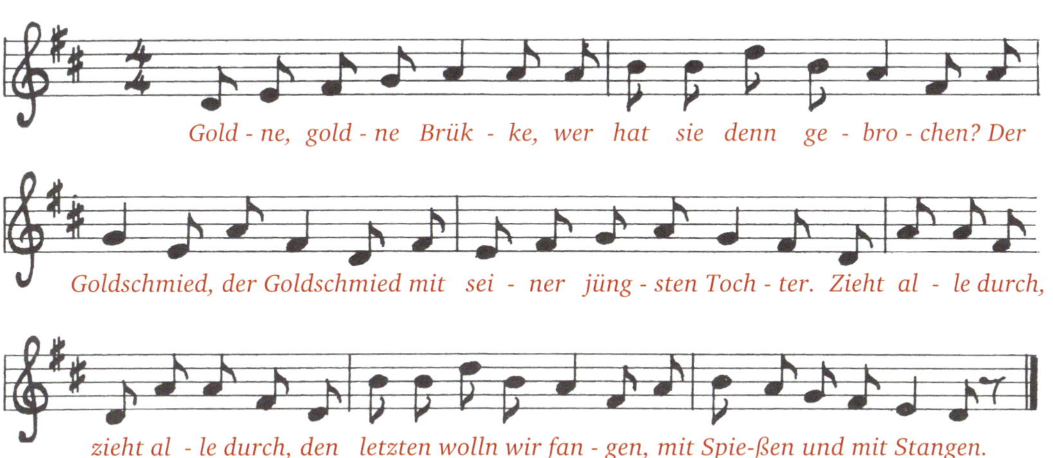

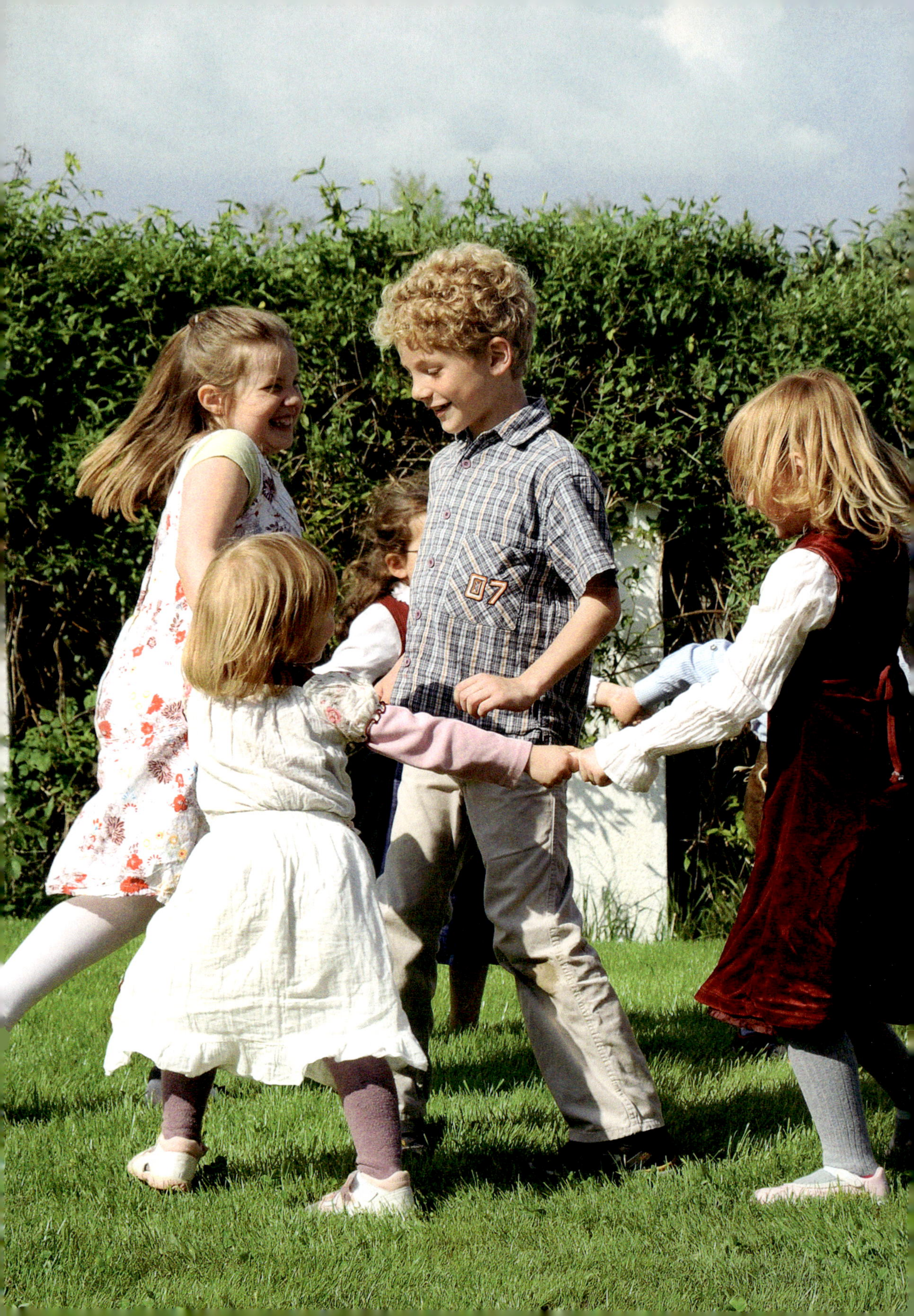
07

Schornsteinfeger ging spazieren

Bevor der Reigen beginnt, wird vereinbart, wer den Schornsteinfeger, das Mädchen und den Vater spielen darf.

Die übrigen Kinder fassen sich an den Händen und gehen singend umher. Der Schornsteinfeger geht außerhalb des Kreises. Das Mädchen und der Vater stehen im Kreis. Die drei für die Rollen bestimmten Kinder sollten schauspielerisch das darstellen, was sie singen.

Schließlich springt das Mädchen aus dem Kreis, fasst die Hand des Schornsteinfegers und geht mit ihm außen herum, bis alle zusammen das Lied zu Ende gesungen haben.

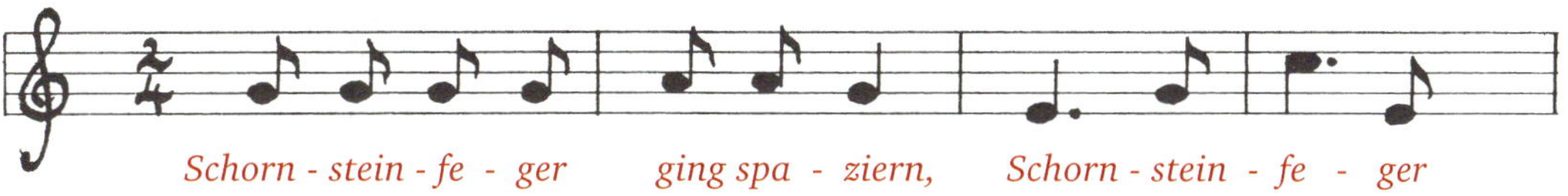

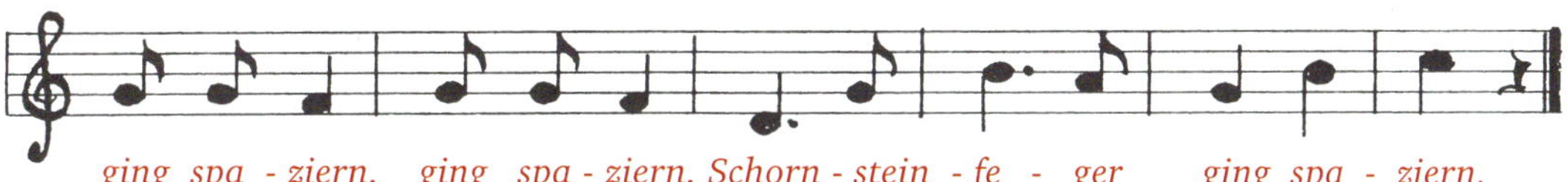

Kam er an ein schönes Haus ...
Schaut ein schönes Mädchen raus ...

Der Schornsteinfeger:

Mädchen, willst du mit mir geh'n ...

Das Mädchen:

Muss ich erst den Vater fragen ...

Vater, darf ich mit ihm gehn? ...

Der Vater:

Nein, mein Kind, das darfst du nicht ...

Alle:

Schnell sprang sie zum Tor hinaus ...
Reisten sie nach Afrika ...
Kauften sich ein Zwillingspaar ...
Und dazu ein Negerlein ...

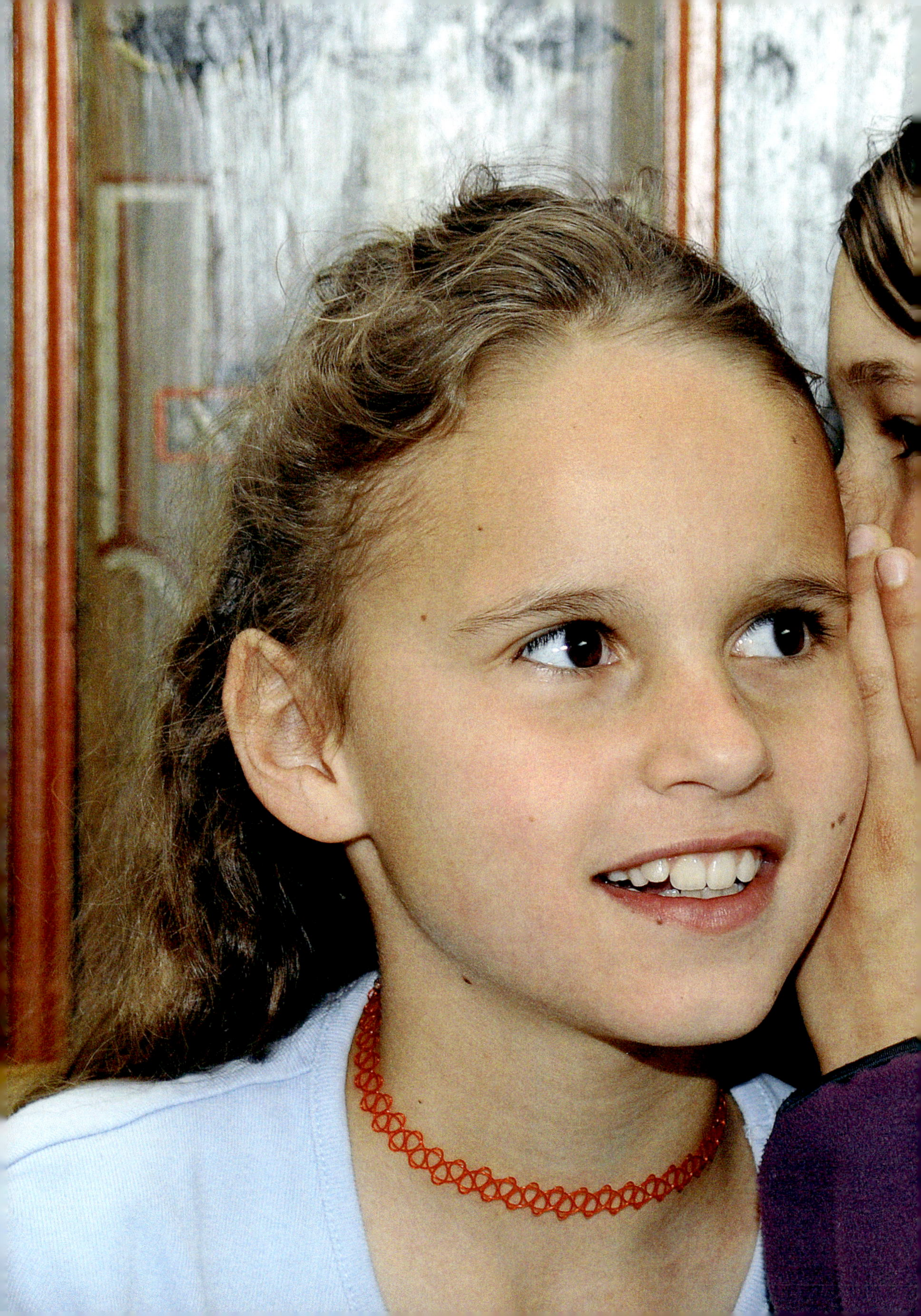

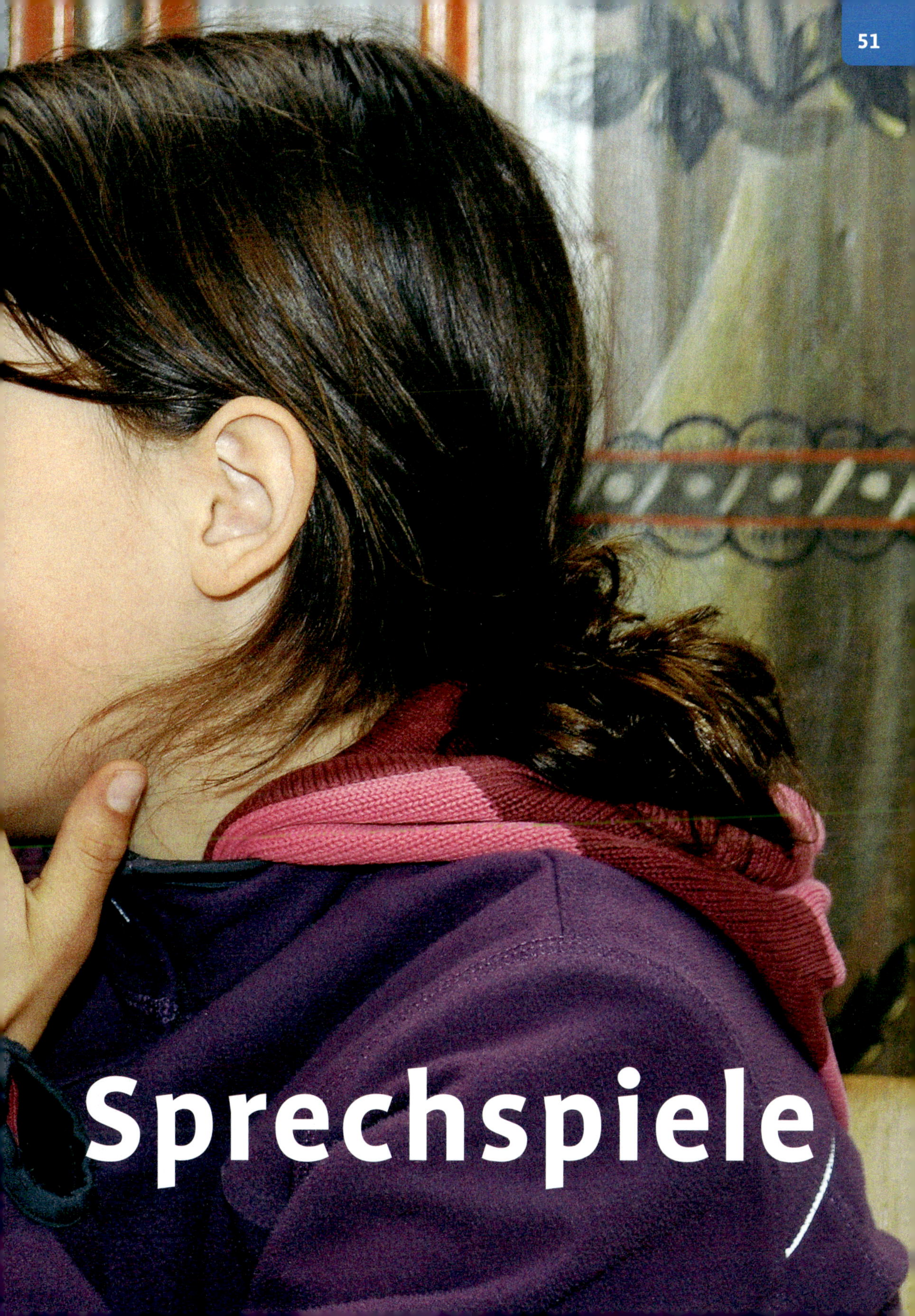

Sprechspiele

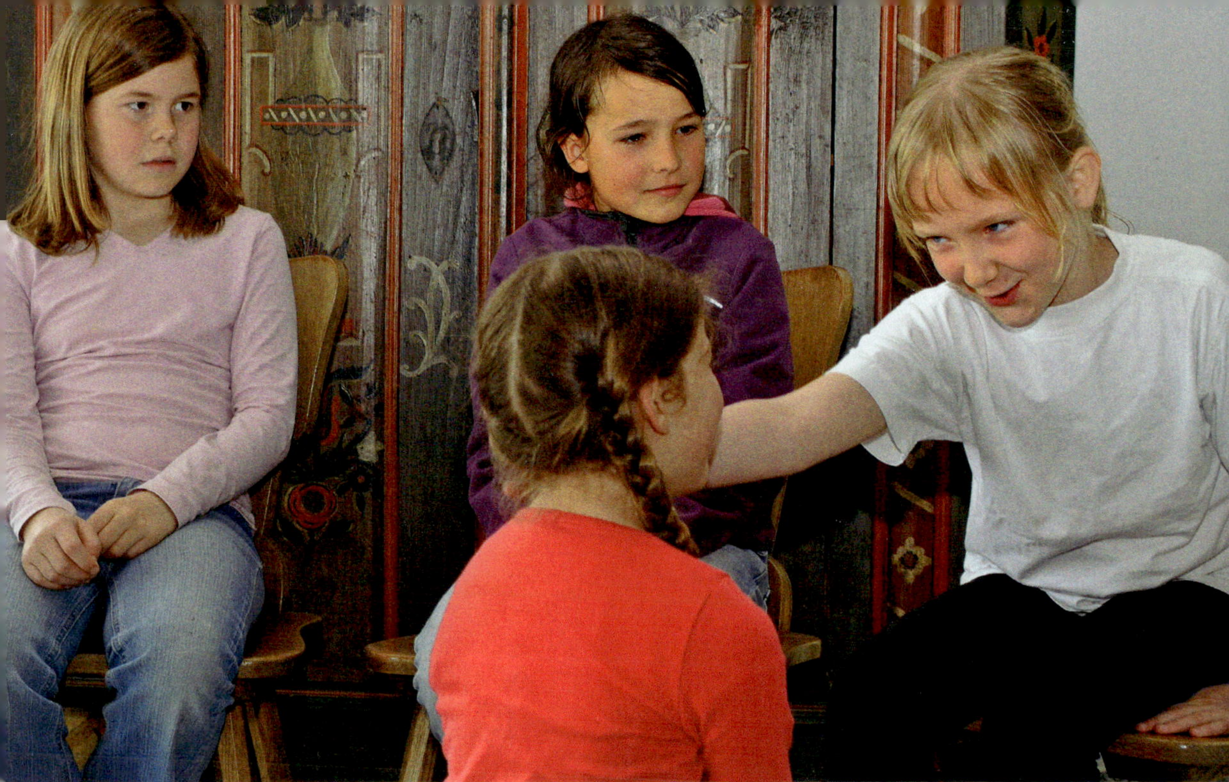

Früher oder später fängt bei „Armer schwarzer Kater" jedes Kind an zu lachen.

Rollenspiele

Wir denken dabei an Spiele, in denen die Kinder die Rollen der Erwachsenen spielerisch übernehmen oder sich in andere Gestalten und Figuren ihrer Umwelt verwandeln. Sie spielen Vater und Mutter, Verkäufer und Käufer, Katze und Maus, stellen Uhren und Ähnliches dar. Sie ahmen Tätigkeiten nach und spielen Szenen in Verwandlung und Verkleidung.

Stille Post

Mehrere Spieler sitzen in einem Kreis auf dem Boden oder an einem Tisch. Einer beginnt, seinem Nebenmann ein schwieriges Wort oder einen kurzen Satz ins Ohr zu flüstern. Dieser flüstert nun seinem Nebenmann auf der anderen Seite das Gehörte ins Ohr. So geht es in der Runde weiter, bis der letzte Spieler erreicht ist. Dieser sagt nun, was er verstanden hat.

Oft ist es nur noch ein Kauderwelsch, der mit dem Ausgangswort nichts mehr zu tun hat, was natürlich zur Belustigung aller Spieler beiträgt. Auf diese Weise begreift man übrigens auch, wie Gerüchte entstehen können.

Uhren verkaufen

Die Spieler sitzen in einer Reihe. Ein Käufer und ein Verkäufer werden ausgezählt. Die sitzenden Kinder stellen die verschiedenen Uhren dar (Armbanduhr, Wecker, Taschenuhr, Kuckucksuhr usw.). Der Käufer betritt den Laden, er möchte zum Beispiel eine Taschenuhr kaufen.

Der Verkäufer holt sich diese Uhr heran und zieht sie auf. Dazu macht er kreisförmige Bewegungen auf dem Rücken des entsprechenden Spielers. Die Uhr tickt nun schön gleichmäßig: „tick, tack, tick, tack!" Jetzt nimmt der Käufer die Uhr mit und zieht sie zu Hause nochmals auf. (Käufer und Uhr treten auf die Seite und machen die entsprechenden Ausführungen).

Plötzlich geht die Uhr falsch, sie macht nicht mehr „tick, tack“, sondern sagt irgendein Schimpfwort, das den Käufer in Empörung versetzt. Er will die Uhr nicht mehr haben und bringt sie in den Laden zurück. Dort wird sie kurzerhand zum Abfall geworfen (der Spieler wird weggeschubst, er muss sich auf die Seite setzen). Eine neue Uhr wird vom Verkäufer aus der Reihe geholt. Bei der geht es ebenso.

Das Spiel kann fortgesetzt werden, bis alle Uhren verkauft sind oder bis eine Uhr zu Hause „tick, tack“ sagt.

Lirum – Larum – Löffelstiel

Die Spieler sitzen in der Runde. Der Spielleiter hält einen Koch- oder Esslöffel in die Höhe. Damit macht er kunstvolle Bewegungen und spricht:

Lirum, Larum, Löffelstiel,
wer das nicht kann,
der kann nicht viel!

Jetzt reicht er den Löffel an seinen Nachbarn weiter, der nun dasselbe machen soll. Der Nachbar hat aber vermutlich nicht bemerkt, dass der Spielleiter den Löffel beim Weitergeben von der rechten in die linke Hand genommen hat oder dass er den Löffel mit dem Stiel nach oben oder mit nur zwei Fingern gehalten hat und Ähnliches. Er strengt sich nun an, um ganz genau die Bewegungen nachzuahmen, die ihm vorgemacht wurden, und spricht dazu dieselben Worte. Alle verfolgen diese Bewegungen und wundern sich sehr, wenn der Spielleiter sagt, dass es falsch war. Es dauert eine ganze Weile, bis alle gemerkt haben, dass es nicht auf das Nachvollziehen der Bewegungen, sondern auf die Art und Weise ankommt, wie der Löffel übergeben wurde.

Die anderen Kinder müssen genau aufpassen, wie der Löffel gehalten und bewegt wird.

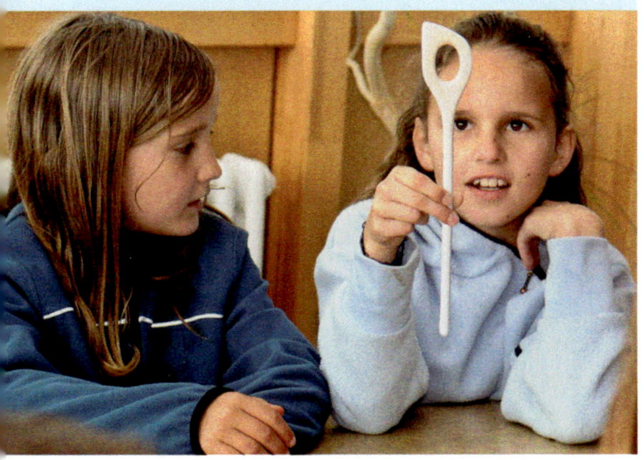

Sprechspiel für zwei Personen

Erste Person: Ich geh' in den Wald.
Zweite Person: Ich auch.
Erste Person: Ich nehme eine Axt mit.
Zweite Person: Ich auch.
Erste Person: Ich haue einen Baum um.
Zweite Person: Ich auch.
Erste Person: Ich mache einen Sautrog draus.
Zweite Person: Ich auch.
Erste Person: Es fressen sieben Säue draus.
Zweite Person: Ich nicht.

Wird aus Unachtsamkeit auch bei dem letzten Satz „Ich auch“ gesagt, ist die Antwort darauf: „Du bist die Achte!“

Armer schwarzer Kater

Alle Kinder sitzen im Kreis auf Stühlen oder auf dem Boden. Eines spielt den Kater. Es schleicht von der Kreismitte aus von einem Kind zum andern. Kniend klagt es in jämmerlichem Ton: „Miau, miau!“ Das Gesicht wird dabei grimassenhaft verzogen, um sein Gegenüber zum Lachen zu bringen.

Das Kind, vor dem der Kater sitzt, bedauert und streichelt ihn: „Armer schwarzer Kater!“ Dieses jammervolle Klagen wird bei jedem Kind drei Mal wiederholt. Wer lacht, muss den Kater spielen.

Wir kommen aus dem Morgenland

In zwei Reihen stehen sich die Spieler gegenüber. Eine Reihe stellt die Handwerker dar, wobei sich jedes Kind in dieser Reihe ein Handwerk ausdenkt. Die Handwerker gehen auf die Kinder der anderen Reihe zu und sagen dabei:

Wir kommen aus dem Morgenland,
die Sonne hat uns schwarz gebrannt,
wir sehen aus wie Mohren
und haben schwarze Ohren.

Darauf entgegnen die anderen Spieler:

Zeigt Euer Handwerk!

Jetzt muss jeder die Tätigkeit seines Handwerks nachahmen. An den Bewegungen müssen die Gegenüberstehenden erraten, welches Handwerk die Einzelnen ausüben. Wer ein Handwerk erraten hat, wechselt in die Handwerkerreihe. Wenn alle Ratenden übergewechselt sind, beginnt das Spiel von vorn.

Moses geht durch die Wüste

Die Mitspieler sitzen im Zimmer oder im Freien beieinander. Keiner, außer Moses, sollte dieses Spiel kennen, weil es sonst uninteressant ist.

Moses hängt sich eine Decke um und nimmt einen Stab in die Hand. So geht er vor den anderen auf und ab. Nun tippt er mit dem Stab einen Mitspieler an und sagt:

Moses geht durch die Wüste
und du gehst mit.

Der Angesprochene schließt sich Moses an. Weitere Mitspieler werden auf die gleiche Weise in diese Pilgerreihe aufgenommen, bis sie schließlich alle hinter Moses hergehen. Moses bleibt stehen, schaut sich um und sagt:

Moses geht durch die Wüste
und alle Kamele gehen mit.

Das heißt: Alle, die sich anschließen, müssen sich nun den Spott gefallen lassen, ein „Kamel“ zu sein.

Goldenes Täschchen

Wenn es auch kein ausgesprochenes Spiel ist, so war das „Goldene Täschchen“ doch ein netter Zeitvertreib.

Das Kind, das an der Reihe ist, überlegt sich drei Begriffe, die es für sich behält, zum Beispiel: Katze, Schulranzen, Haustür.
Nun wendet es sich an die anderen:

Ich hab' ein goldenes Täschchen, in dem ist ein K, ein S und ein H; was machst du mit dem K?

So wird das erste Kind gefragt. Dieses antwortet aufs Geradewohl, zum Beispiel:

Das K wickle ich in ein schönes Papier und schenke es meiner Schwester zu ihrem Geburtstag.

Was machst du mit dem S?

lautet gleich die Frage an das nächste Kind. Dieses antwortet ebenfalls, was ihm gerade einfällt, zum Beispiel so:

Das S pflanze ich im Garten ein und gieße es tüchtig.

Das dritte Kind wird dann nach dem letzten Buchstaben gefragt und antwortet zum Beispiel:

Das H schneide ich in kleine Würfel und brate es in Zwiebeln an.

Darauf verrät der Frager, was sich hinter den Buchstaben verborgen hat, und unter Lachen hören die anderen, was sie mit den einzelnen Dingen angestellt haben.

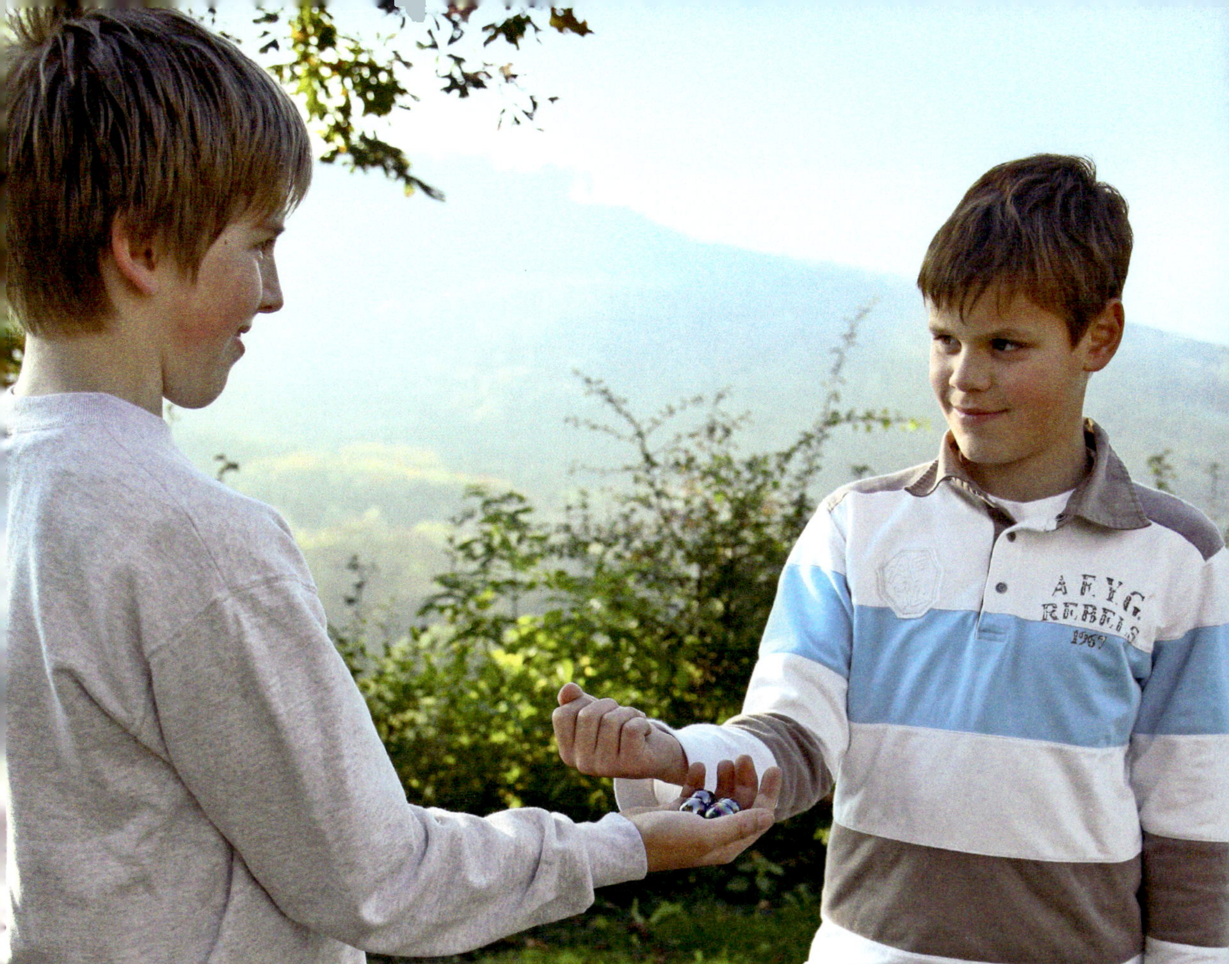

Ratespiele sind immer spannend und laufen oft recht ruhig ab.

Ratespiele und Rätsel

Für Rätsel oder Ratespiele sind die Kinder immer zu gewinnen. Ganz gespannt hören sie zu, um ja recht schnell auf die Lösung zu kommen. Es ist für sie reizvoll, auch Erwachsenen Rätsel aufzugeben. Sie erfahren dabei ein Gefühl von Überlegenheit und Klugheit, vor allem, wenn der Gefragte die Lösung nicht findet. Die Kinder greifen rasch neue Rätsel auf, um diese bei ihren Spielpartnern anzubringen.

Während das Rätselraten meist plötzlich und so nebenbei den Kindern in den Sinn kommt, aber auch ebenso rasch wieder aufgegeben wird, verlaufen die Ratespiele in einer eher ruhigen und länger andauernden Spielatmosphäre. Die Spielgruppe oder auch nur zwei Partner konzentrieren sich auf die Reaktionen ihres Gegners.

Teekessel

Dieses Ratespiel eignet sich gut für eine gesellige Runde. Zwei Spieler denken sich ein Wort aus, das verschiedene Bedeutungen hat. Zum Beispiel Erika (Mädchenname, Blume). Dieses Wort bekommt als Deckname

die Bezeichnung „Teekessel“. Die beiden Spieler umschreiben nun ihr Teekesselwort möglichst vieldeutig und lustig.
Beispiel:

Erster Spieler: Mein Teekessel hat ein strahlendes Aussehen.

Zweiter Spieler: Mein Teekessel duftet süß.
Erster Spieler: Mein Teekessel freut sich am Sonnenschein.

Zweiter Spieler: Mein Teekessel ist nicht überall zu finden.

Der eine spricht also immer von dem Mädchen, das Erika heißt, der andere von der Blume. Die Zuhörer müssen das gesuchte Wort erraten. Wenn lange keiner das richtige Wort findet, sollte die Umschreibung deutlicher werden. Wer richtig geraten hat, darf mit einem Partner die nächste Runde spielen.

Rumpel, Pumpel, Holderstock

Ein Kind setzt sich hin, das andere kniet vor ihm und legt seinen Kopf auf dessen Schoß. Mit den Fingern einer oder beider Hände trommelt das sitzende Kind auf den Rücken des knienden und spricht:

Rumpel, Pumpel, Holderstock,
wie viel Hörner hat der Bock?

Hierauf streckt es einige Finger in die Höhe. Wenn das kniende Kind die richtige Zahl erraten hat, tauschen sie die Rollen.

Farben raten

Die Kinder sitzen in der Stube oder im Freien zusammen. Ein Kind beginnt mit dem Vers:

Ich seh’ etwas, was du nicht siehst
und das ist blau.

oder es sagt:

Rite, rate, was ist das,
ist kein Fuchs und ist kein Has.
Es ist blau.

Es sieht sich dabei nach einem entsprechenden Gegenstand um, den die Mitspielenden nun erraten müssen. Die Kinder raten der Reihe nach, was es sein könnte. Wer richtig geraten hat, darf dann das Spiel übernehmen und einen Gegenstand wählen.

Vier-Ecken-Raten

Vier oder mehr Kinder sitzen in einem Raum zusammen. Eines muss den Raum verlassen. Die restlichen Kinder „verteilen“ nun die Ecken des Zimmers an die Anwesenden, wobei auch der Draußenstehende bedacht werden sollte. Er wird dann hereingerufen und darf nun auf die Frage „Was soll diese Ecke tun?“ jeder Ecke eine Aufgabe geben.
Beispiele für Aufgaben:

- Einen Purzelbaum schlagen.
- Ohne Fehler von einer Million fünf abwärts zählen.
- Sich auf den Boden setzen und wieder aufstehen, ohne die Hände zu gebrauchen.

Hierbei sind der Fantasie der Kinder keine Grenzen gesetzt, solange sich die Aufgabe sofort umsetzen lässt.

Die Tätigkeiten werden gleich ausgeführt. Lustig wird es vor allem, wenn der Aufgabensteller sich selbst eine möglichst unangenehme Aufgabe gibt.

Galgenmännchen

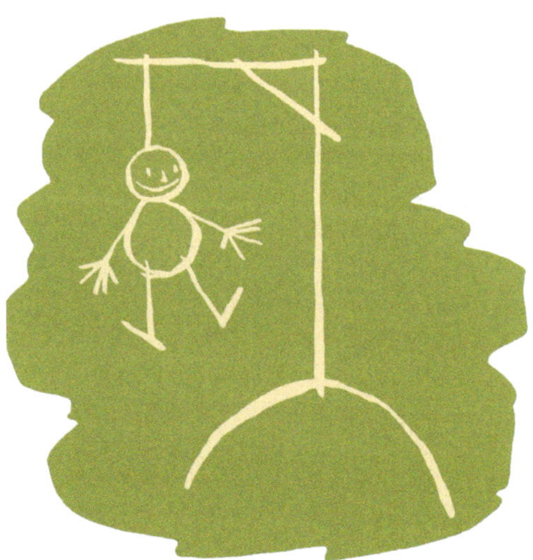

Zwei Spielpartner nehmen einen Zettel zur Hand. Jeder denkt sich ein Wort aus, dessen ersten und letzten Buchstaben er aufschreibt. Die fehlenden Buchstaben werden durch Punkte markiert. Zum Beispiel Bauernhaus: B . . . . s.

Gleichzeitig wird auf das Papier ein Galgen gezeichnet. Ein Spieler beginnt mit dem Raten der in dem Wort enthaltenen Buchstaben. Jeder richtig geratene Buchstabe wird vom Spielpartner an die entsprechende Stelle der Wortlücke geschrieben. Für jeden falschen Buchstaben gibt es einen Strich oder Kreis am Galgen. Es wird so lange weitergeraten, bis das Wort erraten bzw. bei Nichterraten das Galgenmännchen fertig ist. Dann wird beim Spielpartner ebenso verfahren. Jeder strengt sich an, schnell auf das gesuchte Wort zu kommen. Denn wer möchte schon am Galgen hängen?

Gerade oder ungerade

Zwei Kinder spielen zusammen. Eines nimmt mehrere Murmeln, Steinchen, Nüsse oder Knöpfe in die Hand. Das andere muss erraten, ob die Zahl der in der Hand gehaltenen Gegenstände gerade oder ungerade ist. Hat es richtig geraten, bekommt es alles, was der Mitspieler in der Hand hat. War es falsch, muss es dem anderen Kind einen von den Gegenständen abgeben.

Verschiedene Rätsel

Es hat einen Rücken und kann nicht liegen,
es hat zwei Flügel und kann nicht fliegen.

Lösung: Nase

In welchem Bett kann man nicht schlafen?

Lösung: Flussbett

Es geht und geht und kommt nicht von der Stelle.

Lösung: Uhr

Hat neun Häut und beißt alle Leut.

Lösung: Zwiebel

Wenn ein Kind geraten hat, wie viele Murmeln das andere in der Hand hat, wird nachgezählt.

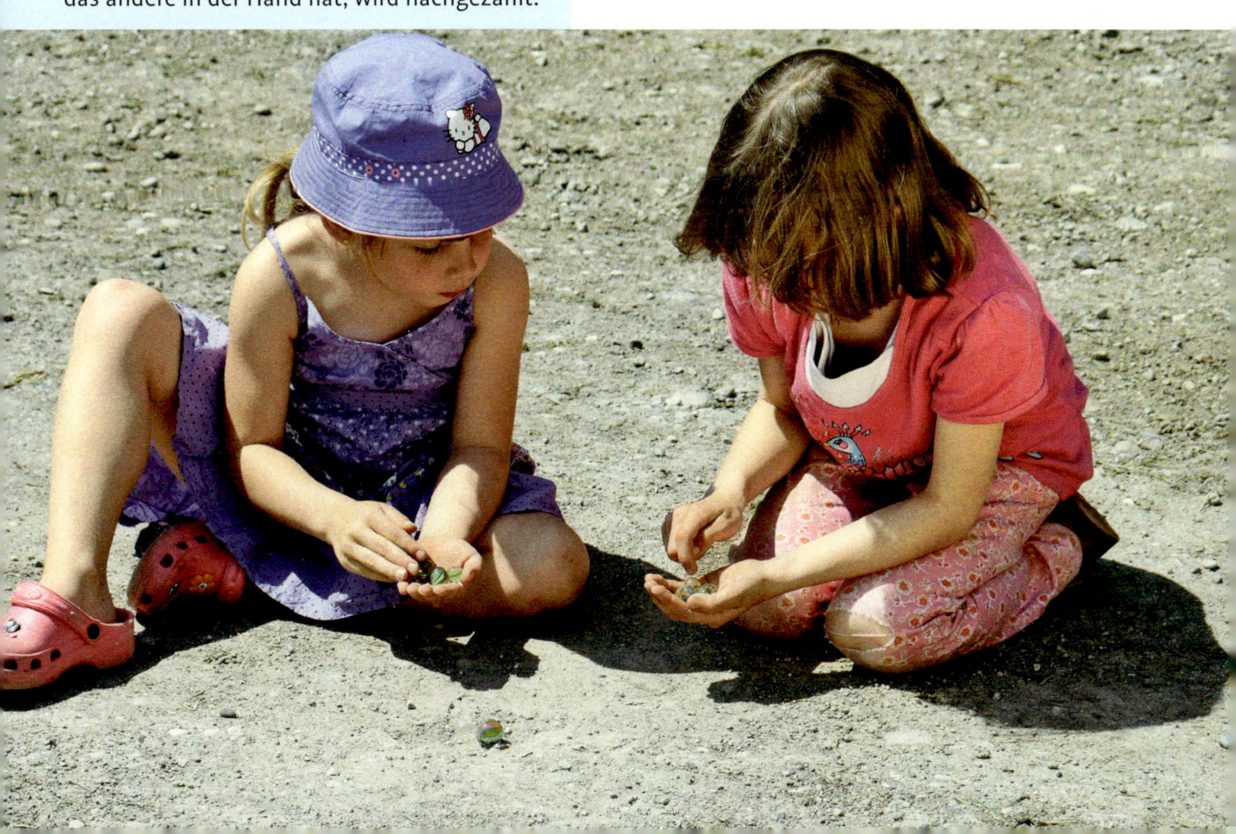

Es sind sechsundzwanzig Herrn,
die regieren Gott und die Welt in Ehr'n,
es isst keiner Brot, trinkt keiner Wein,
rat, was das für Herren sein!
Lösung: Die 26 Buchstaben im Alphabet

Geht durch das Wasser
und netzt sich nicht,
durch das Feuer und brennt sich nicht,
durch die Spalten
und klemmt sich nicht,
durch das Laub und raschelt nicht.
Lösung: Sonnenschein

Brennt rund ums Haus und brennt doch kein
Loch heraus. Lösung: Brennnessel

Geht über das Feld und bewegt sich nicht.
Lösung: Weg

Man schlüpft bei einem Loch hinein und
kommt bei zwei Löchern heraus. Lösung: Hose

Ein Tisch voll Essen, die Tür vergessen.
Lösung: Ei

Es ist die älteste und größte Uhr, sie hängt von
allen Uhren am höchsten und sie hat meinem
Großvater schon die Zeit gesagt. Lösung: Sonne

Weiß wie Schnee, grün wie Klee,
rot wie Blut, schmeckt allen gut.
Lösung: Kirsche

Welcher Baum hat keine Wurzeln?
Lösung: Purzelbaum

Welche Zeiten sind die besten.
Lösung: Mahlzeiten

Welcher Fuß hat keine Zehen? Lösung: Tischfuß

Welches Kätzchen hat kein Maul?
Lösung: Palmkätzchen

Welche Mühle hat keinen Bach?
Lösung: Kaffeemühle

Es fliegt und hat keine Flügel,
es sitzt und hat keinen Po,
es geht und hat keine Füße. Lösung: Schnee

Was ist in der Mitte von Ulm?
Lösung: Der Buchstabe l

Ein langer, langer Vater,
eine lange, lange Mutter,
und viele, viele Kinder.
Lösung: Leiter mit ihren Sprossen

Ein hölzerner Buckel und ein haariger Bauch.
Lösung: Handfeger oder Bürste

Ich kann schneiden und bin kein Messer.
Ich habe Zähne und bin kein Esser.
Lösung: Säge

Möchte wissen, wer das weiß,
brennen kann's und ist nicht heiß.
Lösung: Brennnessel

Es ist nicht in Meißen,
aber doch in Preußen;
es ist nicht in Holland,
aber doch in Brabant;
bei den Jüngeren kann man's finden
und die Weiber tragen's hinten.
Lösung: Der Buchstabe R

Wo geht man hin, wenn man zwölf Jahr
alt ist? Lösung: Ins Dreizehnte

Pfänderspiele

Zu den klassischen Gesellschaftsspielen zählen die Pfänderspiele. Ihr besonderer Reiz liegt im Einlösen der Pfänder. Hat das vorausgegangene Spiel schon einen fröhlichen Verlauf genommen, so wird im anschließenden Pfändereinlösen zweifellos der Höhepunkt der Fröhlichkeit erreicht.

Aber was ist eigentlich ein Pfand? Hierbei handelt es sich um einen Gegenstand, der im Besitz eines Spielers ist – wie etwa ein Tuch, eine Kette oder ein Ring –, den man leihweise bis zur Erfüllung der gestellten Aufgaben abgibt.

Kinder denken sich oft die ausgefallensten Aufgaben aus, die dann vom Pfandbesitzer zur Erheiterung der Mitspielenden auszuführen sind. Pfänderspiele wurden früher gern in Gesellschaft Erwachsener gespielt. Sie waren eine beliebte Unterhaltung an den langen Winterabenden. Heute ist es ein beliebtes Spiel bei Kindergeburtstagen. Spielleiter ist meist ein Erwachsener.

Ringsuchen

Durch einen Fingerring oder einen Schlüsselring wird eine längere Schnur gezogen und an beiden Enden verknotet. Die Kinder bilden sitzend einen Kreis und eines stellt sich in die Mitte.

Die im Kreis Sitzenden halten mit beiden Händen die Schnur fest. Der darin befindliche Ring wandert nun rasch und möglichst unauffällig von einem zum andern. Alle Hände sind immer in Bewegung, auch die, die den Ring gerade nicht halten.

Hat der in der Mitte stehende Spieler den Ring schließlich entdeckt, muss der, bei dem er gefunden wurde, ein Pfand geben und sich dann selbst in den Kreis stellen.

Alle Vögel fliegen hoch

Die Spieler sitzen alle um einen Tisch herum. Ihre Handflächen liegen auf der Tischplatte. Der Spielleiter ruft: „Alle Vögel fliegen hoch“ und nennt dabei ein fliegendes Tier, zum Beispiel die Gans, die Fledermaus, die Lerche, die Biene.

Bei seinem Ausruf nimmt der Leiter des Spieles die Hände und Arme hoch und alle Mitspielenden tun das ebenso. Immer wieder gehen die Hände hoch und nieder, bis ein Tier genannt wird, das nicht fliegen kann, zum Beispiel Pferd, Maus, Hase. Wer trotzdem die Arme hochwirft, muss dem Spielführer ein Pfand geben.

Der Spielführer versucht natürlich, die Mitspielenden möglichst oft irrezuführen, indem er auch bei nicht fliegenden Tieren die Arme hochreckt.

„Alle Vögel fliegen hoch“ lässt sich wunderbar im größeren Kreis spielen.

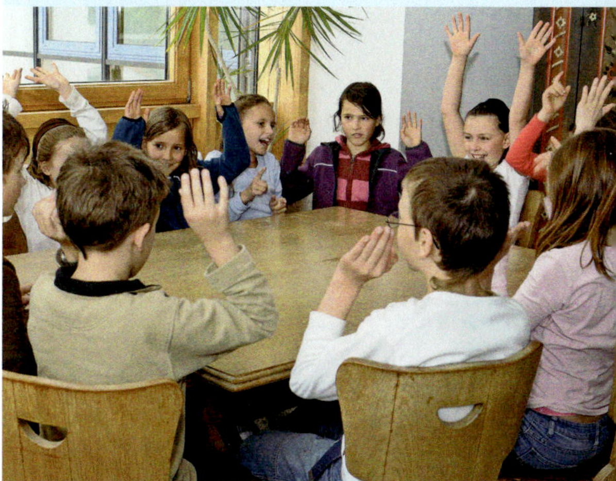

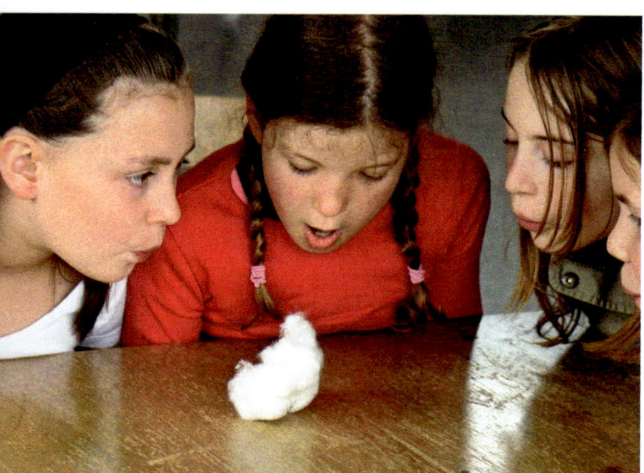

Das „Watteblasen“ macht umso mehr Spaß, je mehr Kinder am Tisch sitzen.

Watte blasen

Für dieses Spiel sitzen alle um einen Tisch und reichen sich unter dem Tisch die Hände. In der Tischmitte liegt ein Wattflöckchen. Reihum wird geblasen und versucht, das Flöckchen auf ein Kind zuzutreiben. Auf wessen Seite es zu Boden fällt, der muss ein Pfand abgeben.

Mein Hut, der hat drei Ecken

Das wohl allen bekannte Lied wird so gesungen, dass bei jeder Wiederholung ein anderes Wort wegbleibt, das dann durch eine entsprechende Bewegung ersetzt werden sollte.

Zuerst fällt das Wort „Hut“ weg, die Hand tippt auf den Kopf. Dann wird das Wort „Ecken“ weggelassen. Stattdessen berührt eine Hand den Ellbogen. Auch das „mein“ ist nicht zu
singen, jeder tippt sich an die Brust. Schließlich wird das Wort „drei“ dadurch ersetzt, dass drei Finger hochgehalten werden.

Es ist schwierig, alle diese Worte in der richtigen Reihenfolge durch Bewegungen zu ersetzen. Jeder, der einen Fehler macht, muss ein Pfand geben.

Kommando Pimperle

Alle Spieler sitzen am Tisch. Einer gibt folgende Kommandos, die von den Mitspielern auszuführen sind:
Kommando Pimperle: Mit den Zeigefingern klopfen alle gegen die Tischkante.
Kommando Flach: Beide Handflächen werden auf den Tisch gelegt.
Kommando Hohl: Die Fingerspitzen müssen auf dem Tisch aufgesetzt werden.
Kommando Bock: Alle machen die Hände zur Faust und legen sie auf den Tisch.
Kommando Doppelbock: Die Fäuste beider Hände liegen aufeinander.

Der Spielleiter gibt die Kommandos wechselweise rasch hintereinander. Lässt er das Eingangswort „Kommando“ aus, so darf die Handbewegung nicht ausgeführt werden. Der Spielleiter kassiert von jedem, der einen Fehler macht, ein Pfand.

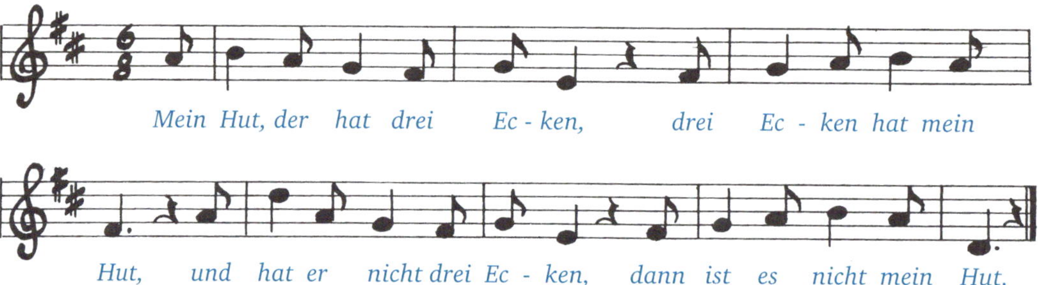

Übern See

In die Pausen darf nicht hineingesungen werden. Wer dies trotzdem tut, zahlt ein Pfand.

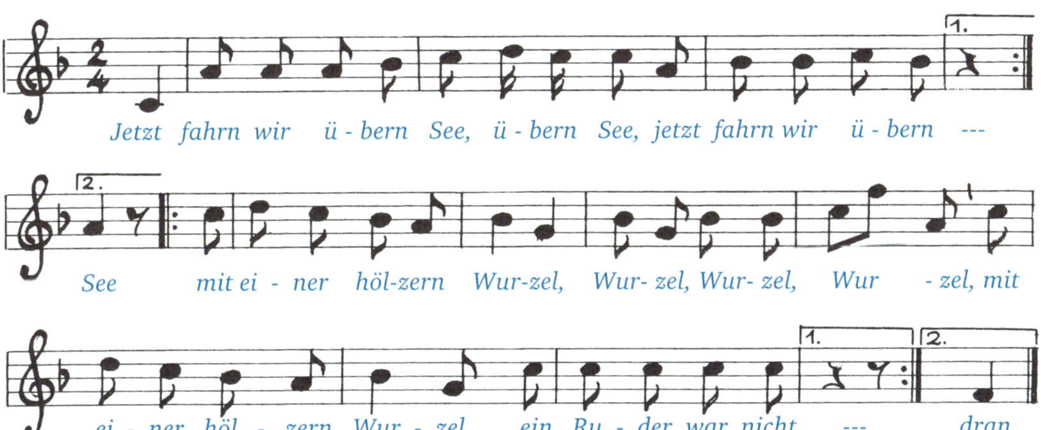

2. Und als wir drüber warn,
drüber warn,
und als wir drüber – warn
da sangen alle Vöglein,
Vöglein, Vöglein, Vöglein,
da sangen alle Vöglein,
der helle Tag brach – an.

3. Der Jäger rief ins Horn,
rief ins Horn,
der Jäger rief ins – Horn.
Da bliesen alle Jäger,
Jäger, Jäger, Jäger,
da bliesen alle Jäger,
ein jeder in sein – Horn.

Pfänder einlösen

Die vorausgegangenen Spiele haben eine ganze Anzahl Pfänder eingebracht, die von ihren Besitzern eingelöst werden mussen. Die Pfänder werden vom Spielleiter in einem Korb, einem Hut oder einem anderen Behältnis verborgen. Nun nimmt er so, dass es keiner sehen kann, einen Gegenstand heraus und fragt:

Was soll das Pfand in meiner Hand?

Alle Mitspieler dürfen sich dann eine möglichst lustige Aufgabe ausdenken. Hier einige Beispiele:

- Auf einen Stuhl steigen und ein Lied singen.
- Einen Schnellsprechvers aufsagen.
- In der Ecke sitzen und „Speck schneiden“:

Ich sitze hier und schneide Speck,
und wer mich lieb hat, holt mich weg.

- Eine Kerze auspfeifen (nicht ausblasen).
- Ein Lied singen.
- Das Alphabet von hinten her aufsagen.
- Zehn Kniebeugen machen.
- Einen Satz sagen, in dem kein „S“ vorkommt.
- Drei Fragen mit „ja“ beantworten.
- Einem anderen zehn Sekunden in die Augen schauen, ohne zu lachen.
- Ein Stück aus der Zeitung vorsingen (nach einer bekannten Melodie).
- Ein Sprichwort pantomimisch darstellen.

Welche Aufgabe gestellt wird, entscheidet der Spielleiter. Diese muss derjenige, dem das Pfand gehört, ausführen. Erst dann bekommt er sein Pfand zurück.

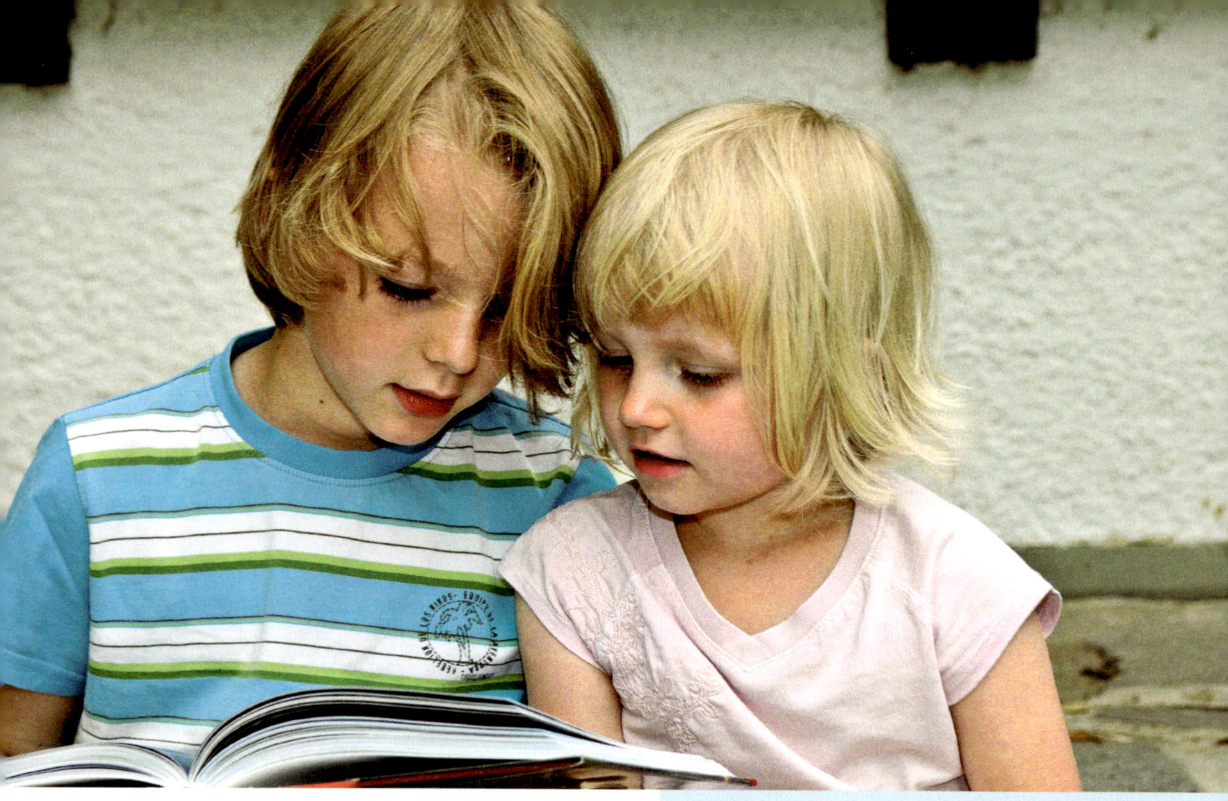

Kleinere Kinder lassen sich auch gern Verse und Geschichten von ihren größeren Geschwistern vorlesen.

Reime und Verse

Ehe das Kind lesen und schreiben kann, hat es gelernt, einen Reim auswendig aufzusagen. Die Eltern und die Erzieher im Kindergarten können die Kinder mit einfachen Versen und Reimen trösten, aufmuntern, ablenken. Sie können mittels Reimen unliebsame Tätigkeiten überbrücken (Waschen, Anziehen), mit den Kindern scherzen und sie zum Lachen bringen. Immer und immer wieder wird auf Wunsch des Kindes derselbe Text gesprochen und so lernt das Kind ganz unmerklich mit.

Reime und Verse für die ersten Kinderjahre

Ein Knopf, ein Knopf.
ein Hosenknopf
und jeder Knopf, der knallt.

Das dem Kind oft lästige Zuknöpfen der Kleidung wird durch dieses Sprüchlein lustiger. Bei jedem „Kn“-Laut schnalzt die Mutter mit der Zunge.

Guten Morgen, Lisebet,
sag mir, wo dei Bettle steht!
Hinterm Ofen, an der Wand,
wo des lumpig Röckle hangt.

Böckle, Böckle, Diezbock,
d' Mutter hat d'r Schnitz kocht.
Hat se halber gesse –
wart, i will de fresse!

Im Takt stoßen Mutter und Kind mit der Stirn leicht aneinander. Bei „wart…“ beißt die Mutter spielerisch in das Bäckchen des Kindes.

Da, Bäck.
Hast ein Weck,
schieb ihn rein,
back ihn fein,
lass ihn nicht verbrennen,
dass wir'n essen können!

Reben trägt der Weinstock
Hörner hat der Ziegenbock;
der Ziegenbock hat Hörner,
im Walde wachsen Dörner.
Dörner wachsen im Wald,
im Winter ist es kalt;
kalt ist's im Winter,
in der Stube sind die Kinder.
Und wenn das Kind gegessen hat,
so ist es satt.

Sonne, Sonne, scheine,
Kindchen ist das meine,
Kindchen sieben Ellen misst,
seht mal an, wie groß es ist.

Das Hähnchen,
das Hühnchen,
das Heupferd,
das Bienchen,
das Kätzchen,
das Spätzchen,
das Hündchen,
und unser Kindchen,
die sitzen alle zusammen
im Sonnenschein,
was sollen sie da nicht
zufrieden sein?

Mein lieber Bruder Ärgerlich
hat alles, was er will,
und was er hat, das will er nicht,
und was er will, das hat er nicht.
Mein lieber Bruder Ärgerlich
hat alles, was er will.

Gretel, Pastetel,
was machen die Gäns?
Sie sitzen im Wasser
und waschen die Schwänz.

Im Höfle, im Eckele,
da liegt ein klein's Bröckele
vom Fritzle seinem Weckele.
Da kam ein kleines Göckele
und fraß das kleine Bröckele
vom Fritzle seinem Weckele
im Höfle im Eckele.
Kommt eine Maus,
die baut ein Haus,
kommt ein Mückchen,
baut ein Brückchen,
kommt ein Floh,
der macht – so! (Kitzeln)

Spannenlanger Hansel,
nudeldicke Dirn,
gehn wir in den Garten,
schütteln wir die Birn!
Schüttel ich die großen,
schüttelst du die klein',
wenn das Säckchen voll ist,
gehn wir wieder heim.
Alle Katzen sind noch blind,
wenn sie erst ein Tag alt sind.
Annele, Bannele
geht in'n Laden,
möchte gern ein'n roten Faden.
Roten Faden gibt es nicht,
Annele, Bannele ärgert sich.

Kommt eine Maus,
die baut ein Haus,
kommt ein Mückchen,
baut ein Brückchen,
kommt ein Floh,
der macht – so! (Kitzeln)

Vögel, die nicht singen,
Glocken, die nicht klingen,
Kinder, die nicht lachen,
was sind das für Sachen.

Fingerspiele für die ganz Kleinen

Kleinkinder sind glücklich, wenn Erwachsene sie auf den Schoß nehmen und mit ihren Händen und Fingern spielen. Es wirkt beruhigend auf sie, wenn Vater oder Mutter ihnen ein Sprüchlein vorsagen und dabei im Sprechrhythmus ihre Fingerchen bewegen.

In dieser Zuwendung erfahren sie Geborgenheit und Liebe. Aufmerksam hören sie zu und wollen immer wieder dasselbe hören, wobei sie auch versuchen, die einfachen Sätzchen mitzusprechen. Die Fingerspiele enden meist so, dass das Kind zum Lachen gebracht wird.

Die beiden folgenden Verse beginnen mit dem Daumen. Beim Ersten wird zuletzt die ganze Hand gefasst.

Das ist die Mutter, lieb und gut.
Das ist der Vater, mit frohem Mut.
Das ist der Bruder,
schlank und groß.
Das ist die Schwester
mit dem Püppchen im Schoß.
Das ist das Kindchen,
klein und zart.
Das ist die Familie von guter Art.

Der ist ins Wasser gefallen.
Der hat ihn wieder herausgeholt.
Der hat ihn ins Bett gelegt.
Der hat ihn zugedeckt,
und der kleine Schelm hat ihn
wieder aufgeweckt!

Da hast 'nen Taler,
geh auf den Markt,
kauf dir 'ne Kuh,
ein Kälbchen hat ein
Schwänzchen.
Dideldideldänzchen.

Während des Sprechens wird die Handfläche des Kindes gestreichelt. Bei „Dideldideldänzchen" wird gekitzelt.

Es kommt eine Maus,
die will ins Haus.
Klingelingeling,
ist der Herr zu Haus?

Das Kleine wird bei „Klingelingeling" am Ohr gezupft.

Fingerspiele gefallen schon den ganz Kleinen.

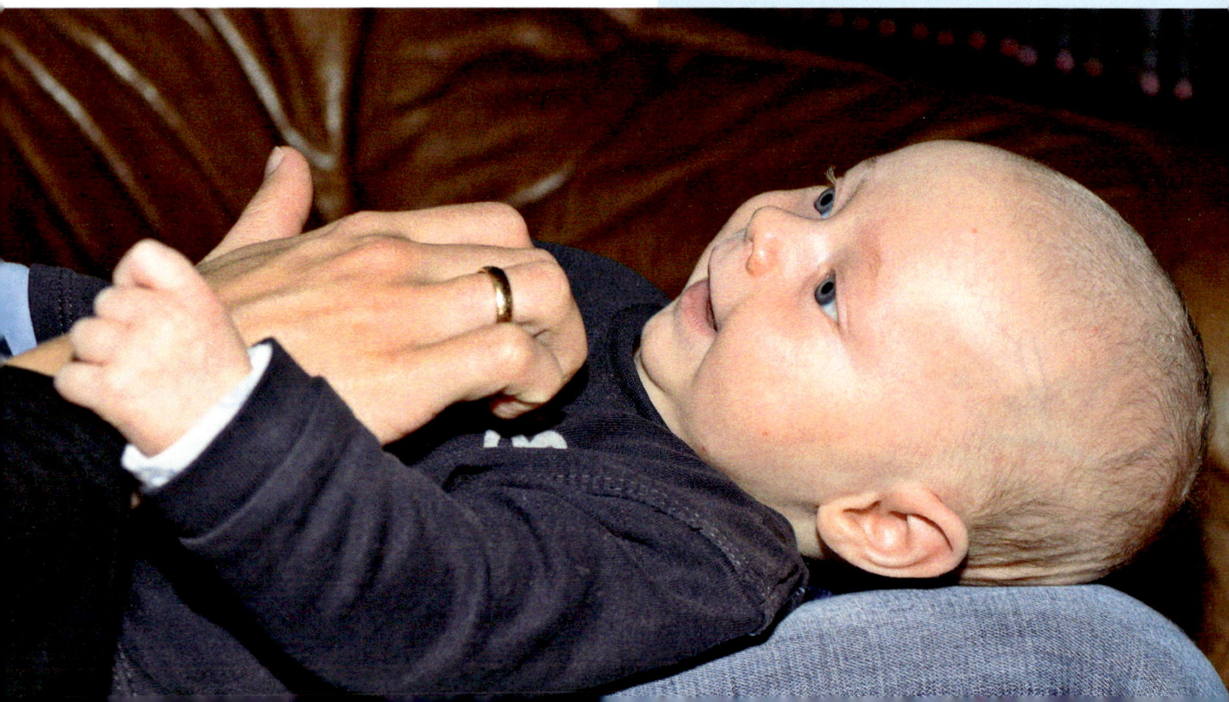

Geht ein Männle die Treppe nauf

Zwei Finger des Erwachsenen wandern am Arm des Kindes entlang.

bleibt a bissle hocke.

Die Finger ruhen auf der Schulter des Kindes.

Geht a bissle weiter nauf,

Die Finger sind am Ohr.

läutet an der Glocke.

Die Finger zupfen dran.

Klopfet an, klopfet an:

Man pocht an die Stirn des Kindes.

Guten Tag, Herr Hampelmann!

Man packt das Näschen!

Die folgenden Tätigkeiten werden während des Sprechens vom Erwachsenen und vom Kind mit den Händen dargestellt. Bei den letzten beiden Zeilen fassen sie sich mit überkreuzten Händen.

Eins, zwei, drei,
so rühren wir den Brei,
so knacken wir die Nüss,
so schaben wir Gemüs,
so binden wir die Schnur,
so fegen wir den Flur,
so melken wir die Kuh,
so putzen wir den Schuh,
so flicken wir das Kleid,
so sägen wir zu zweit.
Durch unsere Hände werden
wir froh und frei auf Erden.

In der Küche auf dem Tisch
steht ein Töpfchen Milch –
ganz frisch,
's Kätzchen will sich dran erlaben,
von der frischen Milch was haben,
es trinkt und trinkt und trinkt,
o weh, 's Köpfchen geht
nicht mehr zur Höh!
Mit dem Töpfchen auf dem Köpfchen
läuft es in den Schnee hinaus.
Wär da nicht ein Stein gelegen –
's Kätzchen läuft genau dagegen,
und der Topf, der springt entzwei,
's Kätzchen ist nun wieder frei!

Die ganze Geschichte wird vom Erwachsenen begleitend mit den Händen mitgespielt.

In der Hecke, auf dem Ästchen,
baut der Vogel sich ein Nestchen,
legt hinein zwei Eierlein,
brütet aus zwei Vögelein.
Sie rufen leise piep, piep, piep,
Mütterlein, hab dich so lieb.

Die Hände werden so zusammengelegt, dass sie ein Nest bilden. Die kleinen Finger stellen die Vögel dar.

Kätzchen läuft die Trepp' hinan,
hat ein rotes Jäckchen an,
Messerchen an der Seiten.
Wo willst du hinreiten?
Will reiten nach Bulemanns Haus,
will mir holen 'ne fette, fette Maus!
Quiek, quiek, quiek, quiek!

Die Finger lässt man am Körper des Kindes hochklettern und kitzelt das Kind bei „quiek".

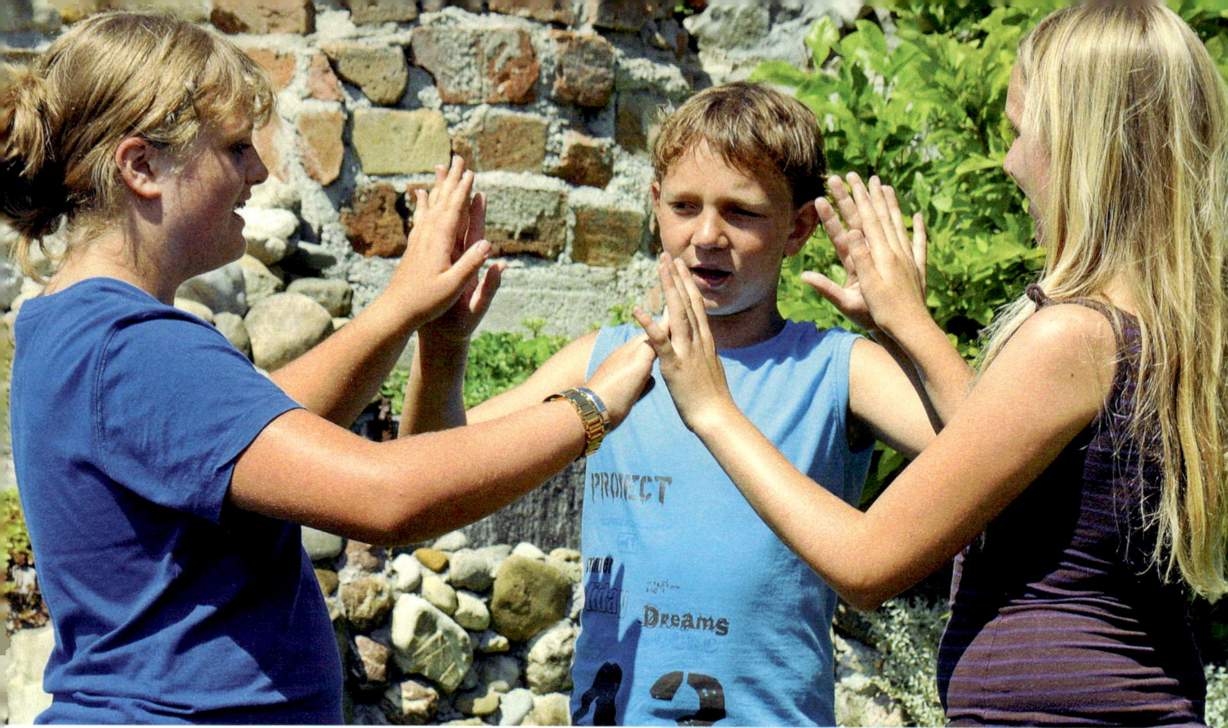

Bei größeren Kindern werden Reime häufig mit bestimmten Bewegungen wie hier dem Klatschen in Verbindung gebracht.

Reime für die Größeren

Die aus der Fülle alter Kinderreime ausgesuchten Verse sind altes Sprachgut der Kinder, das von Generation zu Generation mündlich überliefert wurde. Von daher ist auch zu verstehen, dass die Texte immer wieder kleine Veränderungen erfuhren. Kinder liebten solche Reime, weil sie meist in scherzhaft spöttischem Ton gesprochen werden oder einen ulkigen Unfug beinhalten.

Der Kuckuck

Der Kuckuck ist a rechter Ma,
der zwölf Weiber halte ka;
de erst fegt Stuba aus,
de zweit tragt de Kutter naus,
de dritt schafft's Holz ins Haus,
de viert macht a Feuerle draus,
de fünft holt en kühle Wei,
de sechst schenkt en tapfer ei,
de siebent stellt en uf de Tisch,
de acht bacht frische Fisch,
de neunt macht's Bettle weiß,
de zehnt schafft mit allem Fleiß,
de elft macht's Bettle warm,
de zwölft schläft in Kuckucks Arm.

Sechs mal sechs

Sechs mal sechs ist sechsunddreißig
und der Mann ist noch so fleißig,
und das Weib ist noch so faul
wie ein alter Sattelgaul.

Eins zwei drei

Eins, zwei, drei,
alt ist nicht neu,
neu ist nicht alt,
warm ist nicht kalt,
kalt ist nicht warm,
reich ist nicht arm,
arm ist nicht reich,
ungrad ist nicht gleich,
gleich ist nicht ungrad,
ein Wagen ist kein Pflugrad,
Pflug ist kein Wagen,
singen ist nicht sagen,
sagen ist nicht singen,
tanzen ist nicht springen,
springen ist nicht tanzen,

Flöh sind keine Wanzen,
Wanzen sind keine Flöh,
ein Hirsch ist kein Reh,
Reh ist kein Hirsch,
faul ist nicht frisch,
frisch ist nicht faul,
ein Ochs ist kein Gaul,
ein Gaul ist kein Ochs,
ein Has ist kein Fuchs,
ein Fuchs ist kein Has,
die Zung ist keine Nas,
Nas ist keine Zunge,
Leber ist keine Lunge,
Lung ist keine Leber,
der Schmied ist kein Weber,
ein Weber ist kein Schneider,
ein Bauer ist kein Schreiber,
ein Schreiber ist kein Bauer,
süß ist nicht sauer,
sauer ist nicht süß,
die Händ sind keine Füß,
die Füß sind keine Händ,
Brust hat kein Ent,
Ent hat keine Brust,
Hunger ist kein Durst,
Durst ist kein Hunger,
ein Alter ist kein Junger,
ein Junger ist kein Alter,
die Bibel, die hat Psalter,
Psalter ist kein Testament,
also hat das Lied ein End.

Der Bauer schickt den Jockel aus

Der Bauer schickt den Jockel aus,
er soll den Haber schneiden.
Der Jockel schneidt den Haber nicht
und kommt auch nicht nach Haus.

Der Bauer schickt den Pudel aus,
er soll den Jockel beißen.
Der Pudel beißt den Jockel nicht,
der Jockel schneidt den Haber nicht
und kommt auch nicht nach Haus.

Der Bauer schickt den Prügel aus,
er soll den Pudel prügeln.
Der Prügel schlägt den Pudel nicht,
der Pudel beißt den Jockel nicht,
der Jockel schneidt den Haber nicht
und kommt auch nicht nach Haus.

Der Bauer schickt das Feuer aus,
es soll den Prügel brennen.
Das Feuer brennt den Prügel nicht,
der Prügel schlägt den Pudel nicht,
der Pudel beißt den Jockel nicht,
der Jockel schneidt den Haber nicht
und kommt auch nicht nach Haus.

Der Bauer schickt das Wasser aus,
es soll das Feuer löschen.
Das Wasser löscht das Feuer nicht,
das Feuer brennt den Prügel nicht,
der Prügel schlägt den Pudel nicht,
der Pudel beißt den Jockel nicht,
der Jockel schneidt den Haber nicht
und kommt auch nicht nach Haus.

Der Bauer schickt den Ochsen aus,
er soll das Wasser saufen.
Der Ochse säuft das Wasser nicht,
das Wasser löscht das Feuer nicht,
das Feuer brennt den Prügel nicht,
der Prügel schlägt den Pudel nicht,
der Pudel beißt den Jockel nicht,
der Jockel schneidt den Haber nicht
und kommt auch nicht nach Haus.

Der Bauer schickt den Metzger aus,
er soll den Ochsen schlachten.
Der Metzger schlacht't den Ochsen,
der Ochse säuft das Wasser,
das Wasser löscht das Feuer,
das Feuer brennt den Prügel.
der Prügel schlägt den Pudel,
der Pudel beißt den Jockel,
der Jockel schneidt den Haber
und kommt dann auch nach Haus.

Eine Kuh, die saß im Schwalbennest

Eine Kuh, die saß im Schwalbennest
mit sieben jungen Ziegen,
die feierten ihr Jubelfest
und fingen an zu fliegen.
Der Esel zog Pantoffeln an,
ist übers Haus geflogen.
Und wenn das nicht die Wahrheit ist,
so hab ich dich belogen.

Dunkel war's, der Mond schien helle

Dunkel war's, der Mond schien helle,
Schnee lag auf der grünen Flur,
als ein Wagen blitzeschnelle
langsam um die Ecke fuhr.
Drinnen saßen stehend Leute,
schweigend ins Gespräch vertieft,
als ein totgeschossener Hase
auf der Sandbank Schlittschuh lief.

Morgens früh um sechs

Morgens früh um sechs
kommt die kleine Hex,
morgens früh um sieben
schält sie gelbe Rüben,
morgens früh um acht
wird Kaffee gemacht,
morgens früh um neune
geht sie in die Scheune,
morgens früh um zehne
holt sie Holz und Späne,
feuert an um elfe,
kocht dann bis um zwölfe.
Hummerbeine, Krebs und Fisch,
hurtig Kinder, kommt zu Tisch!

Kinderpredigt

Ein Huhn und ein Hahn,
die Predigt geht an.
Eine Kuh und ein Kalb,
die Predigt ist halb.
Eine Katz und eine Maus,
die Predigt ist aus,
geht alle nach Haus
und haltet einen Schmaus.
Habt ihr was, so esst es,
habt ihr nichts, vergesst es,
habt ihr ein Stückchen Brot,
so teilt es mit der Not.
Und habt ihr noch ein Brosämlein,
so streuet es den Vögelein.

Abzählreime

Mit einem Abzählreim wird ermittelt, wer beim Spiel beginnen muss. Die Kinder stellen sich dazu am besten im Halbkreis auf. Ein Kind spricht den Vers und tippt, bei sich beginnend, die anderen bei jeder Silbe an. Wer dabei übrig bleibt bzw. wer mit der letzten Silbe des Verses angetippt wird, scheidet aus dem weiteren Abzählen aus. Wer am Schluss übrig bleibt, macht den Anfang beim Spiel.

Wird ein Auszählreim in Rätselform gebraucht, muss die Lösung dem Auszähler leise ins Ohr gesagt werden.

Nudelsuppe und Salat
rate, was geschlagen hat,
dreimal dreizehn,
neun mal neun –
wer nicht will,
der muss es sein.

Hannchen ist allein zu Haus,
schleckt die heiße Pfanne aus,
steckt den Finger rein,
fängt an zu schrein:
A E I O U –
draus bist du!

KI KA KO Kartoffelsack,
morgen ist ein Feiertag.
Gibt es Kuchen,
musst du suchen.

Eins, zwei, drei,
Butter auf den Brei,
Salz auf den Speck,
du musst weg!

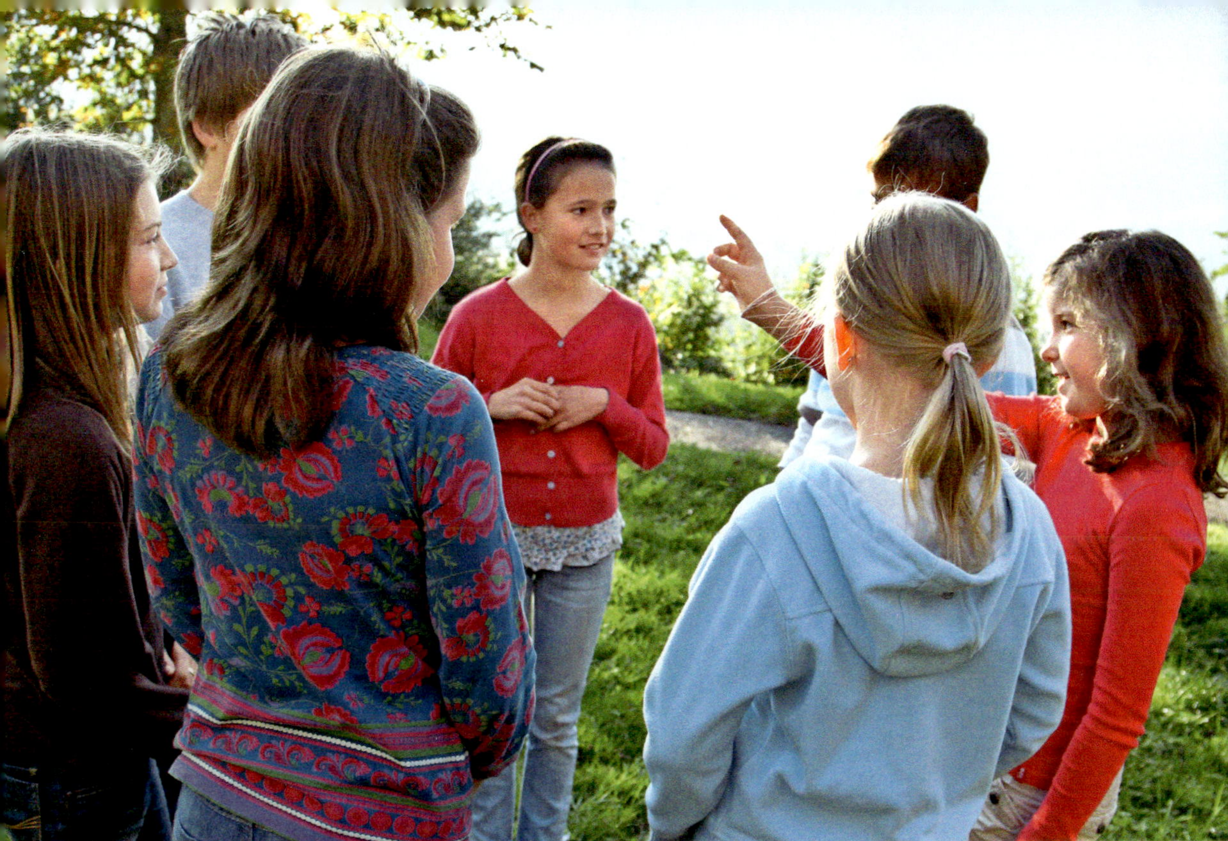

Die meisten Spiele beginnen mit einem Abzählreim.

Eins, zwei, drei, vier, fünf,
strick mir ein Paar Strümpf.
Nicht zu groß und nicht zu klein,
sonst musst du der Haschmann sein.

Eins, zwei, drei, vier, fünf, sechs, sieben,
eine alte Frau kocht Rüben,
eine alte Frau kocht Speck,
und du musst weg.

Ene, mene, dubbe, dene
dubbe dene dalia,
ebbe babbe bemio,
bio, bio, buff!

Morgens in der Frühe
treibt der Hirt die Kühe,
treibt sie über'n Steg
auf den langen Weg,
treibt sie auf die Wiesen,
wo die Blumen sprießen,
treibt sie auf die Auen,
wo die Blumen tauen,
treibt sie in die Schluchten,
wo die Blumen duften,
treibt sie in den Wald,
wo die Büchse knallt:
Plumps!

Hört, was ich euch will sagen;
Der Letzte muss die Häslein jagen,
jagen über Stock und Steine,
Häslein haben schnelle Beine.
Husch, husch, husch,
springen über'n Busch,
springen hinter's Haus,
du musst heraus!

Ehne, dehne, Tintenfass,
geh in die Schul und lerne was!
Wenn du was gelernet hast,
komm zu mir und sag mir was!

Schnipp, schnapp, Schneider.
mach mir schöne Kleider.
Der Gretel eins aus Seiden,
das wird sie prächtig kleiden.
Mir ein Kleid mit Spitzen dran,
das zieh ich nächsten Sonntag an.

Neunundneunzig Schneider,
die wiegen hundert Pfund.
Und wenn sie die nicht wiegen,
dann sind sie nicht gesund.

Ich und du,
Müllers Kuh,
Müllers Esel –
der bist du!

Es wollt' ein Schmied ein Rad beschlagen,
wie viel Nägel musst' er haben?
Rate, rate du!
Mach' die Augen zu!

Ene, dene, Ditzelchen.
Die Mutter, die kocht Schnitzelchen,
da geh' ich dran und leck,
da kommt sie mit dem Steck;
da geh' ich zu dem Knecht,
der hat gesagt, 's wär recht;
da geh' ich zu der Magd,
die hat mich ausgelacht;
da geh' ich zu der Maus,
ich oder du bist draus!

Eins, zwei, drei,
alt ist nicht neu,
neu ist nicht alt,
heiß ist nicht kalt,
kalt ist nicht heiß,
schwarz ist nicht weiß,
hier ist nicht dort,
du musst jetzt fort!

Ich bin Peter,
du bist Paul,
ich bin fleißig,
du bist faul.
Eins, zwei, drei,
du bist frei!

Ich, du, er, wir, ihr, sie,
wen es trifft, der streite nie;
auf den letzten Puff kommt's an,
drum bist du dran!

Mein Vater kaufte sich ein Haus,
an dem Haus war ein Garten,
in dem Garten war ein Baum,
auf dem Baum war ein Nest,
in dem Nest war ein Ei,
in dem Ei war ein Dotter,
in dem Dotter war 'ne Laus,
eins, zwei, drei und du bist raus!

Hat das ausgezählte Kind etwas Grünes an seiner Kleidung, so ist es dran, wenn nicht, wird das nachfolgende Kind gefragt.

Abzählreime in Rätselform

In einer Kapelle
da lagen vier Bälle.
Wie sahen sie aus? Lösung: rund

Auf einem Turm, Turm, Turm
da saß ein Wurm, Wurm, Wurm.
Wie sah er aus? Lösung: braun

In einem Wasser
da lag ein Pfennig,
wie kommt er raus? Lösung: nass

Hinten im Garten brennt etwas,
ist kein Feuer, ist kein Gras.
Was ist denn das? Lösung: Brennnessel

Ich kenn eine Prinzessin,
die trank Tee,
aß dazu Reh,
spazierte zum See,
wie hieß sie? Lösung: Therese

Hast du auch Grün an dir,
so zeig es mir!

Wortspiele

Was das Echo antwortet

Was essen die Studenten? – Enten

Was isst der Herr Meier? – Eier

Wer kommt zur Fanni? – Anni

Was wollen wir nicht vergessen? – Essen

Wer war schon in Halle? – Alle

Sag doch einmal Resel! – Esel

Wer lacht da über mich? – Ich

Zungenbrecher

Metzger, wetz dein Metzgermesser!

In Ulm, um Ulm und um Ulm herum.

Die Katze tritt die Treppe krumm.

Drei Bröckle Speck und fünf Bröckle Speck sind acht Speckbröckle.

Blaukraut bleibt Blaukraut und Brautkleid bleibt Brautkleid.

Es gibt nicht so viel Tag im Jahr, wie der Fuchs am Schwanz hat Haar.

Das Schönste an Zungenbrechern: sie trainieren die Lachmuskeln.

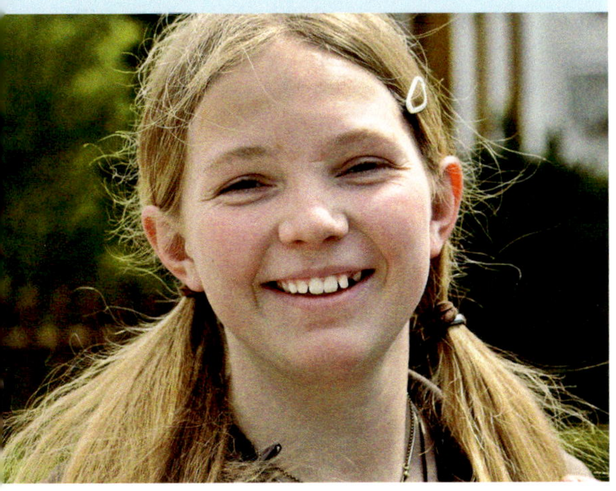

Baut ein Herr Mauser in Mausdorf ein Haus, schaut aus dem Mausloch ein Mauskind heraus.

Der dürre Dieb trägt den dicken Dieb durch das Dorf durch.

Du hast ja s'B'steck z'spät b'stellt!

Zehn Ziegen zogen zehn Zentner Zucker zum Zoo.

Schneiderschere schneidet scharf, scharf schneidet Schneiderschere.

Morgen muss mir meine Mutter Milchmus machen.

Kleine Kinder können keine Kirschkerne knacken.

Der Potsdamer Postkutscher putzt den Potsdamer Postkutschkasten.

Fischers Fritz fischt frische Fische, frische Fische fischt Fischers Fritz.

Schnalle schnell die Schnallen an die Schuhe!

Zwischen zwei Zwetschgenbäumen zwitschern zwei Schwalben.

Wenn Fliegen hinter Fliegen fliegen, fliegen Fliegen Fliegen nach.

Esel essen Nessel gern, Nesseln essen Esel gern.

Wir Wiener Waschweiber wollen weiße Wäsche waschen, wenn wir wüssten, wo weiches, warmes Wasser wär'.

Hinters Hannesa Hosehaus hange hundert Hose raus. Hundert Hose hange raus hinters Hannesa Hosehaus.

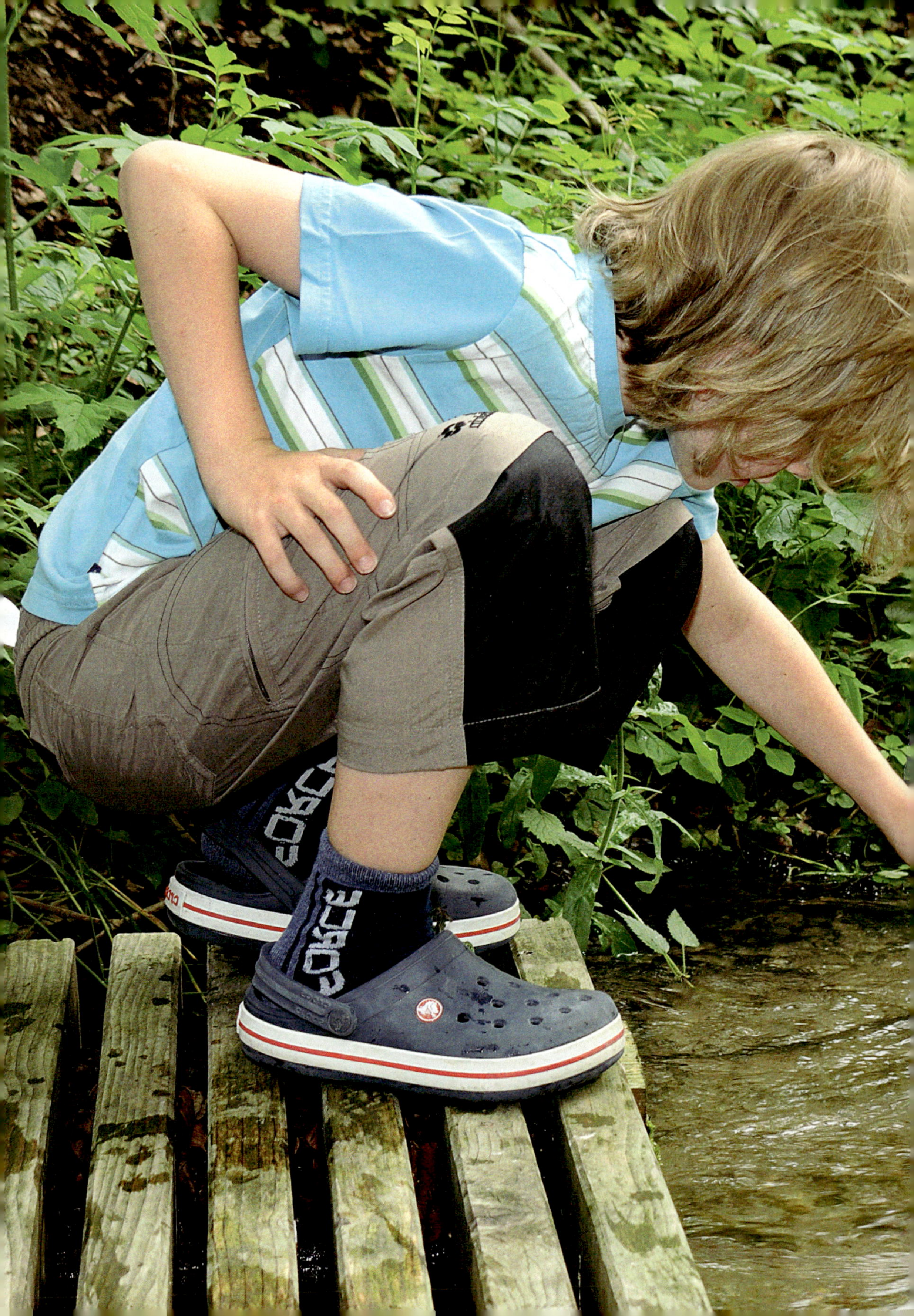

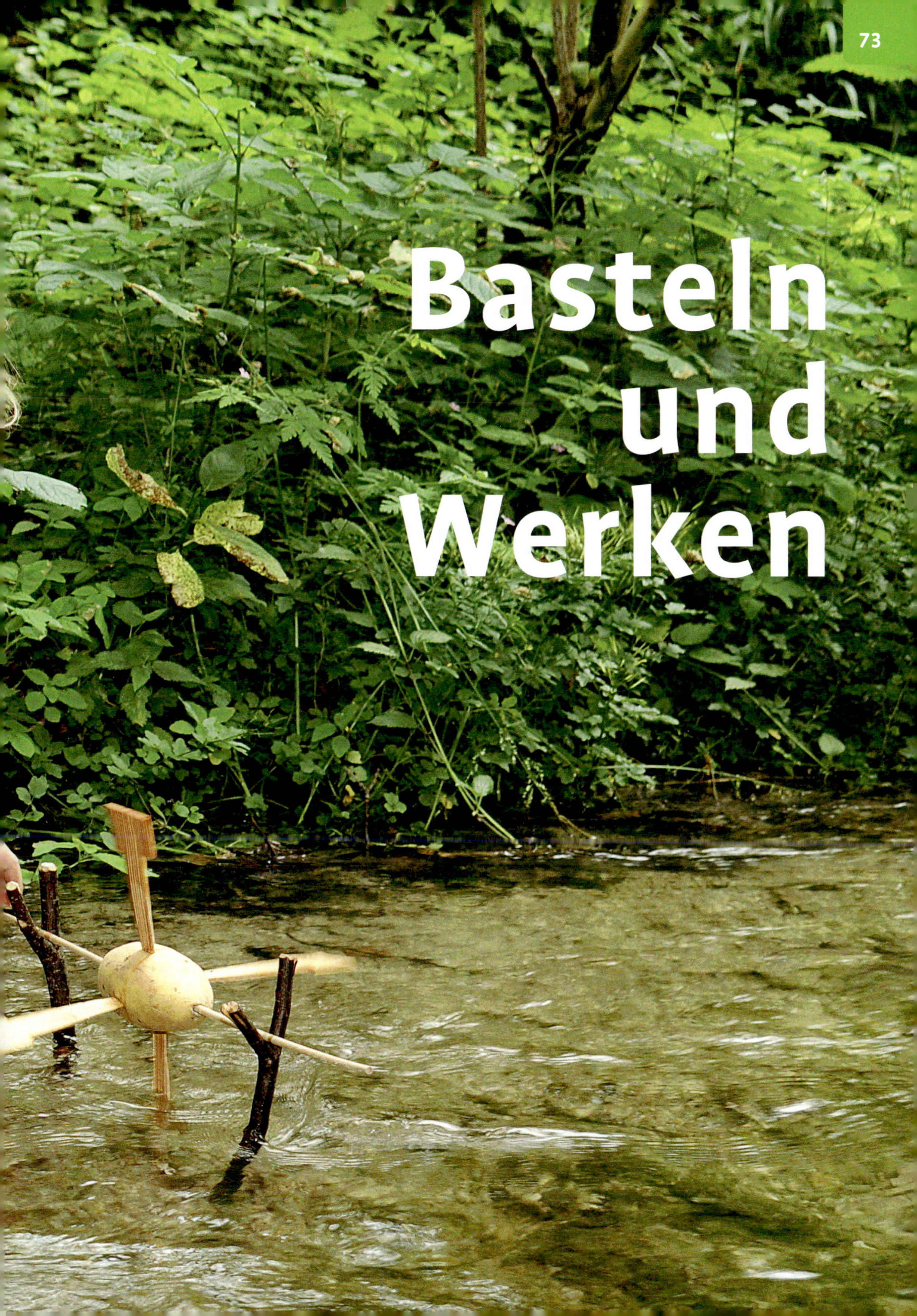

Basteln und Werken

Wer gern bastelt, sammelt auch gern. Alles, was andere für wertlos halten und wegwerfen, kann einem Bastler durchaus noch brauchbar erscheinen. Holzleisten, Pappe, Papier in allen Farben, bunte Stoffreste, Wolle oder Bindfaden – für dieses oder ähnliches Kleinmaterial hat ein Bastler meist noch Verwendung. Mit einfachen Werkzeugen kann er nach Vorlagen arbeiten oder eigene Ideen umsetzen.

Bastelmaterial aus Blüten, bunten Blättern, Gräsern, Früchten, Wurzeln, Rinde, Moos und Steinchen bietet die Natur in Hülle und Fülle. Dabei sollte mit der Natur schonend umgegangen werden. Aber vieles lässt sich am Wald- und Wegesrand aufsammeln, das auf natürliche Weise von den Bäumen heruntergefallen ist. Und es ist selbstverständlich, Blumen nicht mitsamt den Wurzeln auszurupfen oder blühende Wiesen nicht zu zertrampeln.

Spielen mit Naturmaterial

Aus Blüten und Früchten können Ketten und Kränze gebastelt werden, aus Blättern können Körbchen und Kronen entstehen. Vieles entwickelt sich auch aus der Spontanität heraus und dient oft nur dem Augenblick. Kinder sind hier sehr erfinderisch und fantasiereich. Aus Holunderzweigen oder Weiden können im Frühling Pfeifchen geschnitzt werden. Aus Kastanien und Kiefernzäpfchen werden im Herbst Männchen und Tiere angefertigt. Eicheln werden zu kleinen Kobolden und ein Kürbis wird zu einer Laterne oder einem Geistergesicht.

Ketten und Kränzchen aus Blumen

Wiesenschaumkraut, Gänseblümchen, Löwenzahn, Margariten, aber auch viele andere Blumen lassen sich gut zu Kränzchen oder Ketten verarbeiten und sehen im Haar der Mädchen oder als Ketten um den Hals gehängt sehr hübsch aus. Die Blumen können geflochten, gebunden, aneinandergesteckt oder wie Glieder einer Kette ineinandergefügt werden.

Zum Flechten eignen sich am besten Margariten und Löwenzahn, weil sie große Blütenköpfe und elastische Stängel haben. Die Flechtkränzchen sind am einfachsten anzufertigen, denn sie werden geflochten wie ein Zopf. Es ist nur darauf zu achten, dass gleich-

Das Stielende muss durch den Schlitz und schon ist der Ring fertig.

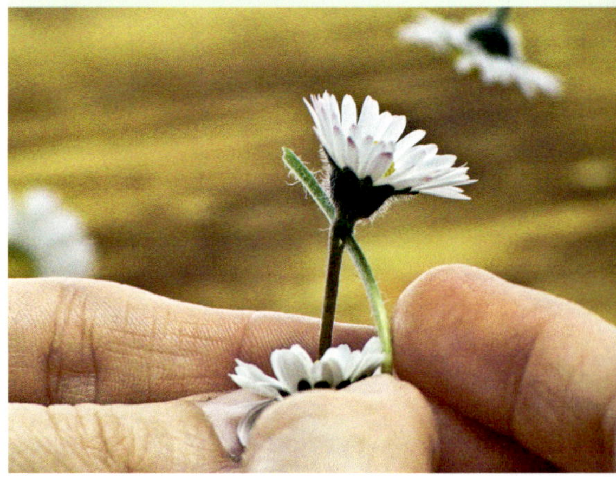

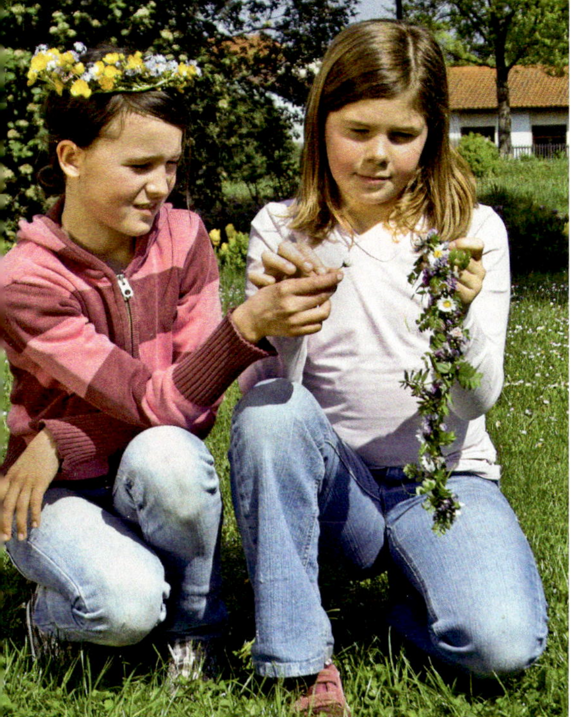

Zuerst wird ein Zopf gefertigt, aus dem der Kranz entstehen kann.

mäßig verteilt immer wieder eine neue Blüte hinzugenommen wird. Ist der Zopf lang genug, wird er mit einem Blütenstängel zum Kranz geschlossen.

Ketten aus Gänseblümchen

Hierfür werden möglichst langstielige Gänseblumchen verwendet. Durch die Blütenköpfchen und den Stiel wird von oben nach unten mit einem dürren Ästchen ein kleines Loch gestochen. Der Stiel des Blümchens ist von unten durch dieses Loch zu führen (er steht im Blütenköpfchen etwas vor). Nun ist das nächste, schon vorgelochte Blümchen wie das Glied einer Kette in diesen Ring zu hängen, indem der Stiel wieder von unten nach oben durch die Blüte gesteckt wird.

So ist eine Blume an die andere zu hängen, bis die Kette so lang ist, dass sie um den Hals gelegt oder als Kranz auf das Haar gesetzt werden kann.

Es gibt auch noch eine zweite Methode, um Gänseblümchen und noch viele andere Blumen zu Ketten zu verarbeiten. Die Stiele werden knapp unter dem Blütenkopf mit dem Fingernagel eingeschlitzt. Durch diesen Schlitz ist der Stiel einer weiteren Blume zu ziehen. Auch dieser bekommt unterhalb der Blüte mit dem Fingernagel eine Öffnung, in die ebenfalls wieder eine Blume durchzustecken ist. Es wird auf diese Art so lange Blüte an Blüte gefügt, bis die Kette die gewünschte Länge hat.

Phlox-Kette

Wer sich im Sommer, wenn in den Gärten der Phlox blüht, eine bezaubernd schöne Blumenkette anfertigen möchte, geht folgendermaßen vor:

Von den buschigen Blütenstängeln werden die einzelnen Blütchen abgezupft und ineinandergesteckt, bis die gewünschte Länge erreicht ist. Die Kette wird zum Kranz geschlossen und vorsichtig umgehängt.

Werden Blüten in verschiedenen Farbtönen aneinandergereiht, entstehen Ketten in besonders prächtiger Ausführung.

Blumenfingerring

Ein Blumenfingerring ist schnell hergestellt. Ein Gänseblümchen, eine Hahnenfußblüte, eine Kornblume oder eine andere Blüte wird kurzstielig abgepflückt, und zwar so, dass die Länge des Stiels an die Stärke des Fingers angepasst ist. Der Stängel wird mit dem Daumennagel direkt unter der Blüte etwas eingeschlitzt und das Ende des Blütenstängels durchgesteckt. Schon haben wir einen Blumenfingerring.

Löwenzahn als Material

Wenn der Löwenzahn Wiesen und Wegränder gelb färbt, wird diese Blume, man nennt sie auch Sonnenwirbel, Lichterblume oder Pusteblume, zum Spielmaterial der Kinder. Keine andere Blume zieht Kinder so an. Was lässt sich nicht alles aus Blüten, Stängel und Samen dieser Löwenzahnblume machen! Übrigens, der milchige Saft des Löwenzahns ist nicht – wie häufig vermutet – giftig.

Kränze und Ketten aus Löwenzahn

Die größeren Mädchen flechten für sich mit geschickten Händen prachtvolle Kränze. Die Kleinen legen sich gern eine Löwenzahn-Armbanduhr an. Dazu ritzen sie mit dem Daumennagel einen kleinen Schlitz in den Stängel unterhalb der Blüte. Sie schließen die „Uhr“, indem sie den Stängel um das Handgelenk legen und das Ende des Stieles durch die Öffnung ziehen.

Andere mögen vielleicht eine Löwenzahnkette umhängen. Dazu sind nur die Stängel der Blumen notwendig. Es wird einfach das dünnere Ende des Stängels in das dickere hineingesteckt. So ergibt sich ein kleiner Ring. Der nächste Stängel wird, ehe er ebenso geschlossen wird, durch diesen Ring geführt. Wenn man auf diese Weise Ring an Ring fügt, kann eine endlos lange Kette entstehen.

Blumenohrringe

Ein Schmuckstück aus Blumen entsteht auf ganze einfache Weise: Eine Löwenzahnblüte wird abgepflückt und der weiße Saft, der als Klebstoff dient, auf eine Gänseblümchenblüte oder eine Hahnenfußblüte getupft. Die Blüte wird dann sofort auf das Ohrläppchen gedrückt, kurz angepresst und der Ohrschmuck ist fertig.

Auch aus „Butterblumen“ (Hahnenfuß) können Ringe entstehen.

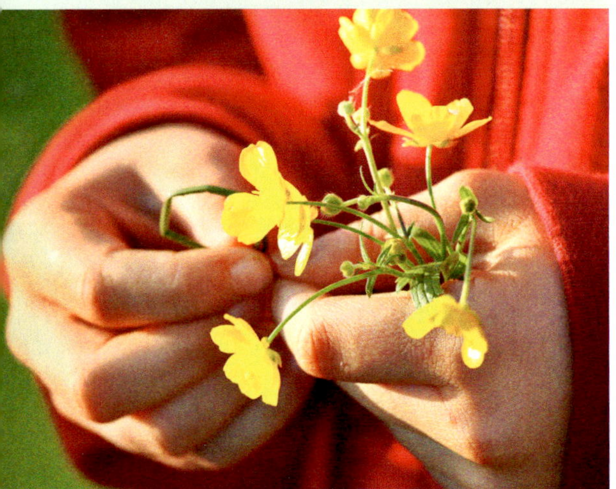

Kringel aus Löwenzahnstängeln

Kinder finden besonders viel Spaß daran, wenn sie geschlitzte Stängel ins Wasser legen. Die Stängelröhrchen schneiden sie auf beiden Seiten ein, legen sie kurze Zeit in ein mit Wasser gefülltes Gefäß oder in ein Bächlein und können dann beobachten, wie die Stängel sich im Wasser verformen und allerlei lustige gekringelte Figuren bilden, die teilweise sogar wie kleine Männchen aussehen. Halbierte Stängel ins Wasser gelegt nehmen die Form einer Brille an, die sogar auf die Nase gesetzt werden kann.

Pustespiele

Wenn der Löwenzahn verblüht ist und sich die Samen bilden, wenn die Wiesen mit einem weißen Schleier überzogen sind, nennen die Kinder die Pflanze Pusteblume oder Lichter. Sie pflücken sie vorsichtig ab, halten sie dicht an den Mund und sprechen:

Paule, Paule, pupp, pupp, pupp!
Koch mir eine Wassersupp!
Aber nicht zu dick!
Dass ich nicht verstick!

Dabei muss das „P“ ganz hart gesprochen werden, damit viele Samen weggepustet werden. Wenn sie um die Wette pusten, hat der gewonnen, der seine Blume als Erster leer geblasen hat.

Pfeifchen aus Löwenzahn

Das Löwenzahnpfeifchen ist so einfach, dass es selbst von kleineren Kindern gemacht werden kann. Ein etwa 4 bis 5 cm langes Stück eines Stängels wird an einem Ende flach gedrückt. Den flach gedrückten Teil steckt man in den Mund und bläst kräftig hinein.

Es entstehen unterschiedliche Töne, je nachdem, wie stark geblasen wird. Dickere Stängel ergeben einen tieferen Ton als dünnere. Wegen der eigenartigen Töne nennt man das Pfeifchen auch „Furzerle“.

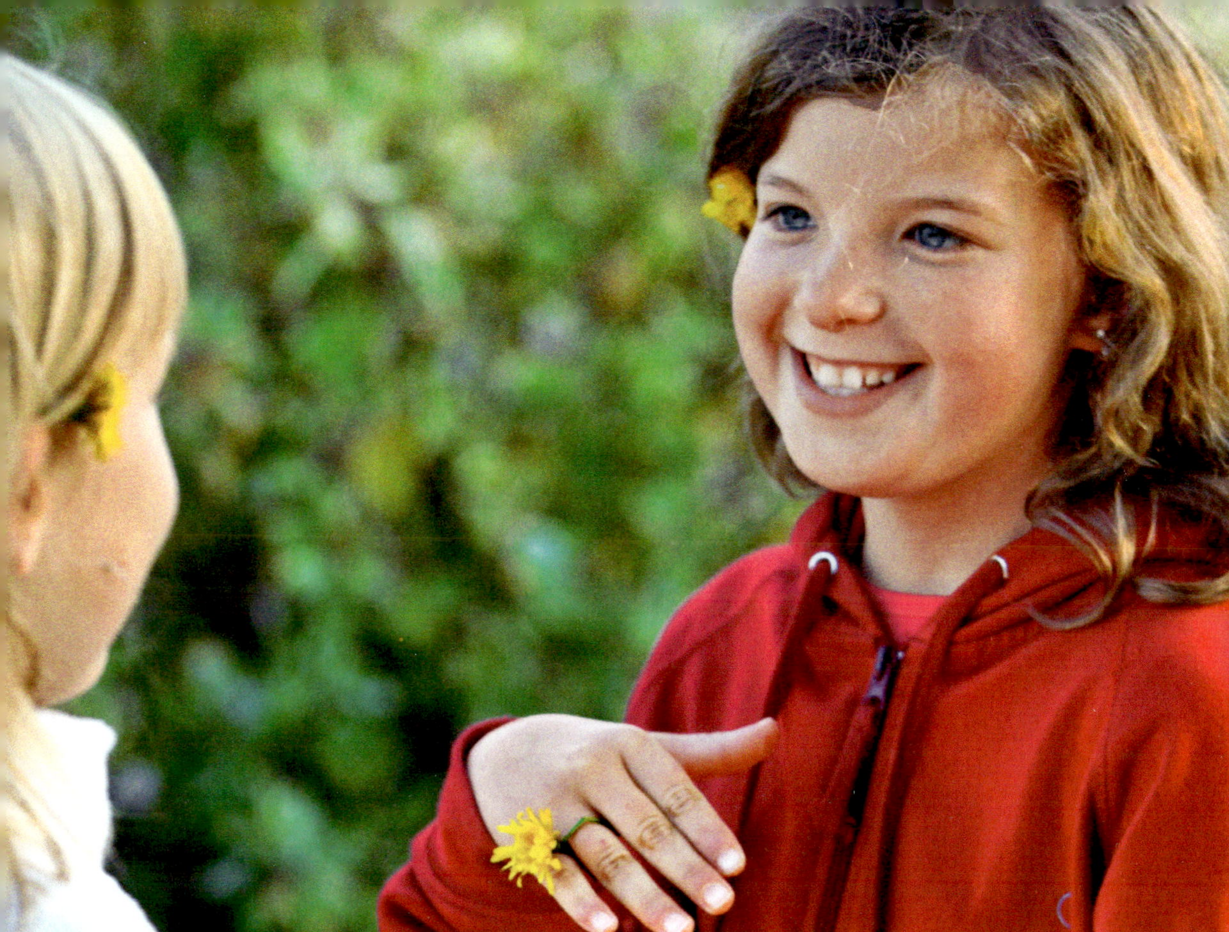

Mädchen schmücken sich beim Spielen gerne mit Blumen.

Geschnitzte Flöten

Fast vergessen sind die Flöten aus Weide, Esche oder Holunder. Im Frühling, wenn die Knospen sprießen, ist die richtige Zeit zum Schnitzen einer Flöte.

Frühlingsflöte

1 Ein glatter, astloser Zweig, etwa 1 bis 1,5 cm dick und 15 cm lang, wird abgeschnitten.

2 Nun schneidet man die Rinde ringsherum mit dem Taschenmesser bis zum Holz ein. Mit einem Abstand von etwa 2 cm vom oberen Rand wird eine Kerbe für das Luftloch eingeschnitten.

3 Das obere Stück wird mit dem Messergriff vorsichtig auf dem Knie geklopft, und zwar so lange, bis sich die Rinde löst und eine Röhre entsteht. Man braucht dabei etwas Geduld und es gelingt nur, wenn das Holz ganz frisch ist.

4 Das Kernholz schneidet man bis zur Einkerbung quer durch und flacht es an einer Seite ab. Dies ist für den Luftkanal der Frühlingsflöte.

5 Das abgeflachte Stückchen Holz wird in die Röhre bis zur Kerbe oben hineingeschoben. Das ist das Mundstück.

6 Die Röhre wird nun wieder auf das Kernholz gesteckt und schon ist die Flöte fertig.

Nun kann auf der Flöte geblasen werden. Je weiter man das untere Stück nach oben schiebt, umso heller wird der Ton. Schiebt man es nach unten, wird der Ton tiefer. Mit ein wenig Übung können manche Kinder sogar eine Melodie darauf spielen.

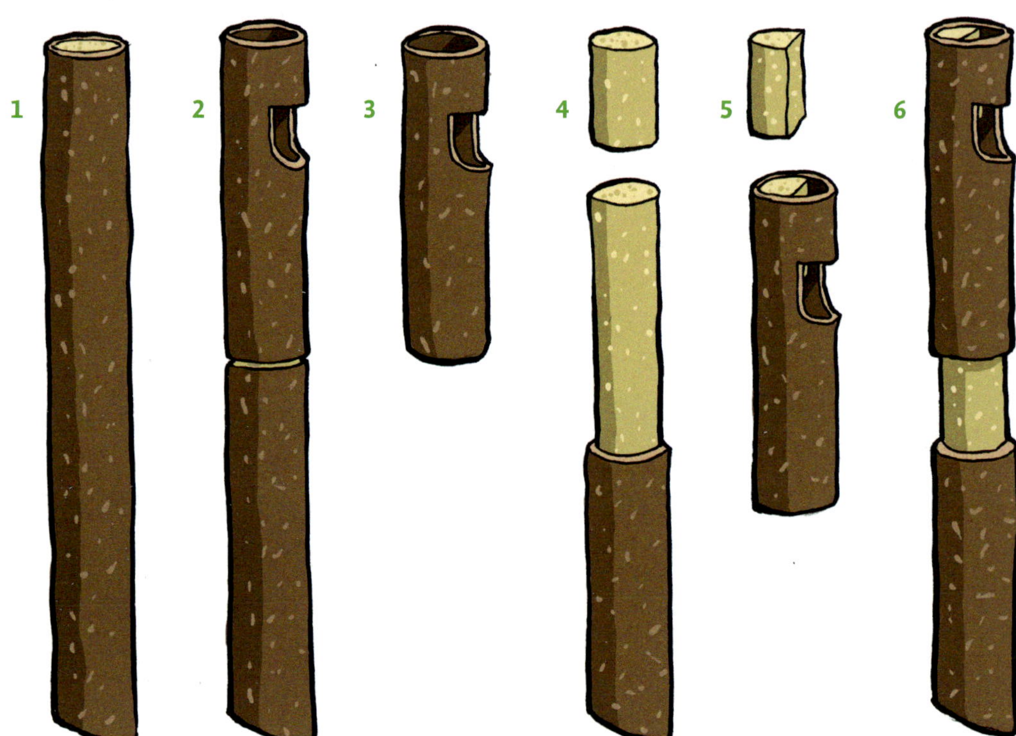

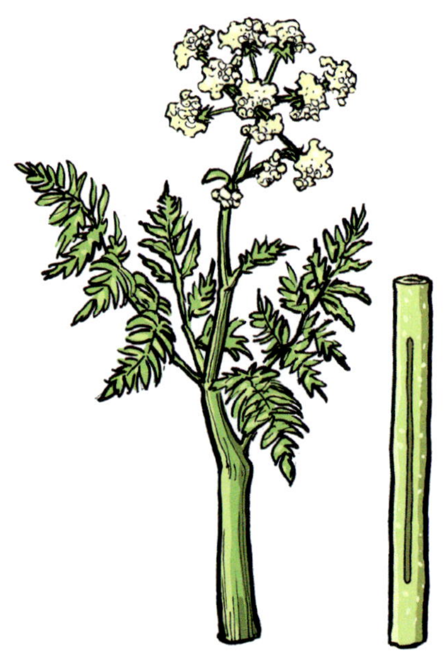

Wiesenkerbelflöte

Von dem im Frühsommer blühenden Wiesenkerbel wird ein dickes, gerades und noch saftiges Stück des Stängels abgeschnitten, und zwar unterhalb des Wachstumsknotens. Die Flöte bleibt am unteren Ende durch den Knoten verschlossen. Mit dem Taschenmesser ritzt man nun sorgfältig einen etwa 10 cm langen Schlitz in die Mitte des Stängels. Dabei ist darauf zu achten, dass nicht der ganze Stängel durchgeschnitten wird. Oben und unten bleibt der Stängel 2 cm geschlossen. Wenn nun kräftig in die Flöte geblasen wird, entsteht ein seltsamer Ton. Die Höhe der Töne hängt von der Länge und der Dicke des Kerbelstängels ab.

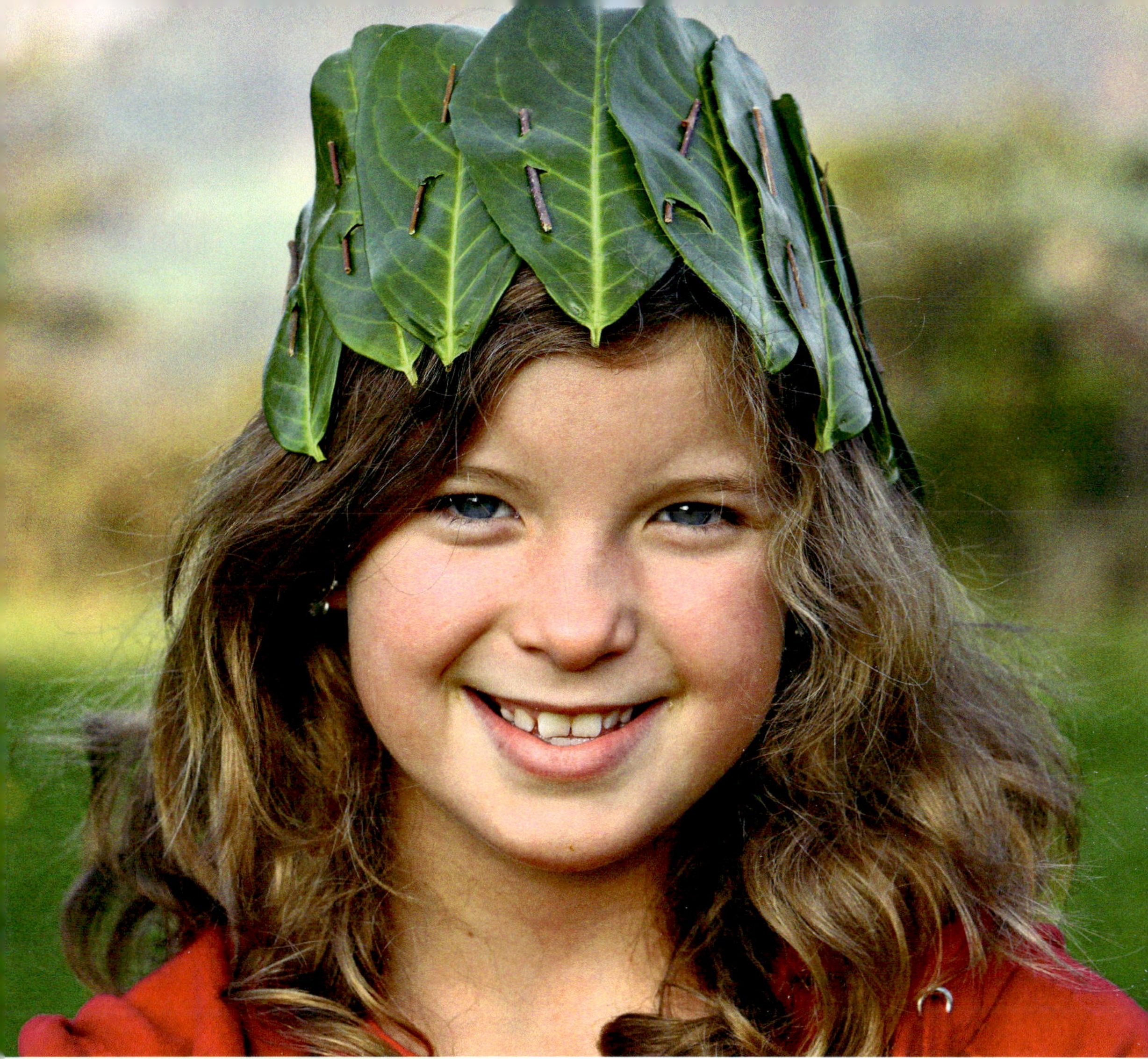

Krone oder Hut, beides steht mir gut.

Basteln mit Blättern

Das Spiel mit Blättern ist bestimmt schon sehr alt. Kinder, die sich viel in der freien Natur aufhalten, finden schnell heraus, was sie mit den verschiedenen Blättern alles anfangen können. So basteln sie aus frischen Blättern Kränze, Kronen, Blätterkörbchen und Becher, sie gestalten Bilder von Tieren, Männchen und anderen Gegenständen, wobei sie auch gern die bunten Herbstblätter verwenden.

Blätterkrone und Blätterkranz

Für eine Blätterkrone sucht man sich im Wald oder Garten schön geformte Blätter aus. Zum Zusammenhalten der Blätter benötigt man kleine, trockene Ästchen oder Kiefernadeln.

Die Blätter legt man nun schuppenförmig übereinander und steckt sie aneinander fest, bis eine Krone für die entsprechende Kopfgröße entsteht. Mit ein paar Blümchen ausgeschmückt sieht diese dann aus wie mit Perlen besetzt.

Auf ähnliche Weise entsteht ein Blätterkranz, nur werden die Blätter mit ihren eige-

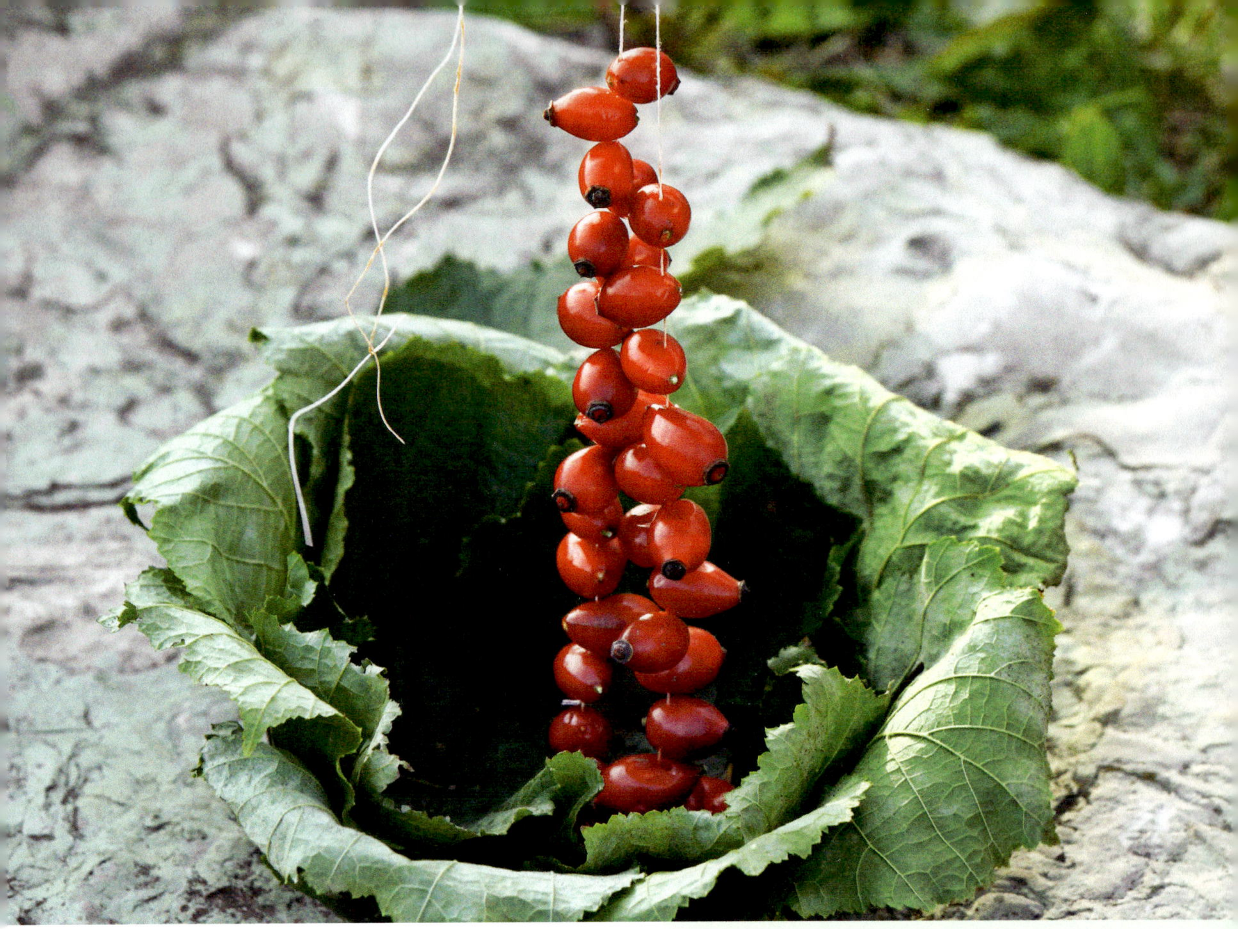

Mit einem Blätterkörbchen kann man Beeren und andere Früchte sammeln.

nen Stielen zusammengesteckt. Daher sollte man sich Blätter mit einem möglichst langen und festen Stiel suchen. Am besten eignen sich die des Wilden Weins oder Ahorns.

Die Blätter lassen sich mit kleinen Ästchen gut miteinander verbinden.

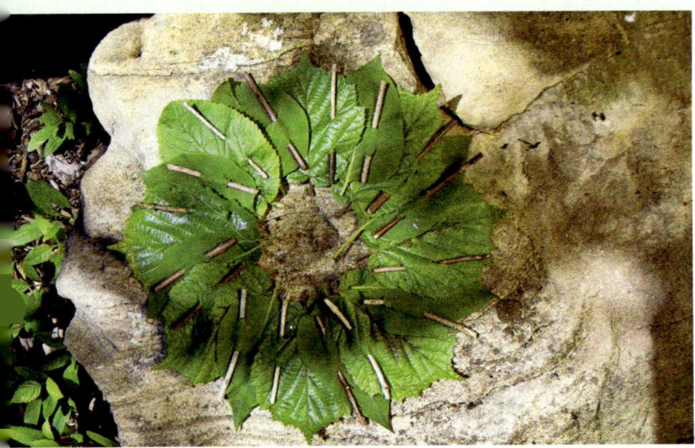

Ein Blatt wird zur Hälfte umgeknickt und der Stiel durchgesteckt. Danach wird ein zweites Blatt mit der Rückseite daruntergelegt, wobei der Stiel nun durch beide Blätter zu stecken ist. Es wird so fortgefahren, bis der Kranz groß genug ist und geschlossen werden kann.

Blätterkörbchen

Wem ist es nicht schon passiert, dass er beim Spaziergang im Wald plötzlich auf einen Beerenplatz gestoßen ist? Zu gern hätte man von diesen aromatischen Früchten welche mit nach Hause genommen, doch wie soll das gehen ohne Gefäß?

Ein Blätterkörbchen ist in solchen Fällen sehr hilfreich. Es ist schnell hergestellt. Hiefür braucht man ungefähr 15 mittelgroße Blätter und ebenso viele dünne, stabile Ästchen. Am besten eignen sich Blätter und Ästchen vom Haselnussstrauch. Die dünnen Ästchen werden auf eine Länge von 3 bis 4 cm abgebrochen.

Zuerst wird der Rand angefertigt. Dazu werden die Blätter aneinandergelegt, sodass ein Blatt das andere etwa 4 cm überlappt, dann mit einem Ästchen wie mit einer Stecknadel zusammengesteckt, bis ein Streifen aus etwa zehn Blättern entsteht.

Der Streifen wird zum Ring geschlossen. Für den Boden benötigen wir vier bis fünf Blätter, die zu einer runden Fläche zusammengesteckt werden. Boden und Rand sind nun zusammenzufügen. Dies macht man am besten von innen, das heißt, der Boden wird in den Ring gelegt und ebenfalls mit Ästchen an den unteren Rand des Ringes gesteckt. Jetzt ist das Körbchen fertig. Die Beeren kann man nun, umgeben von frischen Blättern, appetitlich und sauber, ohne dass sie zerdrückt werden, nach Hause tragen.

Gräser als Material

Auch Gräser, vom einfachen grünen Wiesengras bis zum Getreide, das ja auch zu den Gräsern gehört, können zum Anfertigen von Spielzeug oder zum Spielen selbst verwendet werden.

Strohwindmühle

Die Strohwindmühle ist mit Sicherheit ein sehr altes, selbstgefertigtes Kinderspielzeug.

Ein noch frischer Roggenstrohhalm wird zwei Mal geknickt, wie in der Abbildung zu sehen. In den Stängel ritzt man mit dem Daumennagel oder dem Taschenmesser einen kleinen Einschnitt und steckt das Ende durch diesen Schlitz. Auf das aus dem Schlitz herausragende Ende wird ein etwas kürzerer und dickerer Strohhalm gesteckt und an vier Stellen eingeschnitten. Dies sind dann die Windmühlenflügel, die etwas nach außen gebogen werden. Bläst man nun kräftig auf die Windmühlenflügel oder läuft damit gegen den Wind, drehen sich diese ganz schnell.

Auf dem Grashalm pfeifen

Auch große Kinder machten sich gern mit Tönen, die durch einen Grashalm entstehen, bemerkbar. Väter zeigten es ihren Kindern auf sonntäglichen Spaziergängen und hatten selbst Freude daran.

Einen breiten Grashalm spannt man stramm zwischen beide Daumen und Handballen. Durch kräftiges Blasen in die entstandene Spalte zwischen beiden Daumen kommt der Grashalm in Schwingung. Ein heller und schriller Ton entsteht, und mit ein bisschen Geschicklichkeit lassen sich Vogelstimmen oder der Schrei eines Hahnes nachmachen. Ist der Grashalm weniger gestrafft, wird der Ton tiefer.

Seifenblasen

Kinder bekommen heute die Seifenblasenlauge in einem Gefäß fertig zu kaufen. Doch auch ganz einfach lassen sich die schimmernden Kugeln produzieren: Einen Strohhalm in eine Seifenlauge (aus Kernseife oder Spülmittel) tauchen und losblasen.

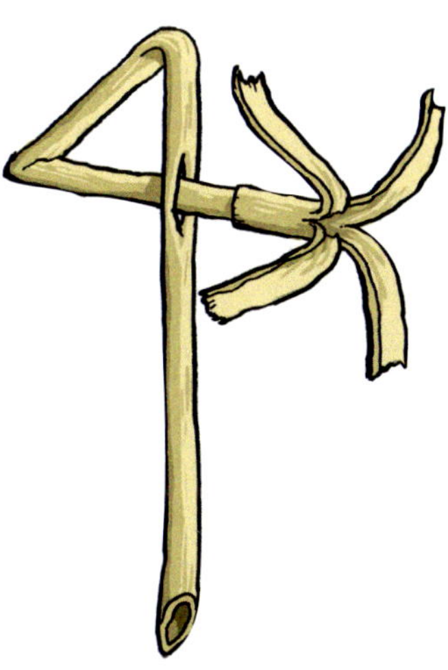

Basteln mit Kastanien

Im Herbst ist auch Kastanienzeit. In großen Mengen können dann die heruntergefallenen reifen Früchte eingesammelt werden. Aus ihnen lassen sich eine Fülle von verschiedenen Figuren zum Spielen anfertigen.

Kastanienmännchen

Für Kastanienmännchen benötigt man frische Kastanien in verschiedenen Größen. In eine größere Kastanie werden für Arme, Beine und Hals kleine Löcher gebohrt. Für den Kopf wird eine etwas kleinere Kastanie verwendet. Die Füße bestehen aus halbierten Kastanien. Mit zugespitzten Streichhölzern werden die Teile zusammengefügt.

Als Hut dienen aufgespreizte Fruchthülsen von Bucheckern oder die Hülsen von Eicheln. Mit einem aufgemalten Gesicht sieht das Männchen dann besonders lebendig aus. Auf ähnliche Weise lassen sich auch verschiedene Tiere anfertigen.

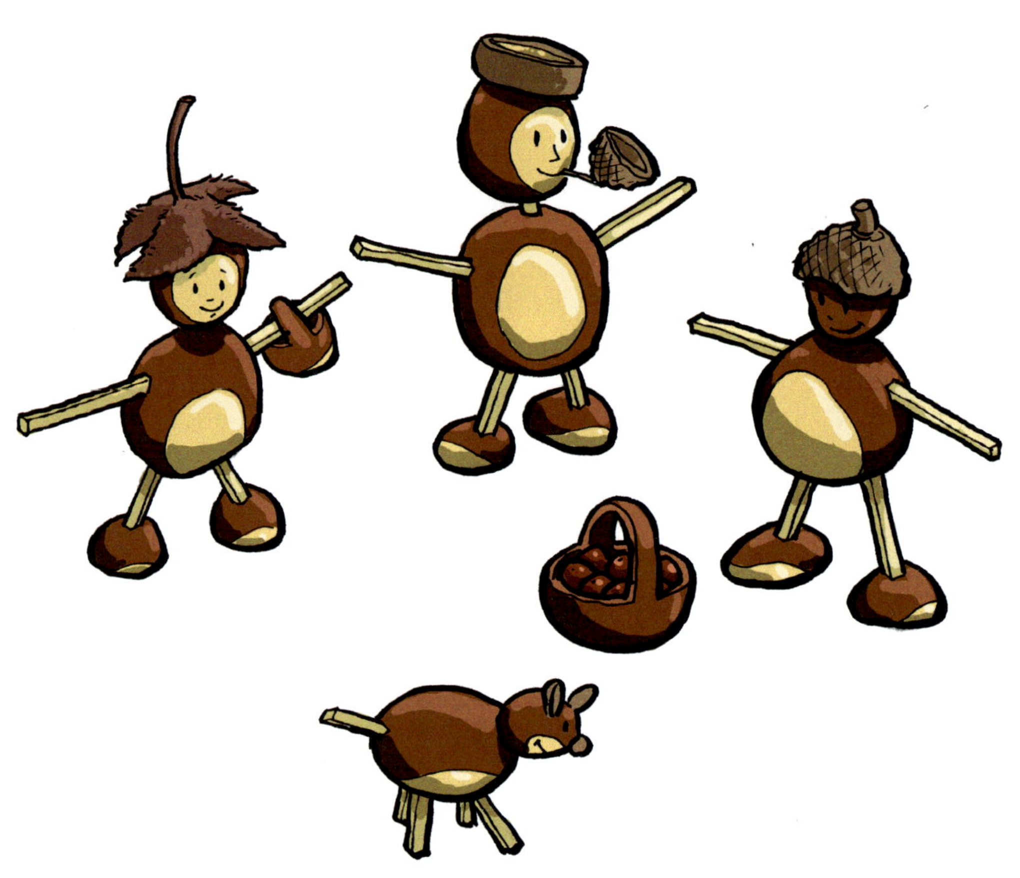

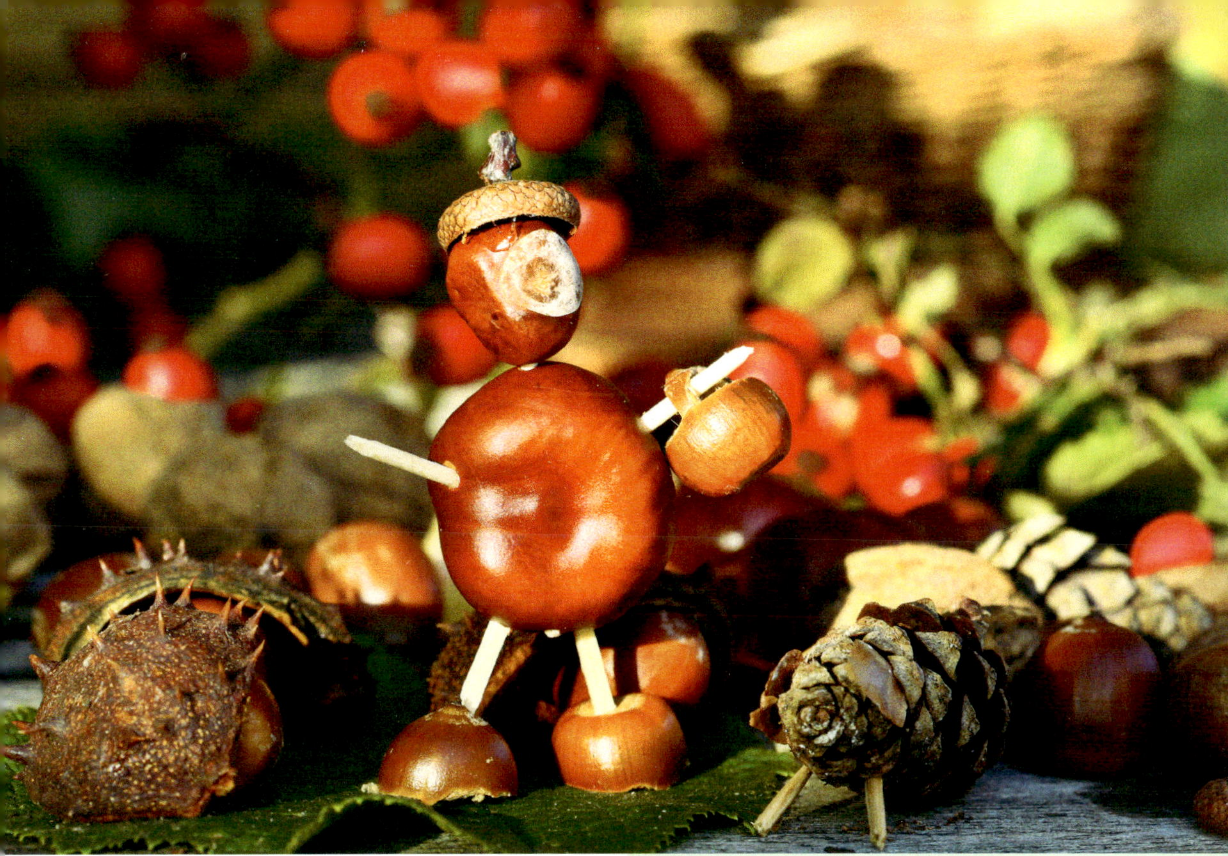

Besonders der Herbst gibt viel Bastelmaterial her.

Eisenbahn aus Kastanien

Für die Eisenbahn werden drei oder vier Kastanien, je nach Anzahl der gewünschten Waggons, flach abgeschnitten und etwas ausgehöhlt.

Die Lokomotive wird aus einer größeren Kastanie gefertigt, indem ein rechter Winkel herausgeschnitten wird, wie in der Zeichnung zu sehen ist. Dann bohrt man kleine Löcher für die Achsen und steckt als Räder Eichelbecher mit einem kurzen Streichholz auf die vorgebohrten Löcher.

Die Lokomotive bekommt noch einen Schornstein aus einem kleinen Stückchen Holz. Ein bisschen Watte sorgt für den Rauch. Als Lokführer bastelt man ein Männchen aus Eicheln oder Hagebutten. Schließlich werden die Waggons und die Lokomotive mit Streichhölzern miteinander verbunden. Mit kleinen Steinchen oder Früchten können die Eisenbahnwagen noch beladen werden.

Basteln mit Nussschalen

Auch aus Nussschalen lassen sich zahlreiche verschiedene Figuren und Spielzeuge herstellen. Am häufigsten werden dafür Walnussschalen verwendet. Sie haben den Vorteil, dass sie sehr stabil und haltbar sind und somit das Spielzeug längere Zeit genutzt werden kann.

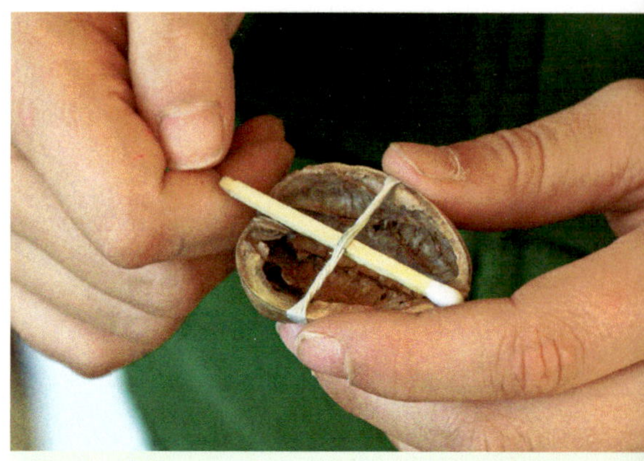

Das Streichholzende muss zum Trommeln kräftig angehoben und wieder losgelassen werden.

Nussschalentrommel

Ein sehr einfaches, altes „Musikinstrument" für Kinder ist die Nussschalentrommel, auch Hexenklavier genannt. Sie ist schnell und einfach hergestellt.

Eine halbe Nussschale wird mit einem festen Faden mehrmals umwickelt und gut verknotet. Zwischen die Fäden über der Schale wird ein Streichholz gesteckt und ein paarmal eingedreht, bis es stramm sitzt. Der Kopf des Streichholzes muss auf der Schalenkante liegen. Durch Anschnippen des Streichholzendes schlägt das Hölzchen auf den Nussschalenrand und erzeugt einen trommelartigen Ton. Die Kinder können ihren Gesang mit diesen Trommeln begleiten.

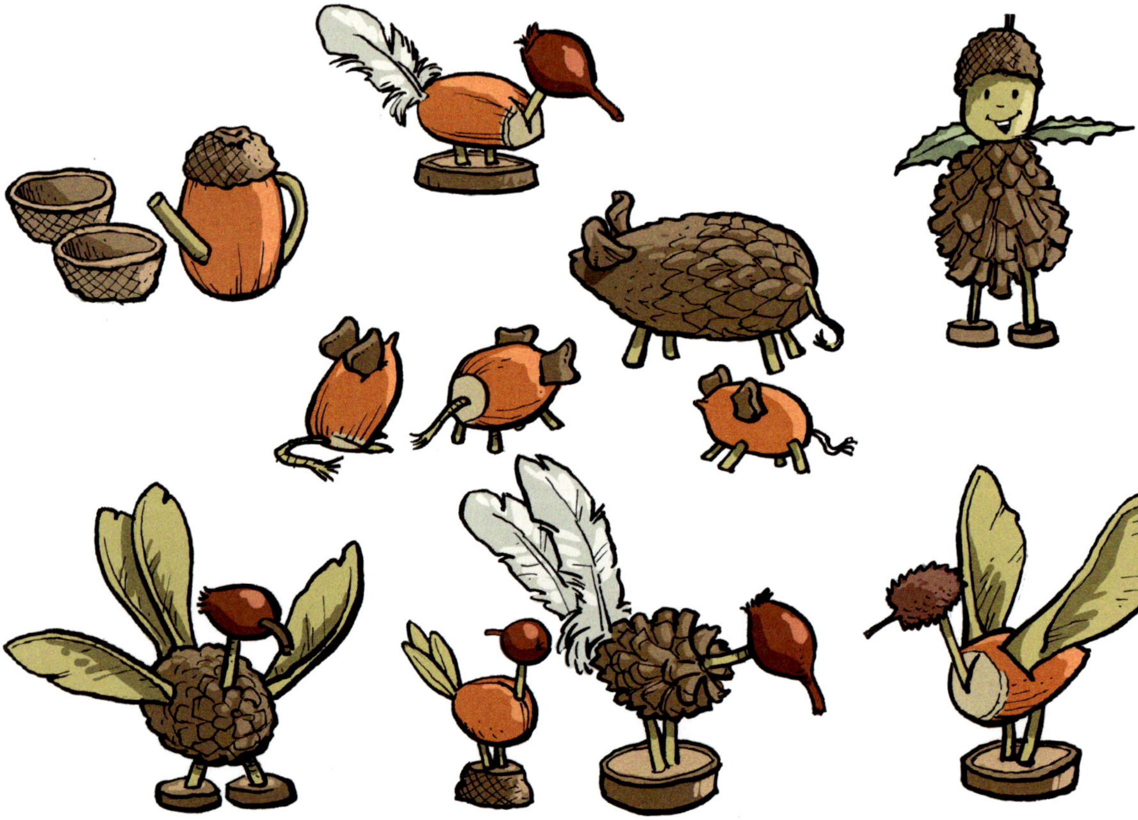

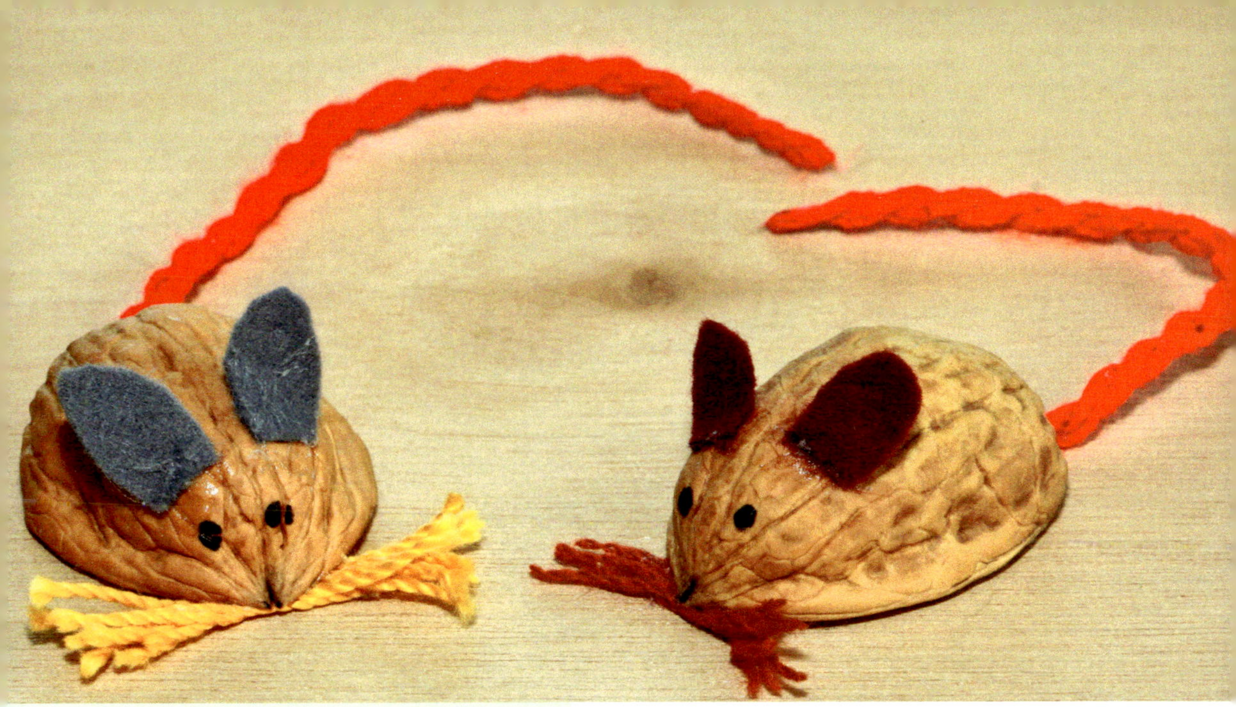

Aus Wolle, Filz und Walnussschalen wird eine bunte Mäusefamilie.

Maus und Käfer aus Nussschalen

Für die Maus nimmt man eine halbe Nussschale und klebt am stumpfen Ende der Schale einen dicken Wollfaden an. Schon hat die Maus ihren Schwanz. An der Spitze der Nussschale klebt man ebenfalls ein paar Wollfäden an. Sie bilden die Schnauzhaare.

Ähnlich wie die Mäuschen können Käfer gebastelt werden.

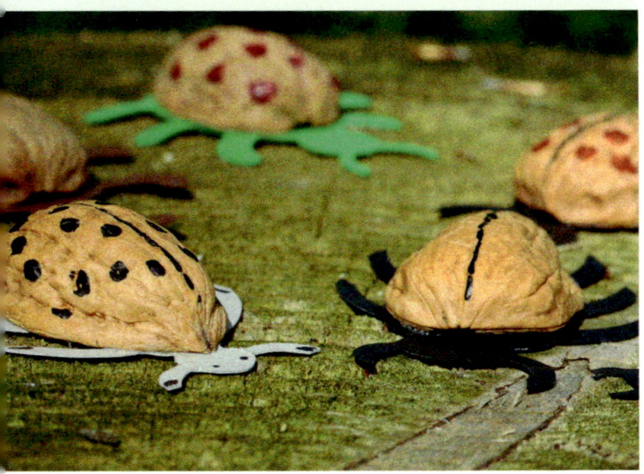

Jetzt werden noch zwei Augen aufgemalt und aus Stoff- oder Filzresten die Öhrchen zugeschnitten und aufgeklebt. Nun ist das Mäuschen fertig.

Auf ähnliche Weise entsteht ein Käfer. Auf einem Stück schwarzen Karton werden die Beine, Fühler und Kopf aufgezeichnet und anschließend ausgeschnitten. Diese werden an den Nussschalenrand geklebt. Je nachdem, ob es ein Maikäfer, Marienkäfer oder Kartoffelkäfer sein soll, wird der Käfer mit Farben angemalt.

Nussschalenschiffchen

Hiefür wird eine halbe Nussschale benötigt, die zunächst innen etwas gesäubert wird. Quer über die Nussschale wird ein kleiner, schmaler Streifen aus festem Papier geklebt, in dessen Mitte zuvor ein Loch geschnitten wurde. In das Loch wird ein kleines Hölzchen oder ein Streichholz als Mastbaum gesteckt. Jetzt wird noch ein Papiersegel zugeschnitten und aufgesetzt und das Schiffchen kann in einer mit Wasser gefüllten Schüssel oder am Bach schwimmen.

Wird buntes Papier verwendet, sieht das Schiffchen besonders hübsch aus. Den Wind erzeugt das Pusten in die Segel.

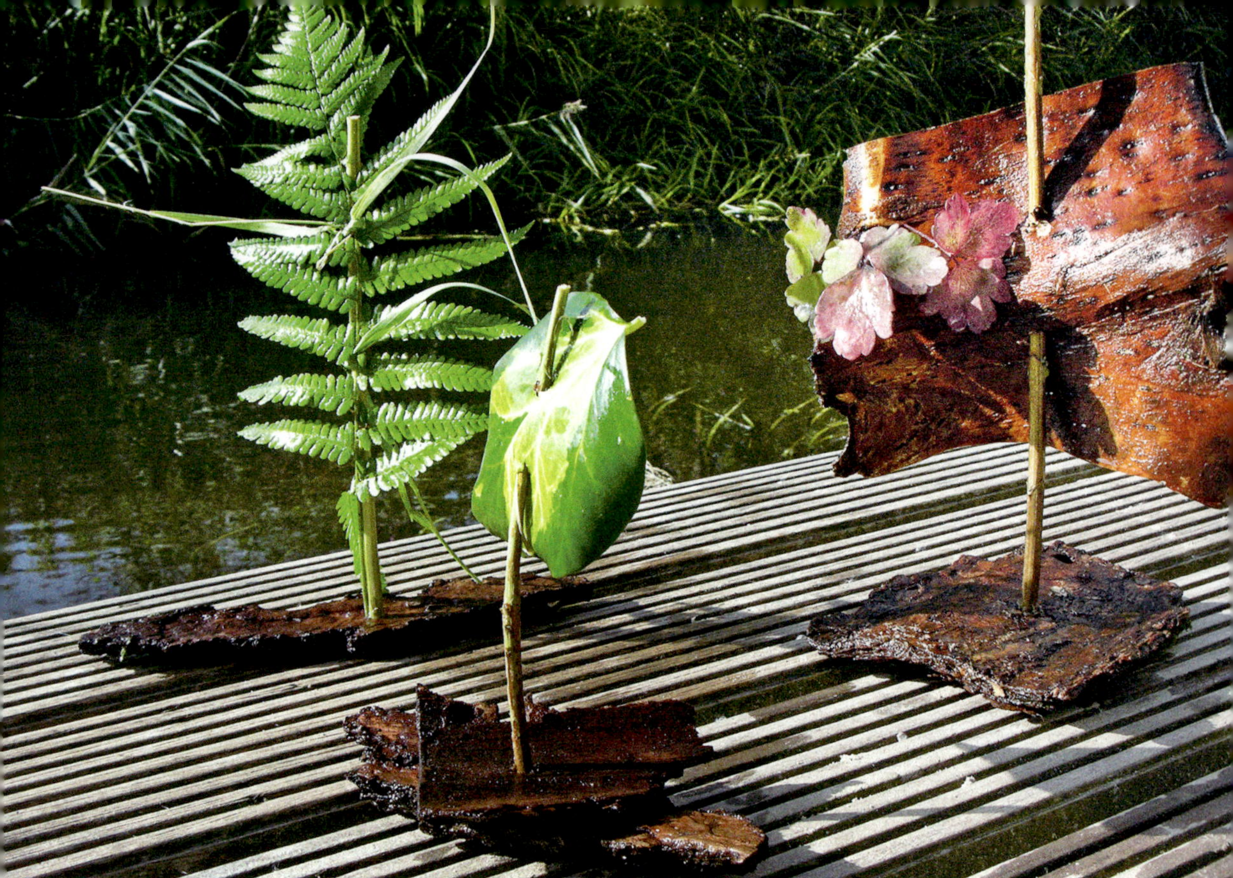

Das Segel des Rindenschiffchens kan aus Papier oder Naturmaterial sein.

Naturspielzeug fürs Wasser

Kinder wurden schon immer von Wasser angezogen. Das Spiegeln der Wasserfläche, die sich bildenden Wellenringe, wenn man einen Stein hineinwirft, das Fließen und Rauschen faszinieren sie. Ein Stückchen Holz, einen Zweig oder ein Blatt ins Wasser zu werfen, kann zu einem Spiel werden, das die Kinder ausdauernd wiederholen. In früheren Jahren gab es vor allem auf dem Dorf wesentlich mehr Gelegenheiten, an Bächen, Seen oder Wasserläufen zu spielen. Aber auch ein Wassertrog oder eine große Wanne lassen sich dafür nutzen. Da Holz und Rinde gut schwimmen, lassen sich damit besonders gut Geräte anfertigen, mit denen man im Wasser spielen kann.

Rindenschiffchen

Das Material dazu ist Eichen- oder Kiefernrinde, die man lose finden kann oder von gefällten Bäumen vorsichtig abgelöst wird. Mit dem Messer wird die Rinde so zugeschnitten, dass die Form eines Schiffchens entsteht. Dann höhlt man die Rinde etwas aus. In die Mitte des Bodens wird in eine Vertiefung, die zuvor mit dem Messer ausgehoben wird, der Segelmast in Form eines kleinen Astes oder eines Blattstiels gesetzt. Ein großes Blatt oder ein Stück Papier ergibt das Segel. Es wird am Mast durchstoßen und locker an dem Mast angebracht, denn der Wind muss in das Segel blasen können, damit es auf dem Wasser vorwärts kommt. Und nun „Schiff Ahoi!"

Wer Lust hat, kann das Schiff noch mit kleinen Sachen beladen, aber so, dass es nicht kentert oder untergeht. Eine mit Wasser gefüllte Wanne oder ein Brunnentrog kann als Teich dienen, wenn kein natürliches Gewässer in der Nähe ist.

Wasserrädchen

Mit Experimentierfreude wurde früher gern ein Mühlenrad am Bach aufgebaut. Hierfür braucht man zwei starke Astgabeln aus Haselnusszweigen. Diese werden in den Grund des Bachlaufes eingegraben. Auf die Astgabeln kommt die Querachse aus einem astlosen geraden Haselnussstock, die in eine mittelgroße runde Kartoffel gebohrt wird.

Als Radschaufeln verwendet man zwei Holzschindeln oder dünne Fichtenholzstreifen und spaltet diese der Länge nach durch, sodass vier dünne Holzstreifen entstehen. Diese Holzstreifen werden wie ein Paddel zugeschnitzt. Die Paddel oder Radschaufeln sind gleichmäßig verteilt in die Kartoffel zu stecken. Damit sich das Rad dreht, müssen die Schaufeln bis zur Hälfte ins Wasser reichen. Je schneller das Wasser den Bach herunterläuft, desto schneller dreht sich das Wasserrädchen.

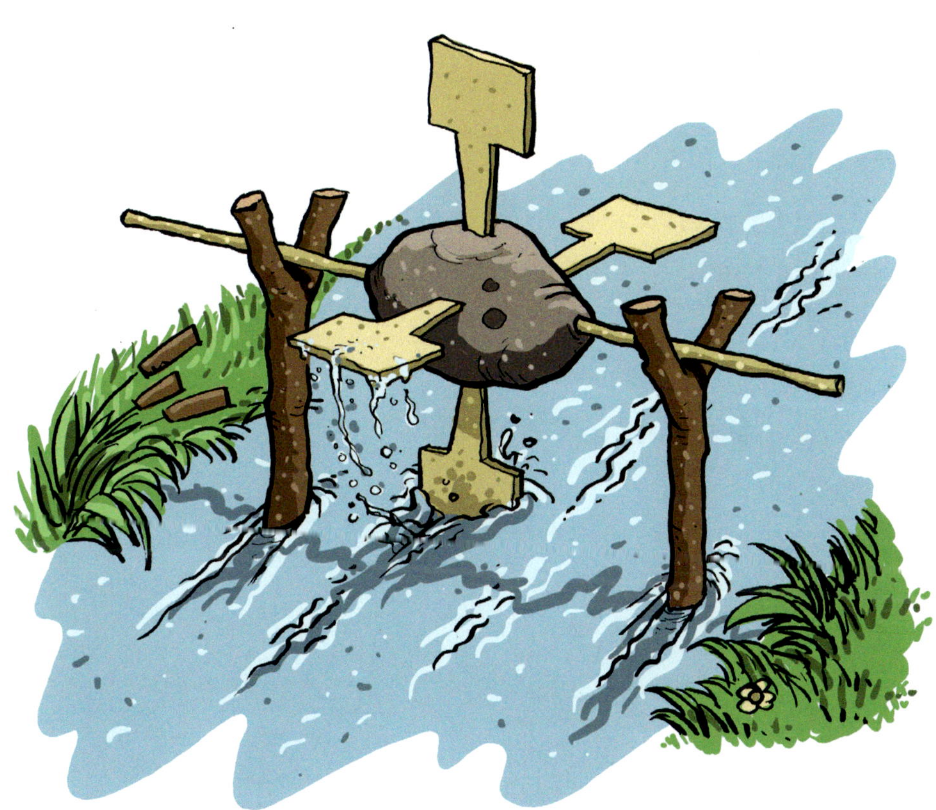

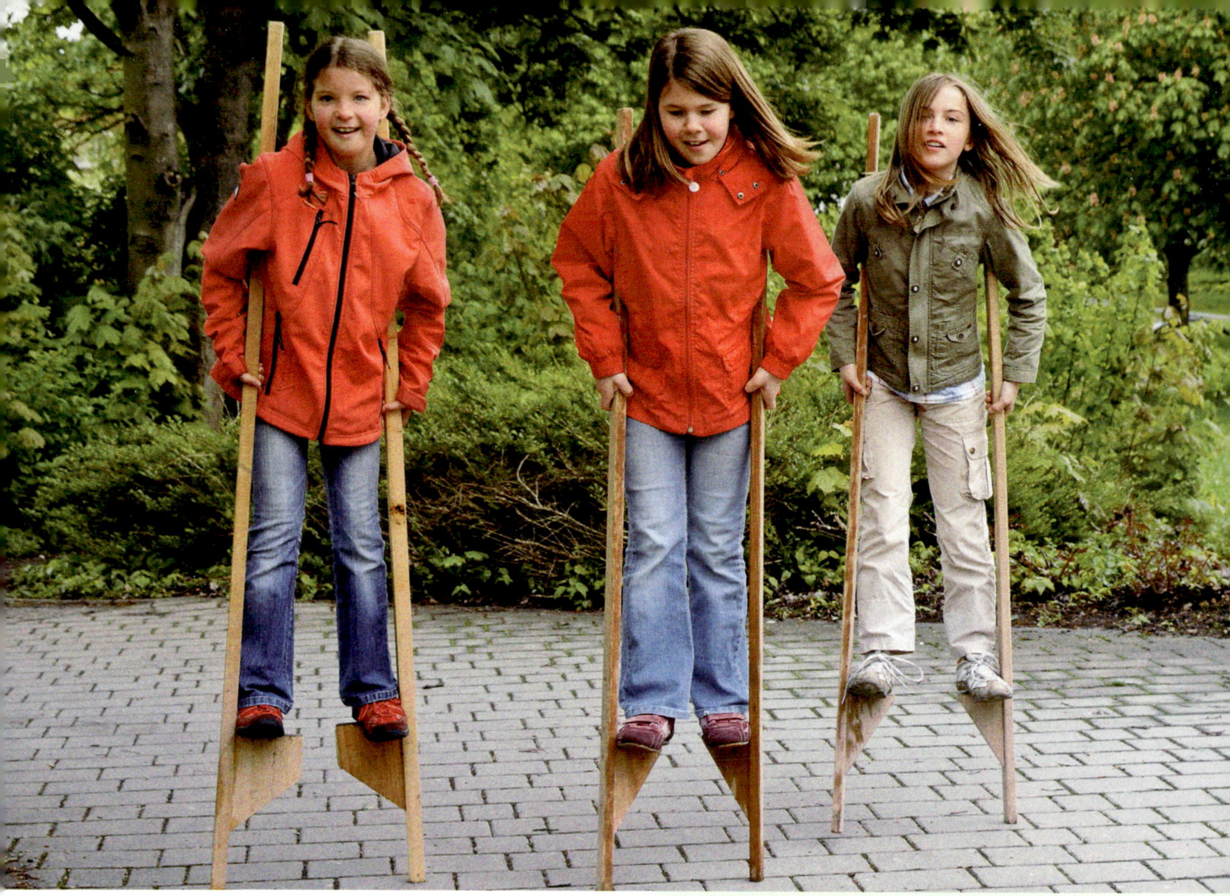

Für Anfänger müssen die Trittflächen der Stelzen niedrig eingestellt sein.

Spielzeug selbst gemacht

Während das Spielzeug aus Naturmaterial die Kinder mehr an sonnigen Tagen im Frühjahr, Sommer und Herbst beschäftigte, weil sie sich zu diesen Zeiten meist im Freien aufhielten, fertigten sie einfaches Spielzeug aus Holz, Papier oder Wolle sicherlich eher an Regen- oder Wintertagen an. Es ging ihnen dabei bestimmt nicht darum, perfektes Spielgerät herzustellen, sondern es war eher eine spielerische Beschäftigung, mit diesen einfachen Materialien und ohne viele Umstände und Werkzeuge verschiedene Geräte und Spielzeuge entstehen zu lassen. Die Freude am Werken und die Fantasie beim individuellen Gestalten weckten die schöpferischen Anlagen der Kinder.

Freilich entstand auch manches Spielzeug selbst gefertigt aus der Not heraus, nämlich dann, wenn das im Handel angebotene Spielzeug einfach zu teuer war und man es sich nicht leisten konnte. Dann war es aber eher Sache der Väter oder der älteren Geschwister, vor allem, wenn sie handwerkliches Geschick besaßen, Schaukelpferd, Steckenpferd, Puppenhaus, Puppenwagen und Ähnliches anzufertigen und den Kindern oder kleineren Geschwistern an Heiligabend unter den Christbaum zu stellen.

Im Folgenden wollen wir unser Augenmerk aber auf die früher von den Kindern selbst angefertigten Geräte und die damit verbundenen Spiele richten, weil wir uns vorstellen können, dass auch die Kinder unserer Tage darin einen sinnvollen Zeitvertreib sehen und auch daran Spaß haben, handwerklich und kreativ tätig zu sein. Die entsprechenden Spielzeuge werden heute auch teilweise im Handel angeboten, was dem Spielspaß aber keinen Abbruch tut.

Reifentreiben

Das Reifentreiben ist ein Spiel, das wohl auf der ganzen Welt gern von Kindern betrieben wird, da hierfür nur wenig Material erforderlich ist, das fast überall zu bekommen ist. Die Reifen konnten früher aus Rohr oder Haselgerten selbst gefertigt werden. Meist wurde aber mit ausgedienten Eisenreifen von Holzfässern und Wagenrädern oder mit Rädchen von nicht mehr brauchbaren Hand- und Kinderwagen „gereifelt". Das Reifeln funktioniert aber auch mit einem Gymnasitk- oder Hula-Hoop-Reifen aus Holz oder Kunststoff, wie er heute angeboten wird.

Mit einem Stab oder einem Stecken, den sich die Kinder früher aus den Hecken schnitten, wird der Reifen wie ein Rad so geleitet und fortgerollt, dass er nicht umfällt. Es kommt darauf an, ihn am Rollen zu erhalten. Reifeln mehrere Kinder zusammen, können sie ein Wettspiel daraus machen. Wer den Reifen eine gewisse Strecke oder Zeit am schnellsten treibt, ohne ihn fallen zu lassen, ist Sieger.

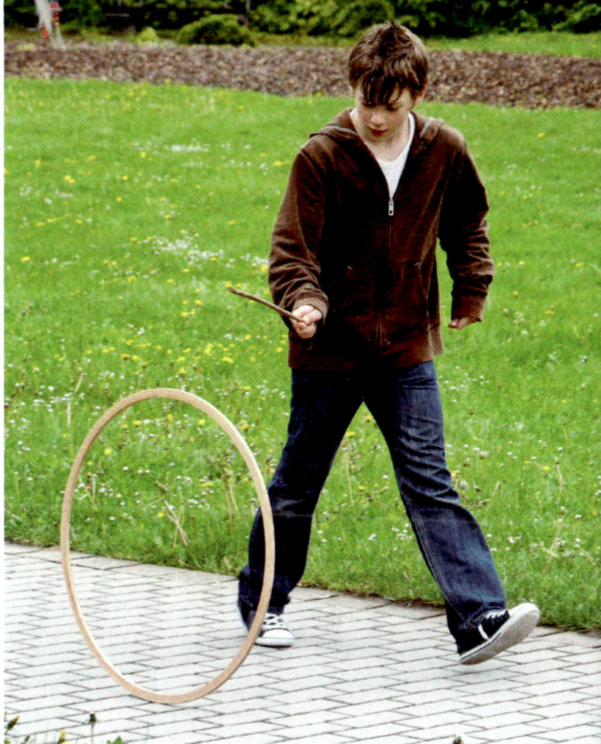

Das Reifentreiben begeistert Kinder heute noch auf der ganzen Welt.

Stelzenlaufen

In Stadt und Dorf war das Stelzenlaufen bei Kindern ein gleichermaßen beliebtes Spiel, das vor allem Geschicklichkeit erforderte. Geübte liefen auch auf holprigen Wegen oder sogar die Treppen auf und ab.

Die dafür benötigten Stelzen sind relativ einfach herzustellen. Sie sollten aber unbedingt stabil und in der Höhe verstellbar sein. Daher ist es besser, wenn man sie sich beim Schreiner anfertigen lässt oder fertig kauft.

Für Anfänger werden die Trittbretter auf die unterste Stufe eingestellt. An einer Haus- oder Scheunenwand angelehnt versucht man zunächst, auf den Stelzen das Gleichgewicht zu halten, bevor man die ersten Gehversuche unternimmt. Nach und nach können die Trittbretter dann höher gestellt werden. Geübte Kinder sind wahre Meister auf den Stelzen.

Stelzenspiele

„Alles mir nach!" lautet der Ruf bei einem einfachen Stelzenspiel. Dabei ist ein Kind der Anführer, die anderen müssen alle seine Schritte und Bewegungen nachmachen. Stelzenwettläufe über Stock und Stein bedürfen der Übung und Geschicklichkeit. Treppen und andere Hindernisse erhöhen den Reiz.

Spaß macht das Stelzenlaufen auch, wenn auf einem Platz mit Kreide eine Art Parcours aufgemalt wird, den die Läufer auf ihren Stelzen abschreiten müssen: Wellenlinien, Spiralen, große Lücken, die zu überwinden sind, und vieles mehr – der Fantasie sind keine Grenzen gesetzt.

Ein lustiges Spiel auf Stelzen eignet sich

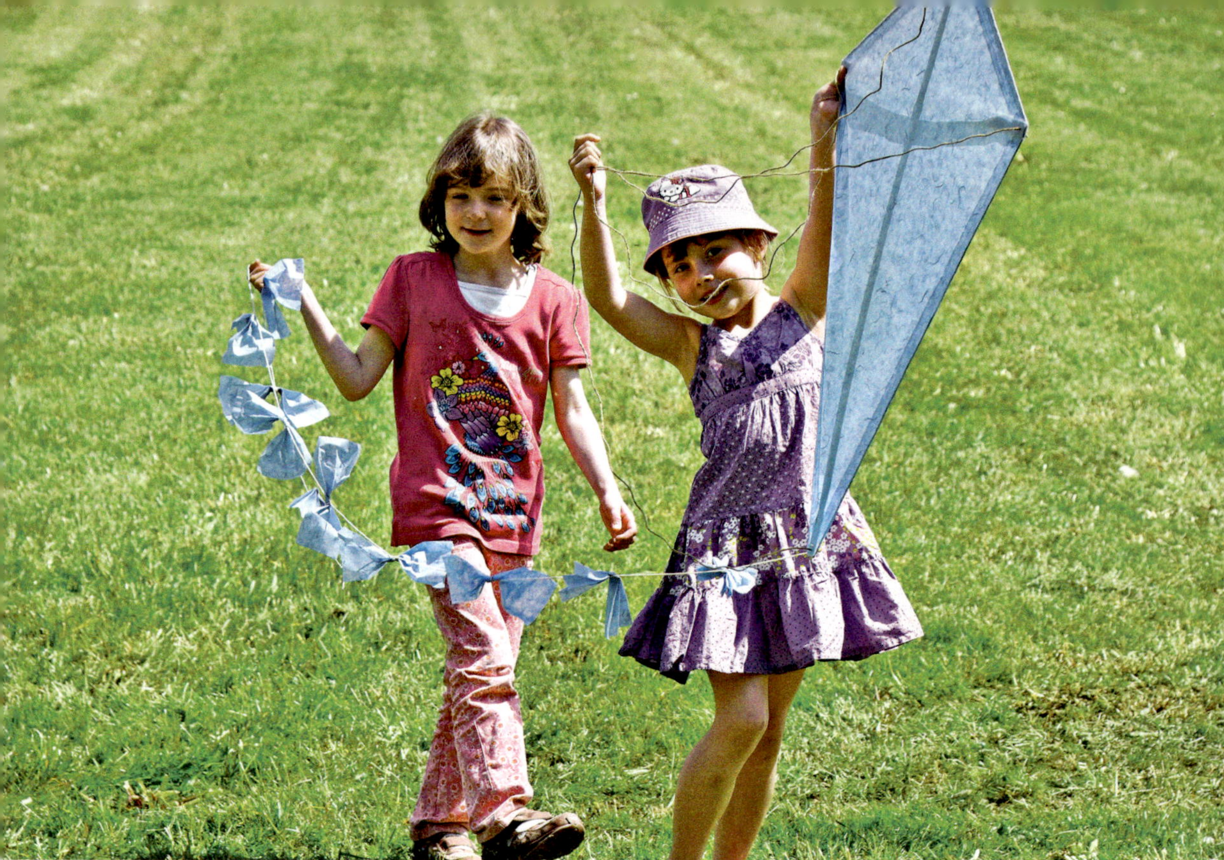

Auf selbst gefertigtes Spielzeug sind die Kinder stolz.

für Geburtstagsfeiern und andere Feste: In entsprechender Höhe wird eine Leine gespannt, an der Bonbons und andere Süßigkeiten hängen. Die Kinder müssen sie, ohne die Balance zu verlieren, mit dem Mund herunterholen.

Drachen

Sobald der Herbstwind über die Stoppelfelder blies, ließen die Jungen ihre selbst gebastelten Drachen steigen. Doch zuerst musste der Drachen hergestellt werden. Dabei holten sich die Buben gern Rat beim Vater, der so manchen Tipp dazu geben konnte, wie man den Drachen dazu bringt, dass er möglichst leicht und hoch fliegt.

Bastelanleitung für den Drachen

Zum Bau eines Drachens benötigt man zunächst zwei Leisten aus leichtem Holz, zum Beispiel Tannenholz, mit einer Abmessung von etwa 6 × 10 mm im Querschnitt. Sie werden auf die passende Länge zurechtgeschnitten. Die Längsleiste sollte 90 cm lang sein, die Querleiste 60 cm. Die Maserung des Holzes muss bei den Leisten in Längsrichtung verlaufen.

Beide Leisten werden nun kreuzweise aufeinander gelegt, sodass der Längsstab oberhalb des Querstabs 22 cm und unterhalb 68 cm misst. Die rechte und die linke Seite der Querleiste müssen gleich lang sein. Jetzt werden die beiden Leisten am Kreuzpunkt mit einem feinen Drahtstift festgehalten und mit einem starken Bindfaden kreuzweise zusammengebunden.

Die vier Enden des Holzkreuzes werden nun mit einem Taschenmesser etwas eingekerbt, und zwar zum Befestigen der Umspannschnur. Die Umspannschnur muss dem Kreuz einen festen und stabilen Halt geben. Nun wird das umspannte Holzkreuz mit leichtem Drachenpapier, das es heute in verschiedenen Farben zu kaufen gibt, bespannt. Früher hat man dafür leichtes Packpapier verwendet.

1 Das Papier wird so zugeschnitten, dass es ringsherum 2,5 cm übersteht. Der überstehende Rand wird um die gespannte Schnur herumgeklebt. Ist der Leim getrocknet, wird der Drachen mit der Papierseite auf den Fußboden gelegt. An den vier Enden des Kreuzes werden Schnüre von ungefähr 1 Meter Länge angebracht.

2 Jetzt kommt das wichtige Auswiegen des Drachens. Man fasst die vier Schnüre über dem Kreuzpunkt der Leisten zusammen und hebt dabei den Drachen etwas in die Höhe, sodass die Querleiste genau in der Waage liegt. Alle vier Schnüre müssen dabei gestrafft sein. Sie werden nun verknotet. Hier an diesem Knoten wird die Führungsschnur befestigt, an der der Drachen in die Luft steigen soll. Der Abstand zwischen Holzleisten und Verbindungsknoten sollte etwa 50 cm sein.

2 Die Leitschnur zum Steigenlassen darf nicht so dick sein, dafür aber sehr lang, der Drachen soll ja hoch in die Lüfte steigen. Schließlich erhält der Drachen noch einen Schwanz, damit er in der Luft ruhig stehen bleibt und nicht wild umhertanzt.

3 Für den Schwanz nimmt man festen Bindfaden. In diesen knotet man im Abstand von jeweils 10 cm Papierschleifen. Buntes Papier gibt dem Drachen ein besonders lustiges Aussehen. Man faltet die Papierschleifen in der Form einer Ziehharmonika zusammen (etwa 1,5 cm von Falte zu Falte), spreizt sie an den Enden etwas auseinander und befestigt diese an der Schwanzschnur. An das Ende des Schwanzes kommt eine schöne Papiertroddel oder

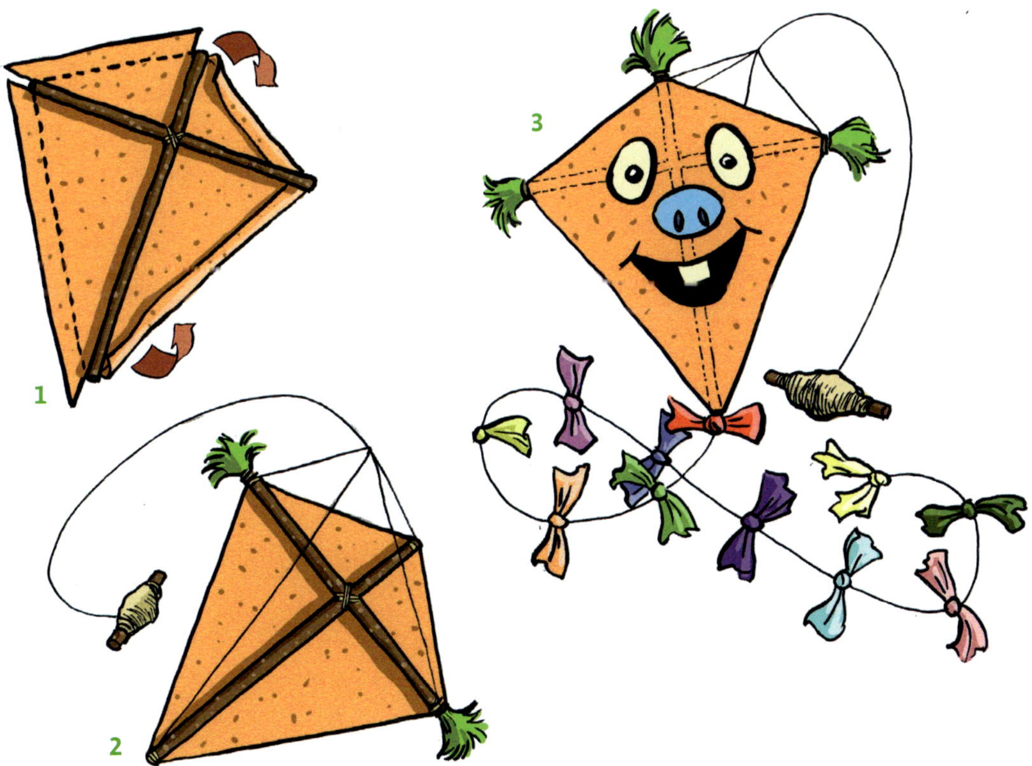

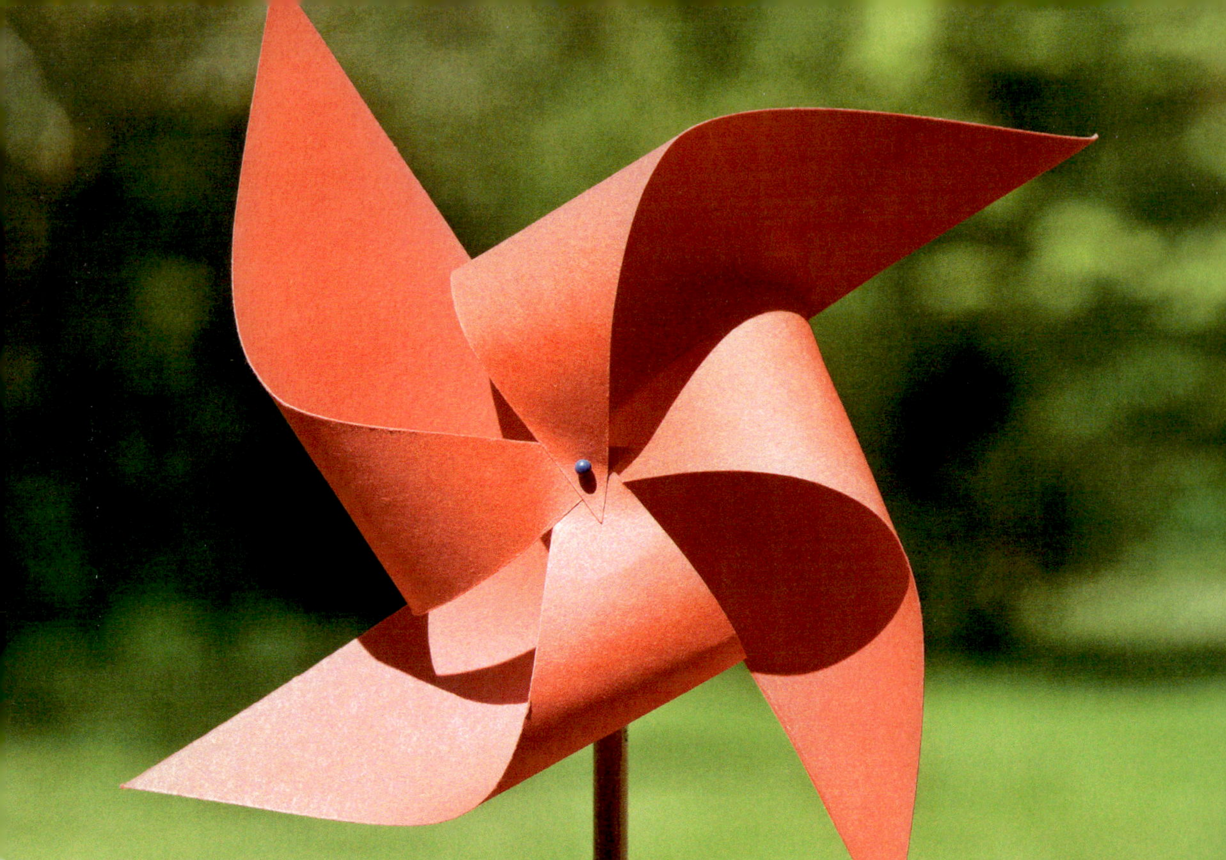

Mit einer Perle auf der Vorder- und Rückseite des Rädchens läuft es besonders schnell.

eine Schleife. Es ist wichtig, dass die Länge des Schwanzes im richtigen Verhältnis zum Drachen steht, dann erst kann er in der Luft ruhig stehen bleiben.

Stellt man nach dem ersten Start fest, dass der Schwanz zu leicht ist, knotet man noch einige Schleifen an, ist er zu schwer, werden welche abgenommen. Wer Lust hat, kann dem Drachen noch ein Gesicht aufmalen und an den Enden der Leisten Troddeln aus Papier anbringen.

Jetzt kann man den selbst gebastelten Drachen steigen lassen, muss aber darauf achten, gegen den Wind zu laufen und dass keine Hindernisse in der Nähe sind. Denn schon mancher schön gebastelte Drachen ist auf einem Baum gelandet.

Wippen

Schaukeln mögen fast alle Kinder gern. Weit verbreitet sind heute die fertig aufgestellten und auf Sicherheit bedachten Schaukelgestelle für Kinder. Die einfache Wippe ist dagegen kaum mehr anzutreffen, dabei kann man sie ganz schnell und einfach aufbauen.

Hierfür legt man ein starkes Holzbrett über einen umgekippten Hackklotz oder einen umgesägten Baumstamm, sodass das Brett in der Waage liegt. Auf beiden Enden des Brettes sitzen nun die Kinder und wippen auf und ab, müssen aber dabei das Gleichgewicht halten. Ein Mitspieler kann sich in die Mitte des Brettes stellen und helfen, die Wippe auszubalancieren.

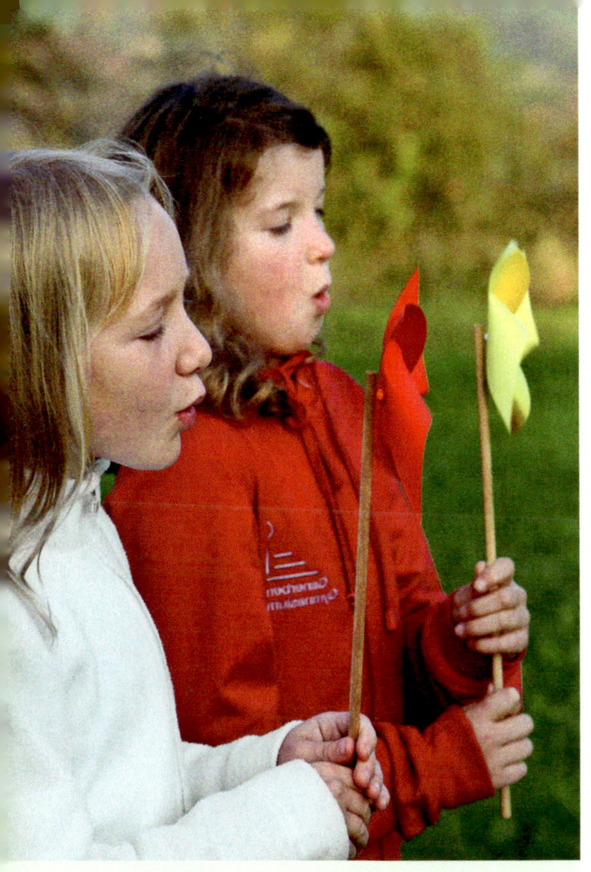

Durch Pusten oder beim Laufen werden die Windrädchen angetrieben.

Windrädchen

Das Windrädchen ist ein Spielzeug, an dem auch kleinere Kinder Freude haben. Aus festem Papier schneidet man ein Quadrat von etwa 15 × 15 cm Seitenlänge, faltet das Quadrat diagonal und schneidet es an den Ecken bis zur Hälfte ein.

Jeden zweiten Zipfel spießt man auf einen dünnen, aber nicht zu kurzen Nagel oder eine Stahlstecknadel. Damit wird das Windrädchen an der Spitze eines stabilen Holzstäbchens befestigt.

Flink läuft das Rädchen, wenn an der Vorder- und Rückseite je eine kleine Holzperle aufgesteckt wird. Mit Buntstiften bemalt oder mit buntem Papier beklebt sieht es besonders schön aus. Laufen die Kinder nun mit ihrem Windrädchen gegen den Wind, dreht es sich sehr schnell.

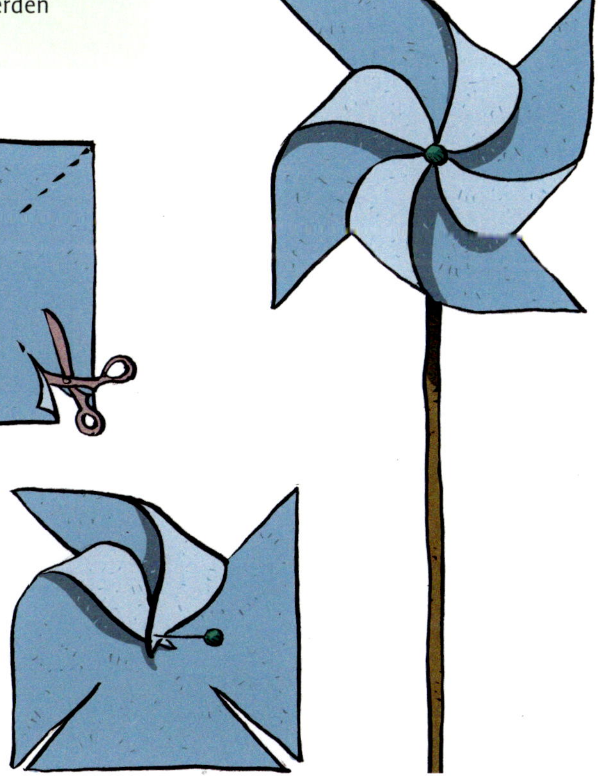

Hampelmann

Ein mit viel Tradition verbundenes und für Kinder immer wieder faszinierendes Spielzeug ist der Hampelmann, ein Spielzeug, das der Vater seinen kleinen Kindern oft selbst gebastelt hat. In vielen Formen und mit vielerlei Gesichtern wurde er schon hergestellt. Es ist nicht allzu schwierig, den hier aufgezeichneten Hampelmann selbst zu basteln.

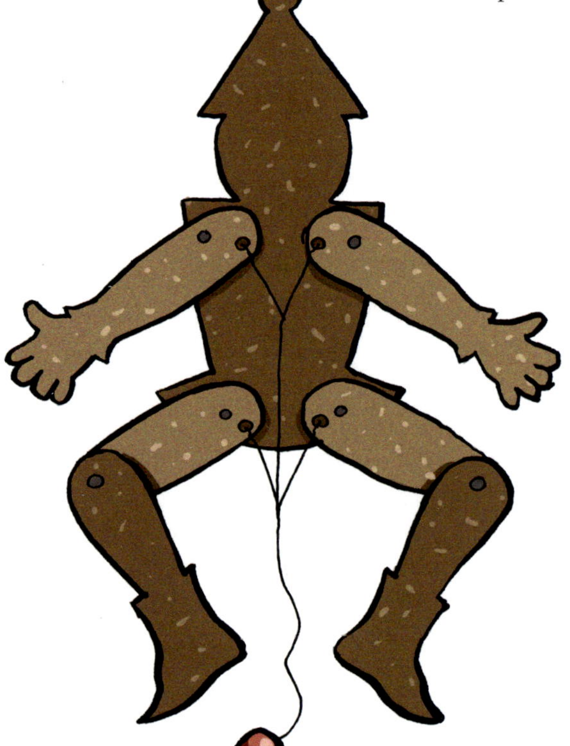

Bastelanleitung für den Hampelmann

Entsprechend der vorgesehenen Größe des Hampelmanns besorgt man sich eine Sperrholzplatte. Auf einem Papier werden zunächst die einzelnen Teile aufgezeichnet: Körper mit Kopf und Zipfelmütze, zwei Arme, zwei Oberschenkel und zwei Unterschenkel. Die aufgezeichneten Teile überträgt man mit Pauspapier auf die Sperrholzplatte. Jetzt werden die aufgezeichneten Körperteile mit der Laubsäge ausgesägt und die Kanten etwas abgeschliffen. Danach bohrt man die Löcher für die einzelnen Glieder und für die Zugschnur, wie es die Abbildung zeigt.

Nun werden die einzelnen Teile lackiert und bunt bemalt. Sind sie getrocknet, werden die Körperteile zusammengenietet. Geeignete Nieten bekommt man in jedem Bastelgeschäft. Es lassen sich auch Musterbeutelklammern mit Rundkopf hierfür verwenden. Man darf die Nieten nicht zu fest zusammendrücken, da die Glieder leicht beweglich bleiben müssen. Auf der Rückseite des Hampelmanns werden jetzt die Arme und die Beine je mit einer Querschnur verbunden und fest verknotet. In die Mitte der beiden Querschnüre knüpft man die Zugschnur, an deren Ende eine Holzperle befestigt wird. Der Hampelmann wird an der Zipfelmütze aufgehängt. Zieht man an der Zugschnur, bewegen sich Arme und Beine.

Kleine Kinder hören gern einen Vers dazu, wenn der Hampelmann lustig zappelt:

Ich bin der kleine Hampelmann
und zeig euch, wie ich hampeln kann!

Papierfalten

Papier ist der Werkstoff für die verschiedensten Faltarbeiten. Von den Chinesen erfunden, gelangte das Papierfalten über Ägypten, Marokko, Spanien und Italien im 14. Jahrhundert schließlich nach Deutschland. Schon die kleinen Kinder können sich am Rascheln und Knistern des Papieres erfreuen, und wohl jeder hat in seiner Kindheit Papierfaltarbeiten ausgeführt.

Viele der heute noch beliebten Faltarbeiten wie Himmel und Hölle, Schiffchen, Kästchen, Helme und Vögel sind alt überlieferte Formen und wurden von Generation zu Generation weitergegeben.

Himmel und Hölle

Mit diesem Faltspiel fragten die Kinder einander, ob sie in die Hölle oder in den Himmel kommen.

Für „Himmel und Hölle“ wird ein quadratisches weißes Stück Papier von 20 × 20 cm benötigt.

1 Das Quadrat in Falze knicken, wie die Abbildung es zeigt. Das Blatt öffnen und umdrehen.
2 Alle vier Ecken zum Mittelpunkt hin falten.
3 Das Ganze wieder umdrehen, sodass die offene Seite unten liegt, und wieder die vier Ecken zur Mitte hin falten. Die Dreiecke a, b, f, e als Hölle rot anmalen und die Dreiecke g, h, d, c als Himmel blau anmalen.
4 Wieder umdrehen und mit Zeigefinger und Daumen der linken und rechten Hand unter das abstehende Papier in die Ecken fahren. Nun kann mit den Fingern die entstandene Form hin und her bewegt werden.

Der Mitspieler wird gefragt: „Himmel oder Hölle?“ Worauf der Gefragte mit dem Finger über diejenige Spalte fährt, die sich öffnen soll. Sofort tun sich Himmel oder Hölle auf.

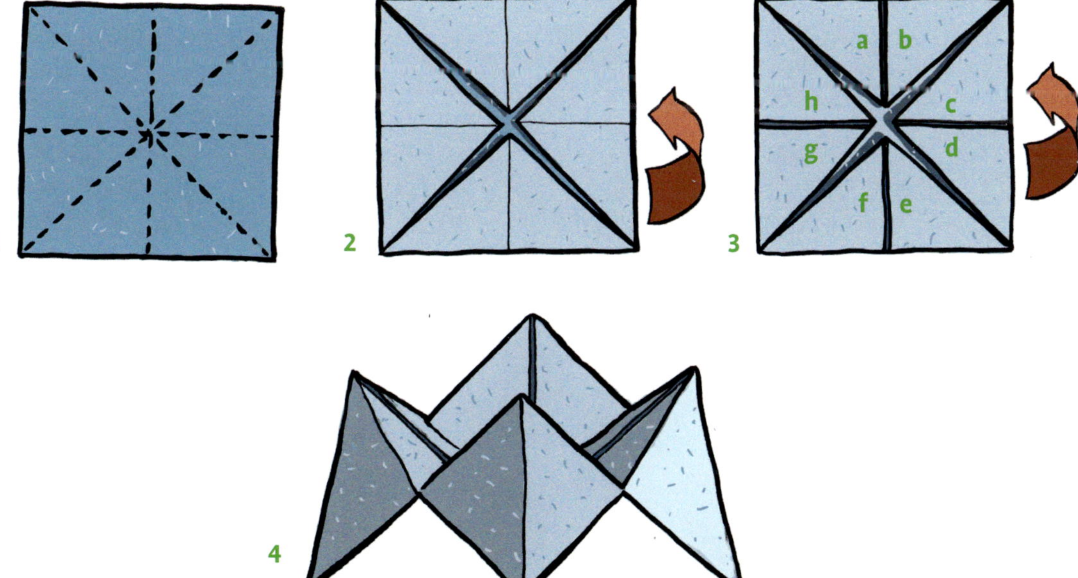

Möwe

Für die Möwe wird ein quadratisches Stück Papier von etwa 15 × 15 cm benötigt.

1, 2 Das Papier diagonal falten, sodass ein Dreieck entsteht.

3 Das entstandene Dreieck in 5 cm Höhe nach vorn falten.

4 Anschließend das Dreieck mit 1 cm Abstand vom Falz nach oben knicken.

5 Die nun entstandenen Dreiecke auseinanderklappen.

6 Diese Form einmal in der Mitte falten.

7 Die daraus entstandenen und nach unten hängenden Flügel leicht schräg nach oben knicken. Den Schnabel nach innen falten. Die Spitzen der Flügel etwas nach unten umbiegen und der Möwe noch Augen aufmalen.

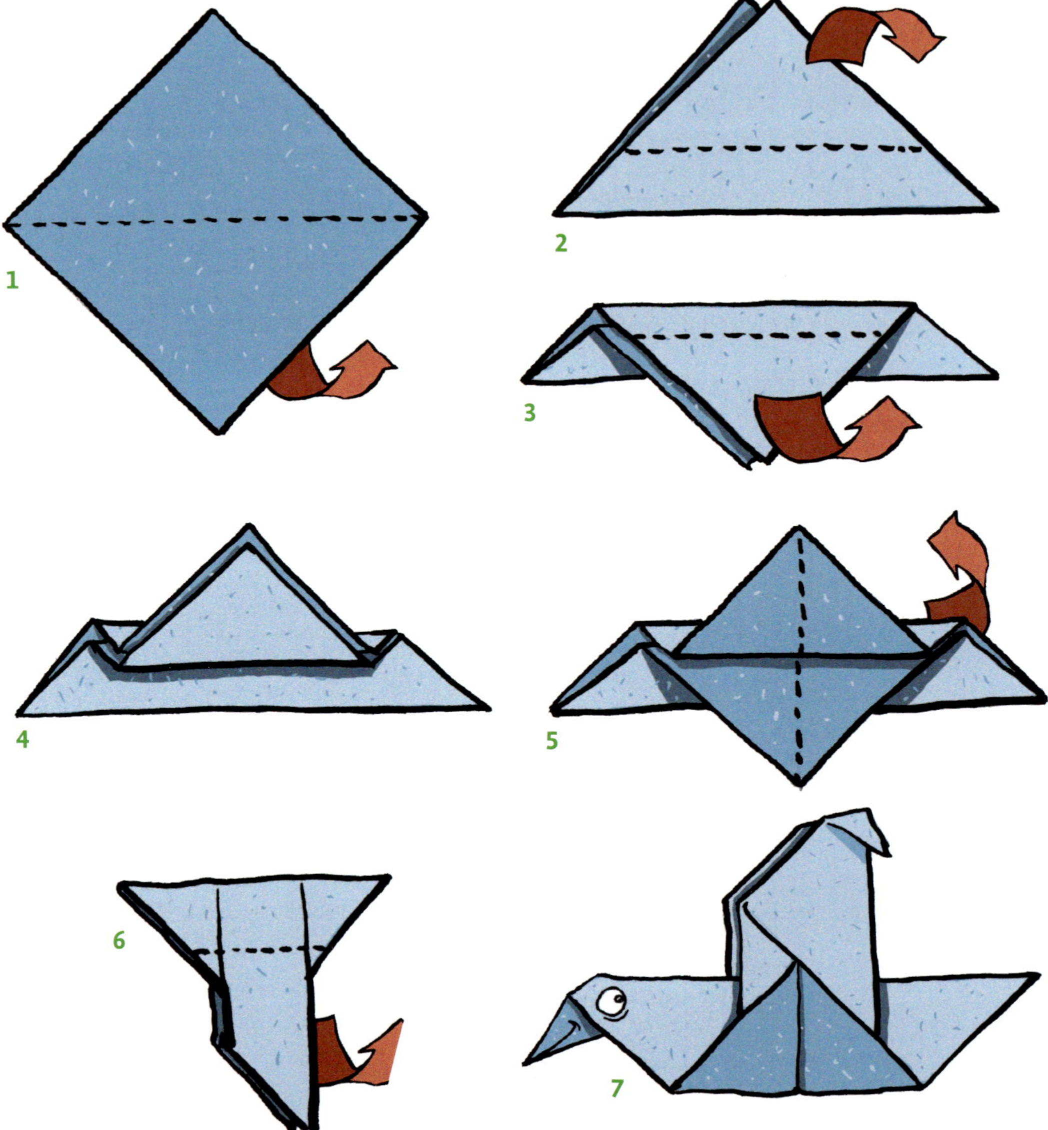

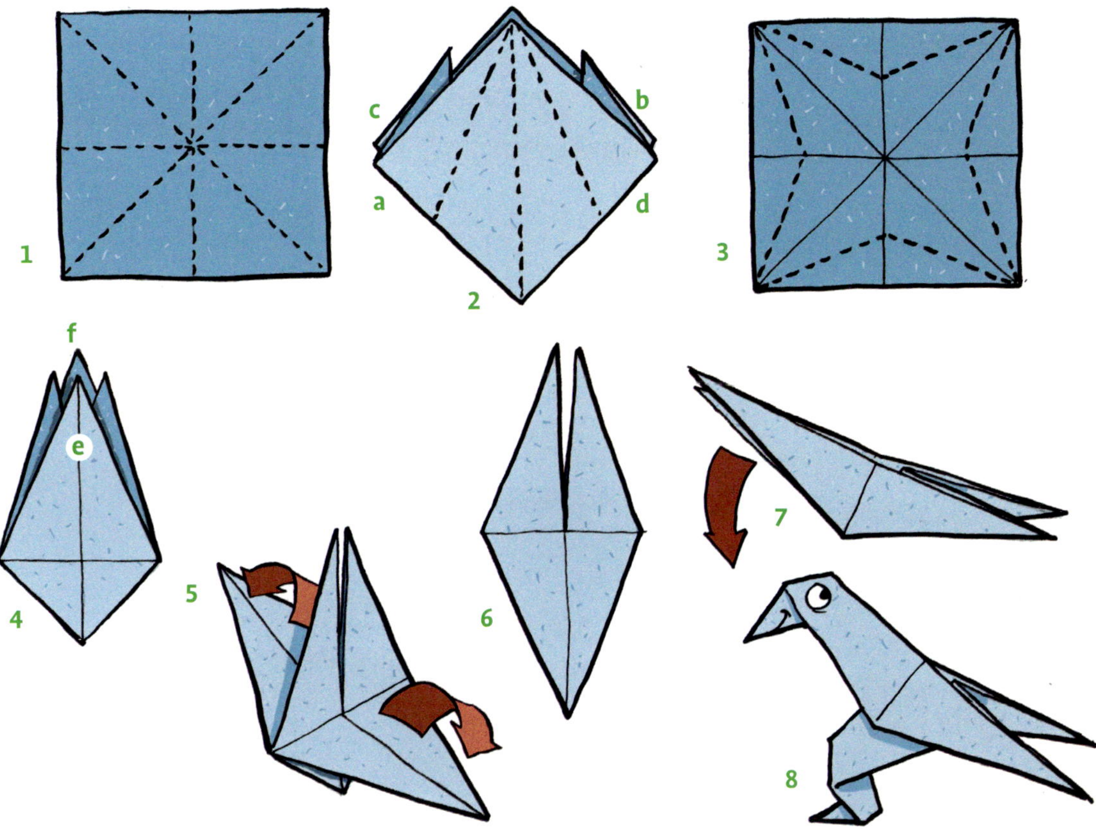

Faltvogel

1 Ein quadratisches Blatt Papier in der Größe 15 × 15 cm auf der Vorderseite diagonal und auf der Rückseite gerade wie ein Kreuz falten. Die Brüche vom schrägen Kreuz sollen erhaben und die vom geraden Kreuz vertieft sein.
Die vier Spitzen vom gefalteten Blatt werden zur Mitte hin genommen, und zwar so, dass die schrägen Knicke nach innen gelangen. Das Ganze etwas glatt streichen.

2 Die zwei Ecken **a** und **b** an die Diagonalbrüche nach innen legen, umdrehen und die Ecken **c** und **d** ebenfalls nach innen knicken.

3 Das geöffnete Blatt zeigt nun die Faltstellen.

4 Das Blatt an den Falzen so zusammenlegen. Die Schnittkanten müssen innen liegen.

5 Die Spitze **e** nach unten falten, dann umdrehen und auch Spitze **f** nach unten falten.

6 Vorder- und Rückseite der Länge nach zusammenfalten, wie es in Bild **5** und **6** zu sehen ist.

7 Nun nochmals der Länge nach zusammenlegen, dann kann man bereits den Schwanz des Vogels erkennen.

8 Eine der zwei oberen Spitzen etwas nach unten ziehen, das ergibt die Füße. Die andere Spitze bildet, wenn sie etwas umgeknickt wird, den Kopf.

Ein aufgemaltes Augenpaar und ein „Mundwinkel“ geben dem Vogel ein lebendiges Aussehen. Eine ganze Vogelschar kann entstehen, wenn verschiedene Größen aus unterschiedlichem Papier gefaltet werden.

Schwan

Das Falten eines Schwans erfolgt bis zum Schritt **6**, wie es beim Faltvogel beschrieben ist. Dann geht es wie folgt weiter:

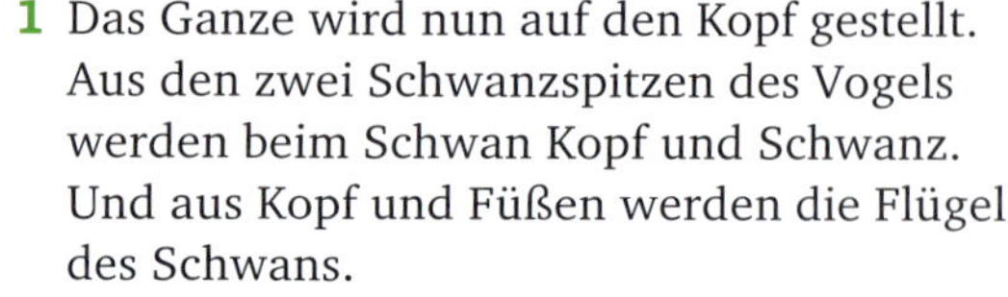

1 Das Ganze wird nun auf den Kopf gestellt. Aus den zwei Schwanzspitzen des Vogels werden beim Schwan Kopf und Schwanz. Und aus Kopf und Füßen werden die Flügel des Schwans.

2 Die Spitze des Schwanzes etwas nach unten ziehen und den Kopf formen. Die Flügel, mit einem Messer oder über einen Bleistift streifen und biegen.

3 Dem Schwan noch zwei Augen aufmalen, und schon kann der Vogel ins Wasser gesetzt werden.

1

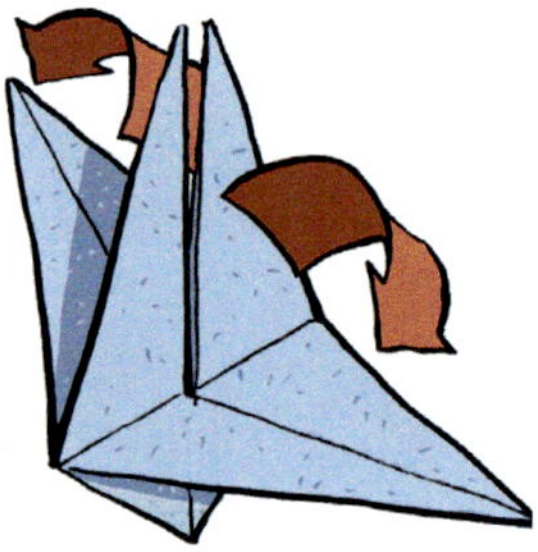

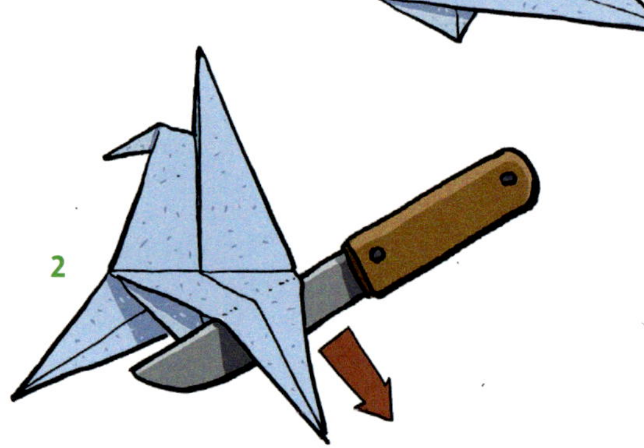

2

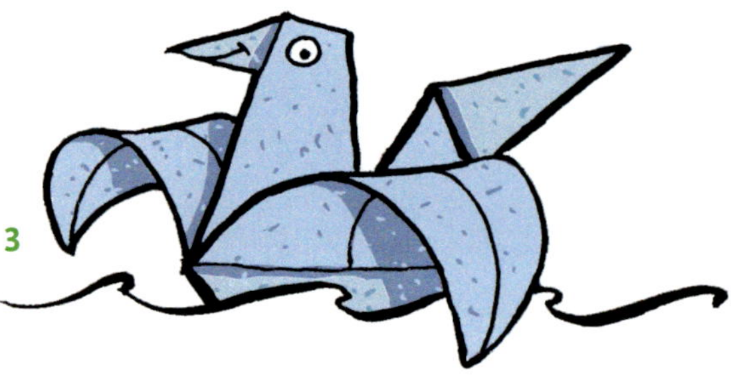

3

Mit farbigem Papier macht das Falten noch mehr Spaß.

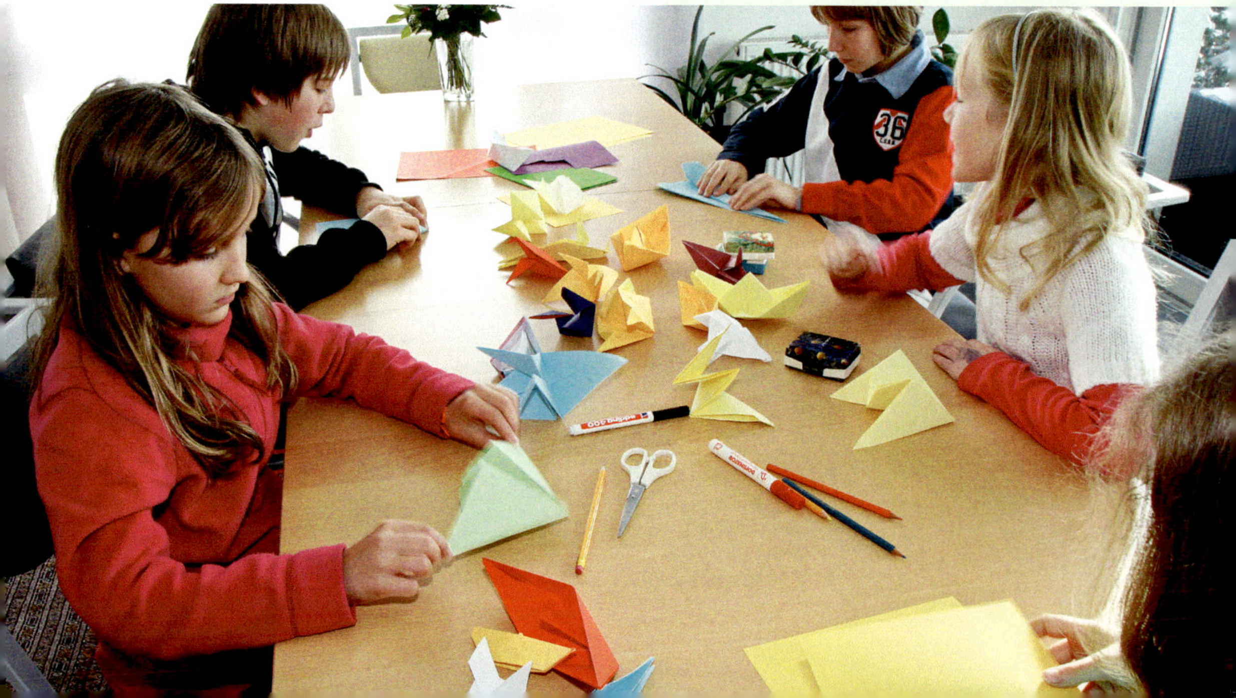

Papierhelm und Papierschiffchen

Helm und Schiff sind wohl die am häufigsten ausgeführten Faltformen. Jede Art von Papier kann dazu verwendet werden. Die Kinder nehmen gern Zeitungspapier.

1 Ein rechteckiges Stück Papier in der Mitte zusammenfalten.

2, 3 Die Ecken zur Mitte hin umbiegen.

4 Den unten entstandenen Rand vorn und hinten nach oben falten. Damit ist der Papierhelm fertiggestellt.

5 Für das Schiffchen müssen nun noch die Ecken **a** und **b** gegeneinander zusammen gedrückt werden, sodass die Form eines Quadrates entsteht. Die offenen Spitzen müssen dabei nach unten zeigen.

6 Die beiden Spitzen **a** und **b** vorn und hinten nach oben zu einem Dreieck falten.

7 Die Ecken **c** und **d** so zusammendrücken, dass sich ein kleines Quadrat bildet. Die nach oben zeigenden Spitzen **a** und **b** nach außen ziehen und das Schiffchen entsteht.

Bunt angemalt und mit einem Namen versehen bekommt es eine persönliche Note.

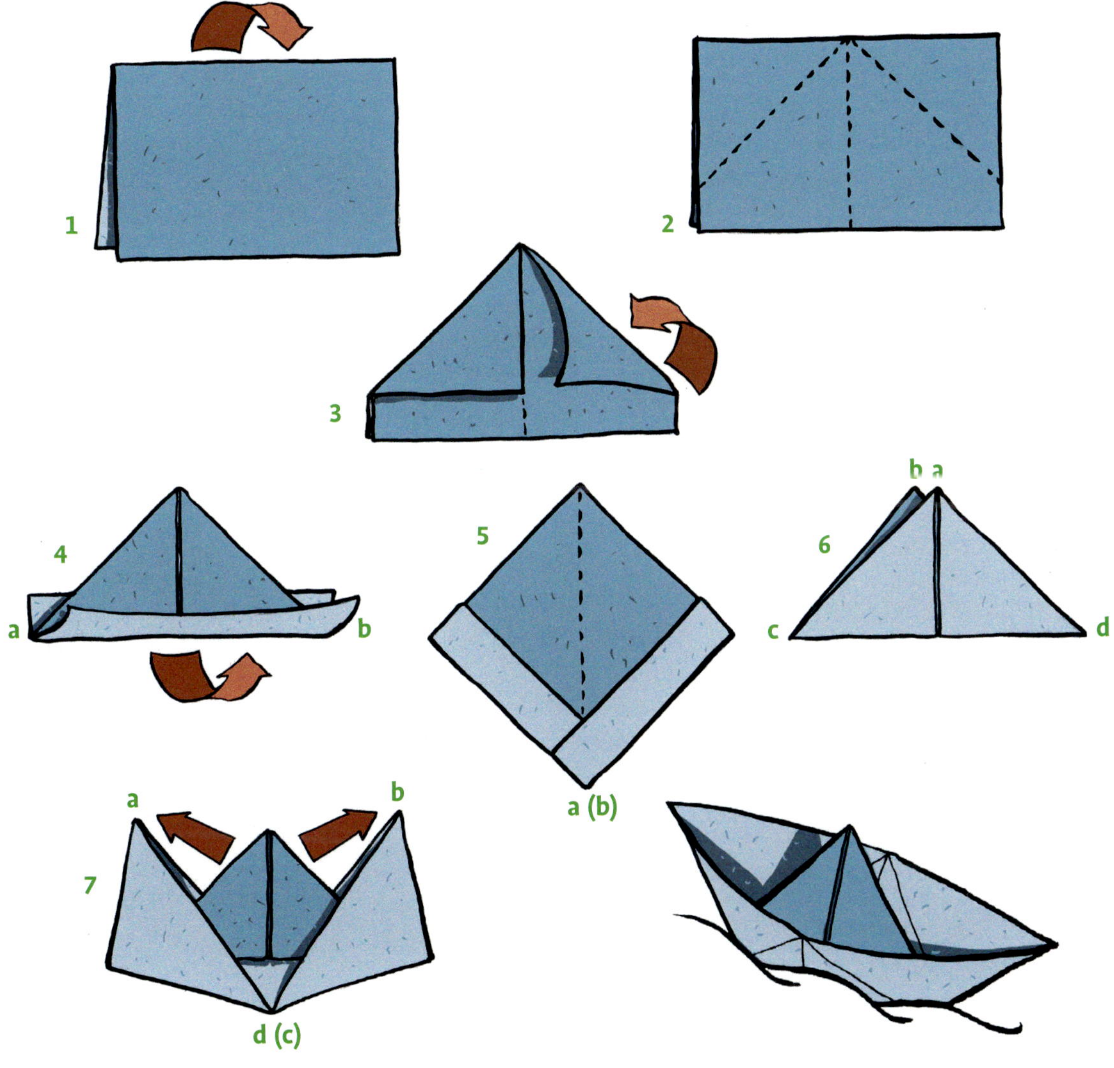

Einfaches Papierkästchen

Aus einer Postkarte oder aus festem Papier lässt sich ein einfaches Kästchen herstellen. Solche Kästchen hat man früher benutzt, um die kleinen Utensilien im Nähkästchen ordentlich aufzubewahren.

1 Die Postkarte längs einmal in der Mitte falten, wieder aufmachen und die beiden Längsseiten bis zur Mitte hin knicken und öffnen.

2 Dann die schmalen Seiten knicken wie in 1, jedoch nicht mehr öffnen.

3 Die Ecken werden nun scharf umgeknickt.

4 Die innen liegenden beiden schmalen Seiten über die umgeknickten Ecken falten.

5 Die beiden entstandenen Taschen werden von innen her als Seitenwände etwas hochgedrückt. Die Ecken dann nach außen scharf nachfalten, sodass die Kästchenform entsteht.

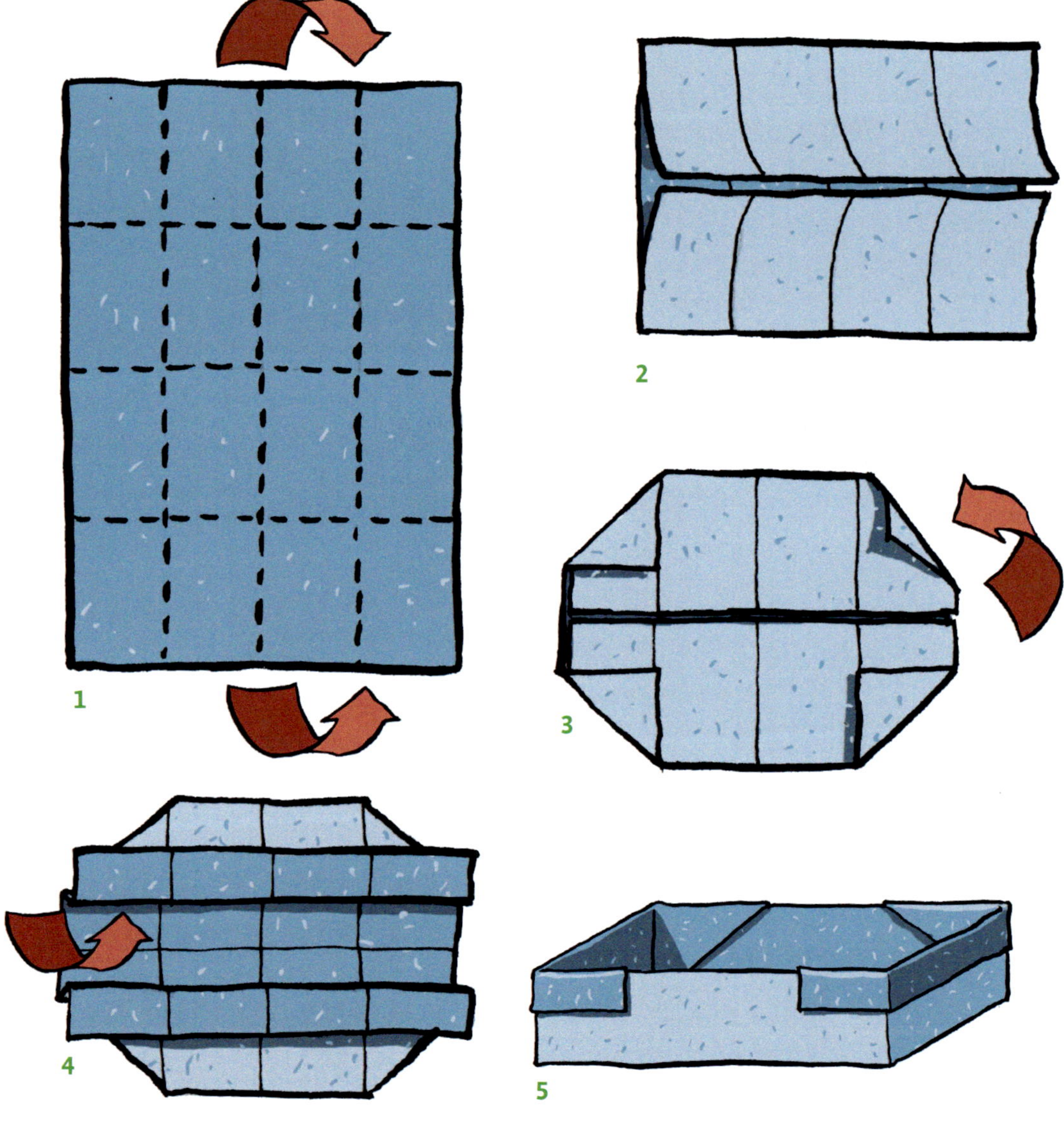

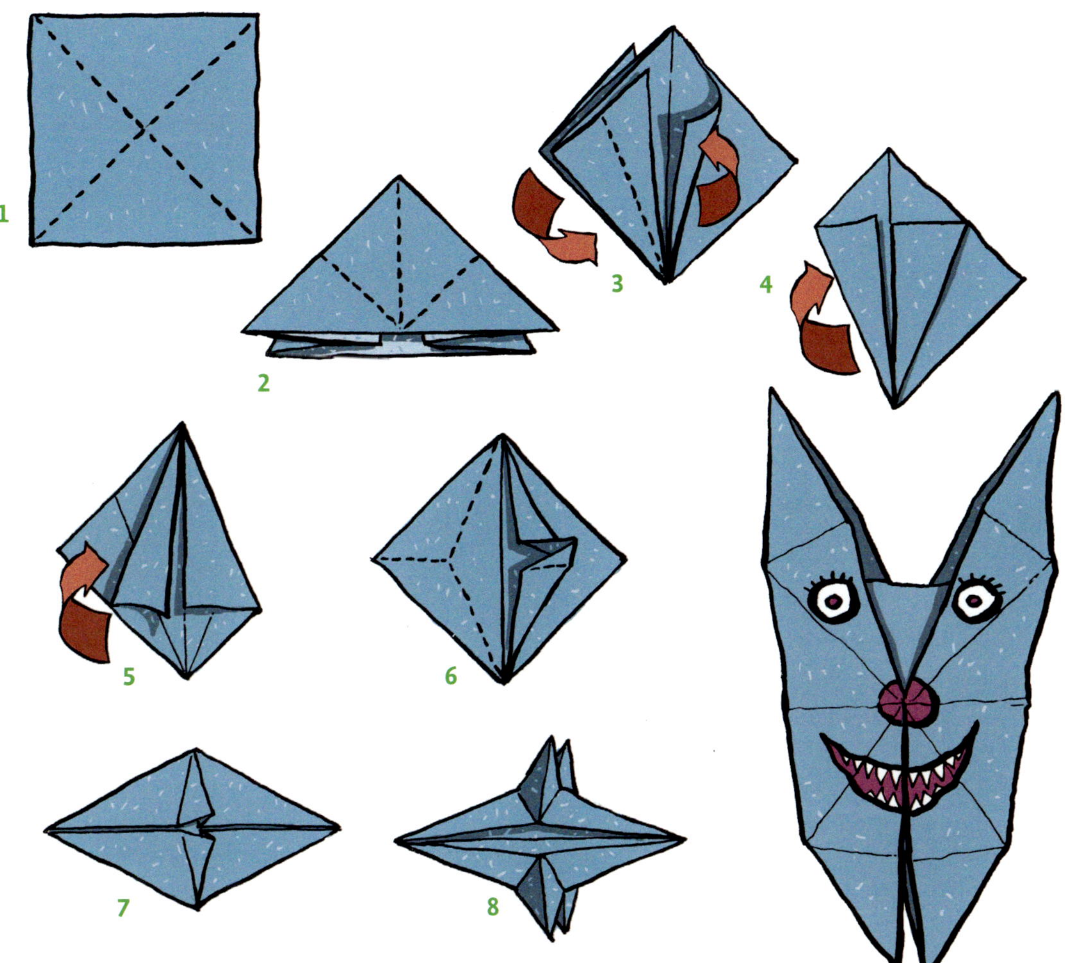

Ungeheuer

Für das Falten des Ungeheuers wie ein quadratisches, nicht zu festes Stück Papier von 20 × 20 cm benötigt.

1 Das Papier wird zuerst diagonal gefaltet.
2 Zusammenfalten.
3 Die unteren Ecken auf Vorder- und Rückseite nach oben klappen.
4 Schließlich nochmals alle vier Ecken vorn und hinten nach innen falten.
5 Aufklappen, das Ganze umdrehen und wieder nach innen falten. Fest ausglätten.
6 Beim Aufklappen sieht man nun genau die Knickstellung (die punktierten Linien in der Zeichnung). An den Knickstellen wird links und rechts eine Falte gebildet und nach oben angedrückt. Dasselbe auch auf der Rückseite.
7 Zusammengefaltet sieht der Kopf aus wie in der Zeichnung 7.
8 Die Seitenansicht entspricht der achten Zeichnung.

An den unteren beiden Zipfeln wird nun der Kopf festgehalten. Am offenen Ende pustet man kräftig hinein. Jetzt entfaltet sich dieser zu einem furchterregenden Ungeheuerkopf. Mit etwas Farbe bemalt erhält er seinen letzten Schliff.

Strickliesel

Das Hantieren mit der Strickliesel war einst eine beliebte Beschäftigung, nicht nur für Mädchen. Heute wird diese Handarbeit wieder neu entdeckt. Auch ungeübte Kinder können damit schon etwas Brauchbares herstellen. So kann aus festem Garn ein Hüpfseil entstehen oder ein kleines Täschchen, wenn die Schnur schneckenförmig zusammengenäht wird.Für eine selbst gebastelte Strickliesel benötigte man früher eine leere Garnrolle aus Holz mit einem möglichst großen Loch. Um das Loch schlägt man vorsichtig vier kleine Nägel mit möglichst runden und glatten Köpfen in gleichen Abständen so ein, dass die Nägel noch 1 cm herausschauen. Heute werden Strickliesel im Spielwarenladen oder Handarbeitsgeschäft angeboten.

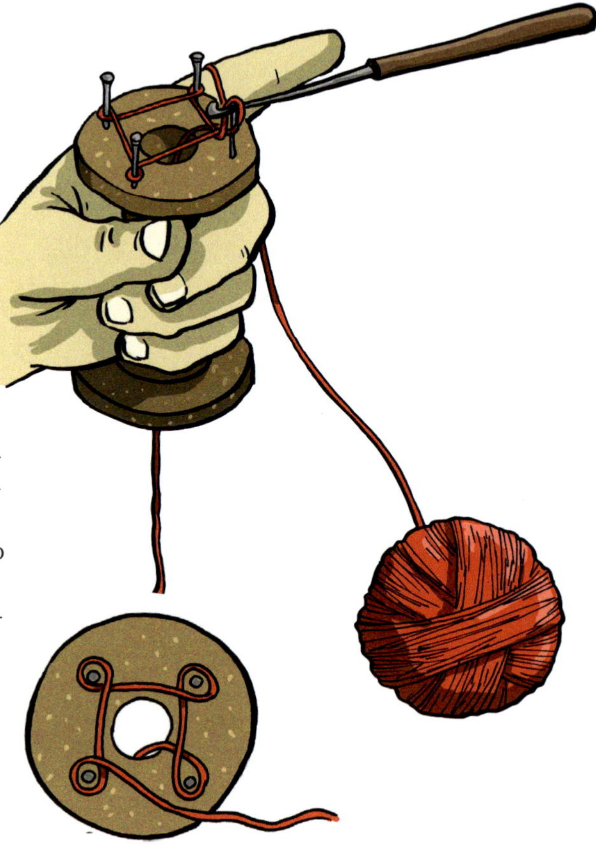

Stricken mit der Strickliesel

Das Stricken geht nun so vor sich:
Das Garnende wird durch das Loch der Garnrolle hindurchgezogen, sodass es unten ein Stückchen herausschaut. Das lange Garnende wird je einmal um die vier Nägel gelegt, wie die Abbildung es zeigt. Jetzt braucht man noch eine Häkelnadel. Das Garn wird um den Finger gewickelt wie beim Häkeln und Stricken und dann vor den ersten Nagel gelegt.

Mit der Häkelnadel wird von unten die Schlinge, die um den Nagel läuft, über den Nagelkopf gehoben und zur Mitte hingelegt. Der jetzt vorn liegende Faden ist damit bereits die erste Masche. So wird nun von Nagel zu Nagel verfahren und dabei die Strickliese immer ein Stückchen gedreht, bis unten an der Garnrolle eine Schnur hervorkommt. Ab und zu muss unten an der Schnur etwas nachgezogen werden, damit die Maschen nicht zu locker werden. Verwendet man verschiedenfarbige Garne, wird die Schnur besonders schön.

Beliebig lange Schnüre lassen sich so herstellen. Zum Schluss zieht man das Garnende durch die vier Maschen und hebt das Ganze von der Garnrolle ab.

Wer erst einmal die Technik beherrscht, hat schnell eine lange Schnur „gelieselt“.

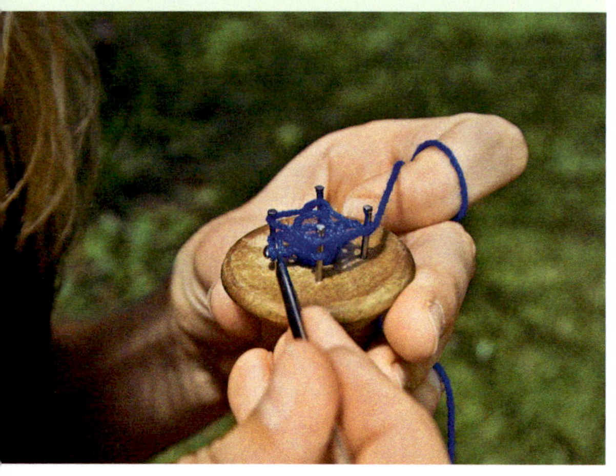

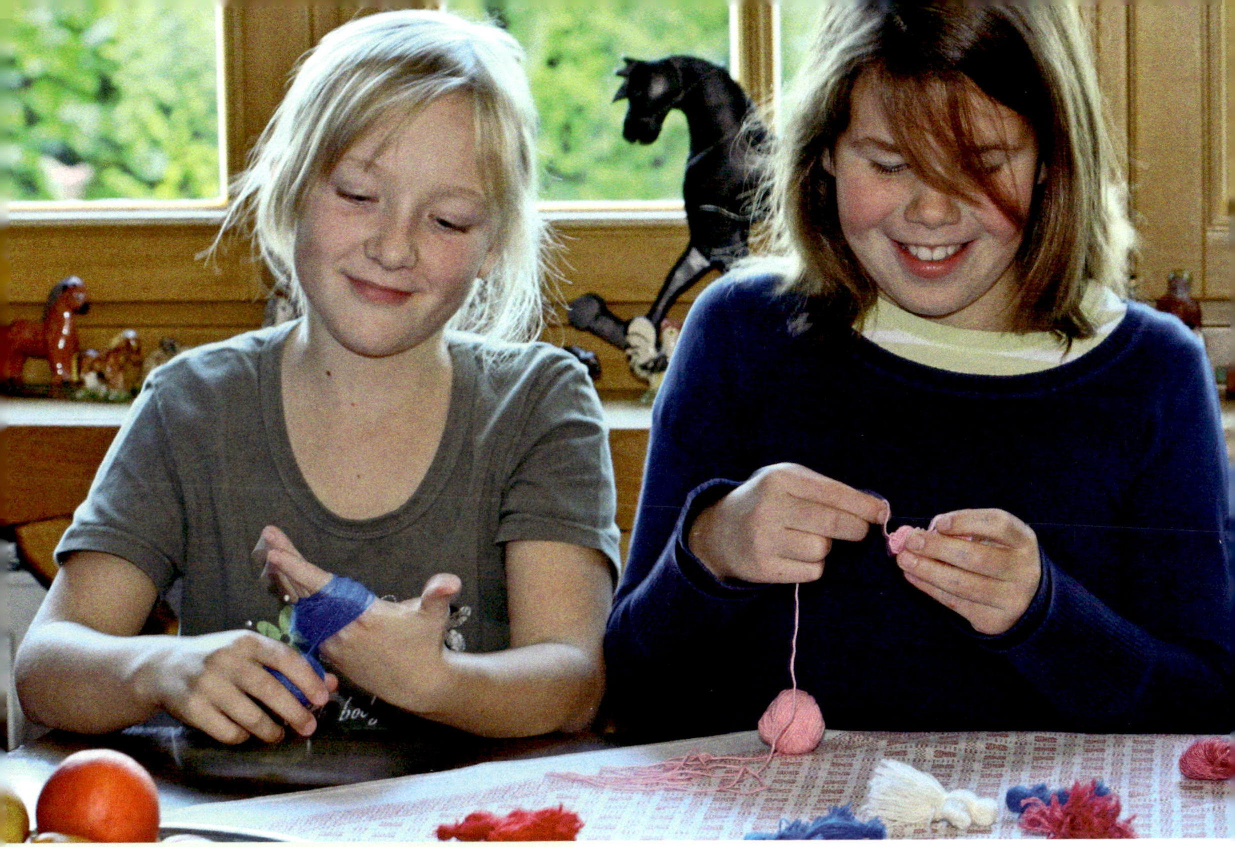

Wollpüppchen fertigen ist eine schöne Beschäftigung bei schlechtem Wetter..

Wollepüppchen

Aus bunten Wollresten, die von einer Strickarbeit der Mutter übrig blieben, fertigten die Mädchen oft ganze Serien von Wollepüppchen an. Werden sie zusätzlich mit Stoffresten bekleidet, können sie alle möglichen Figuren darstellen, die zu lebendigem Spiel anregen. Auch die kleinen Geschwister lieben solche Püppchen; sie sind so hübsch bunt und gehen nicht kaputt.

Die Wollfäden werden auf etwa 10 cm Länge zugeschnitten und gebündelt. Ein Bündel wird in der Mitte abgebunden, so wie es in der Zeichnung zu sehen ist. Dann legt man die Enden aufeinander und bindet ein Stück für den Kopf ab. Ein zweites Bündel schiebt man als Arme zwischen den halbierten Strang und befestigt es kreuzweise. Nun sind nur noch Hände und Füße abzubinden und die überstehenden Fäden abzuschneiden.

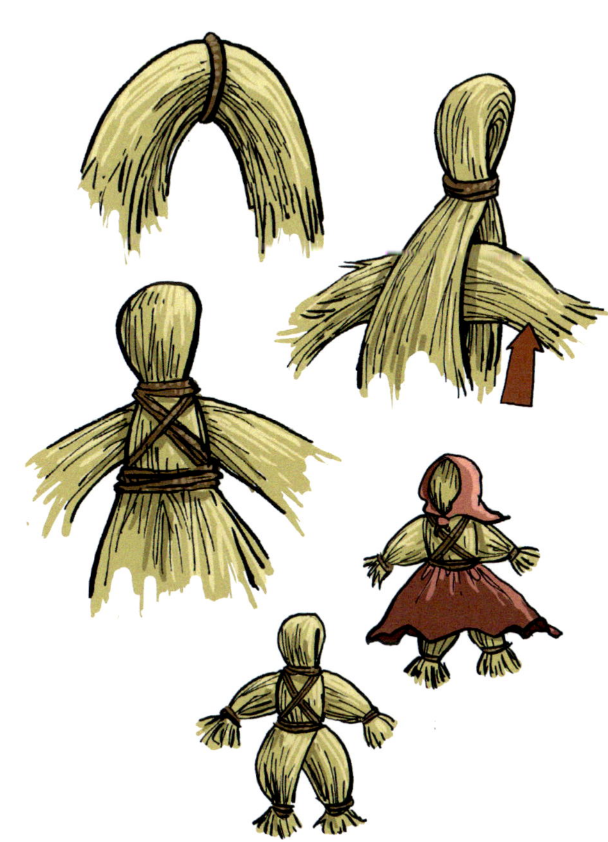

Fadenspiele

Fadenspiele sind Fingerspiele, mit denen sich größere Kinder, vor allem Mädchen, gern unterhalten haben. Sie sind altes Kulturgut, bei uns heute jedoch fast vergessen. Fadenspiele haben bei einfachen Völkern noch eine magische und geheimnisvolle Bedeutung. In Japan werden sie nach wie vor als beliebtes Gesellschaftsspiel gepflegt. Fadenspiele können allein oder zu zweit ausgeführt werden. Sie sind alle nachzuahmen, allerdings kompliziert zu beschreiben.

Ausgeführt wird dieses Spiel mit einem dicken Wollfaden oder einer dünneren Schnur von 1,50 Meter Länge, deren beiden Enden miteinander verknotet werden.

Die Ausgangsstellung für den Alleinspieler ist wie folgt:

1 Der Faden wird über die Daumen und kleinen Finger der beiden Hände gelegt und gestrafft.
2 Der Zeigefinger der rechten Hand nimmt den Faden, der über die linke Handfläche läuft, von unten auf und führt ihn mit dem Finger wieder nach rechts.
  Auf dieselbe Weise wird mit dem linken Zeigefinger verfahren.
3 Die Fäden wieder straffen. Jetzt hat man die Ausgangsposition. Die meisten Spielarten beginnen mit dieser Figur. Für einen Alleinspieler gibt es viele Formen, zum Beispiel den Mund, den See, den Schnellzug, die Milchstraße und den Hexenbesen.

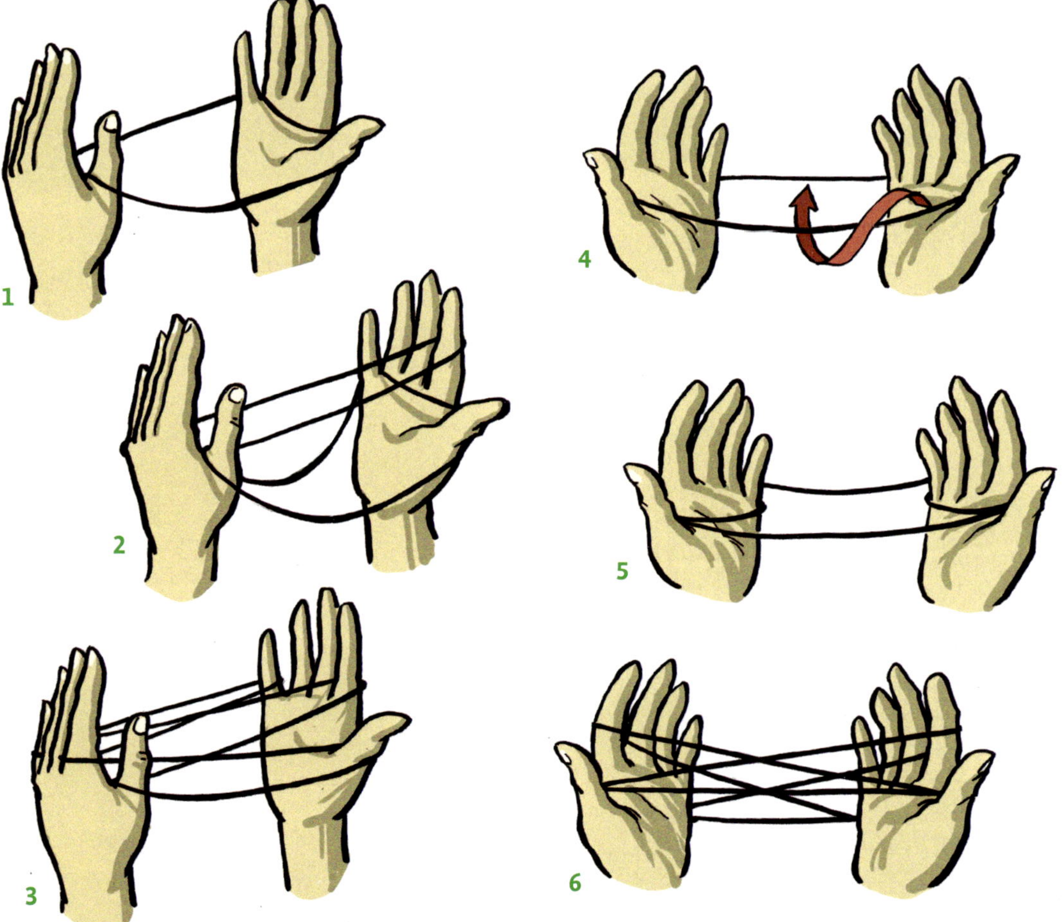

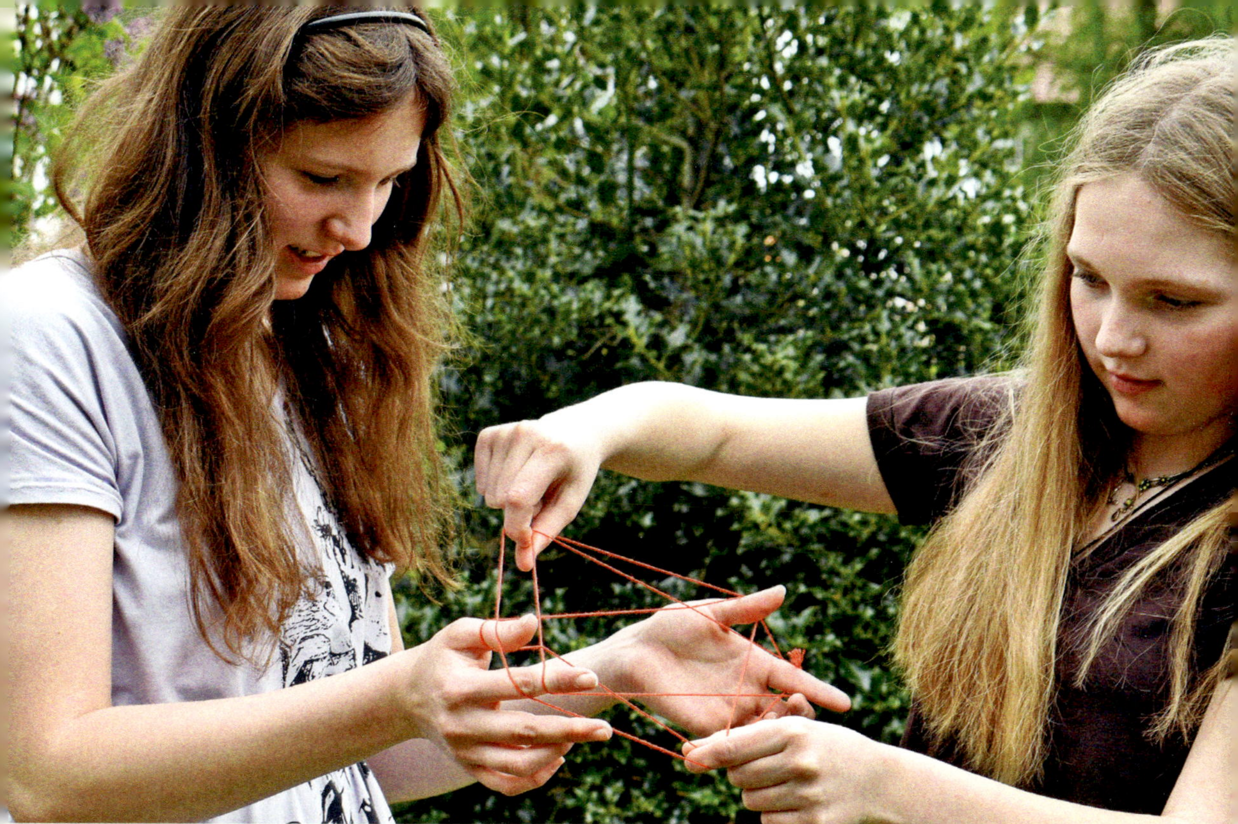

Fadenspiele gibt es fast auf der ganzen Welt und begeistern besonders ältere Mädchen.

Für zwei Spieler ist die Ausgangsposition folgendermaßen:

4 Der Faden wird über die beiden Handrücken gelegt.

5 Die Finger (ohne Daumen) der rechten Hand und der linken Hand umschlingen einmal den vorderen Faden. Die Fäden straffen.

6 Der Zeigefinger der rechten Hand nimmt den Faden, der über die linke Handfläche läuft, von unten auf und führt ihn mit dem Finger wieder nach rechts. Dasselbe wird mit dem linken Zeigefinger gemacht. Die Fäden wieder straffen. Das Spiel kann nun mit einem Mitspieler fortgeführt werden. Der Mitspieler fasst die Fäden von oben mit Daumen und Zeigefinger an den Kreuzpunkten und führt diese über die Außenfäden von unten wieder nach oben. So hebt er die Form ab, das heißt, er übernimmt die Fäden in seine Finger.
Eine neue Form ist so entstanden. Wieder fasst der Mitspieler die Fäden an den Kreuzpunkten, verfährt aber auf umgekehrte Weise, hebt das Ganze ab, strafft die Fäden und hat eine andere Form.

Dieses Spiel lässt sich mit etwas Geschick und neuen Griffen beliebig oft fortführen. Es wäre zu umfangreich, alle die möglichen Formen hier zu beschreiben. Sicher entsinnen sich die Älteren noch an die eine oder andere Form des Spieles. Es gibt Spielbücher, in denen denen eine Vielzahl von Fadenspielen genau beschrieben sind.

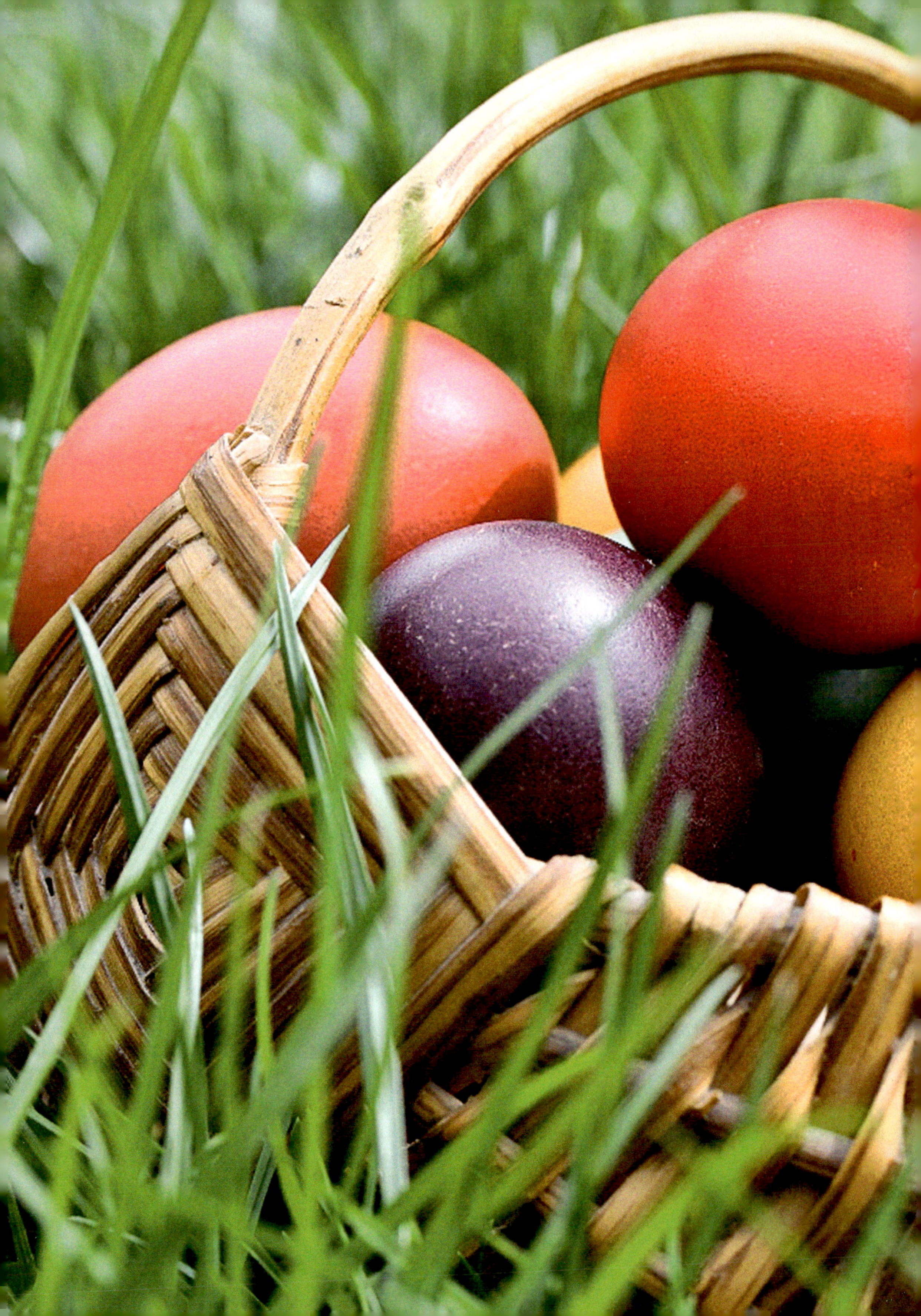

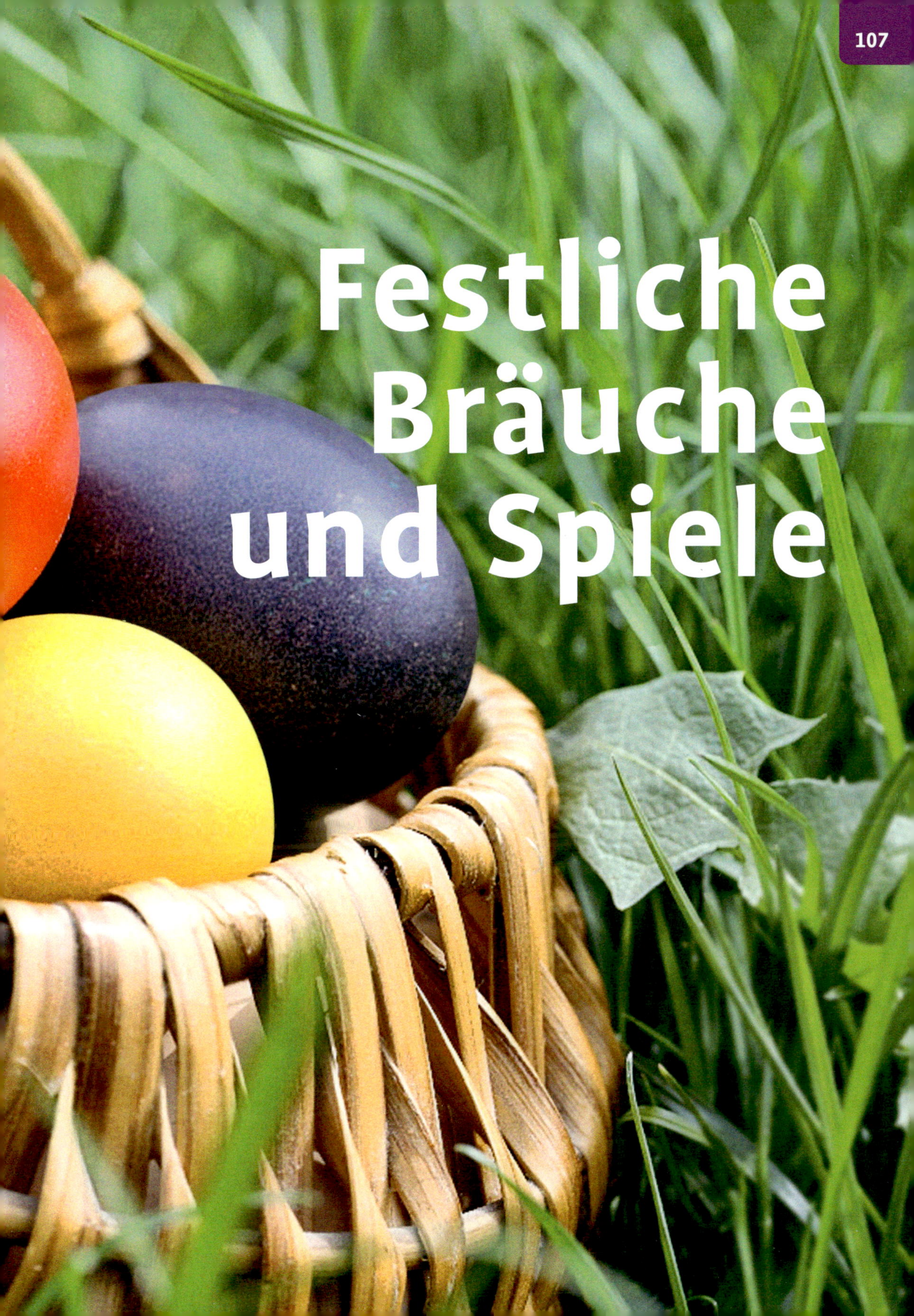

Festliche Bräuche und Spiele

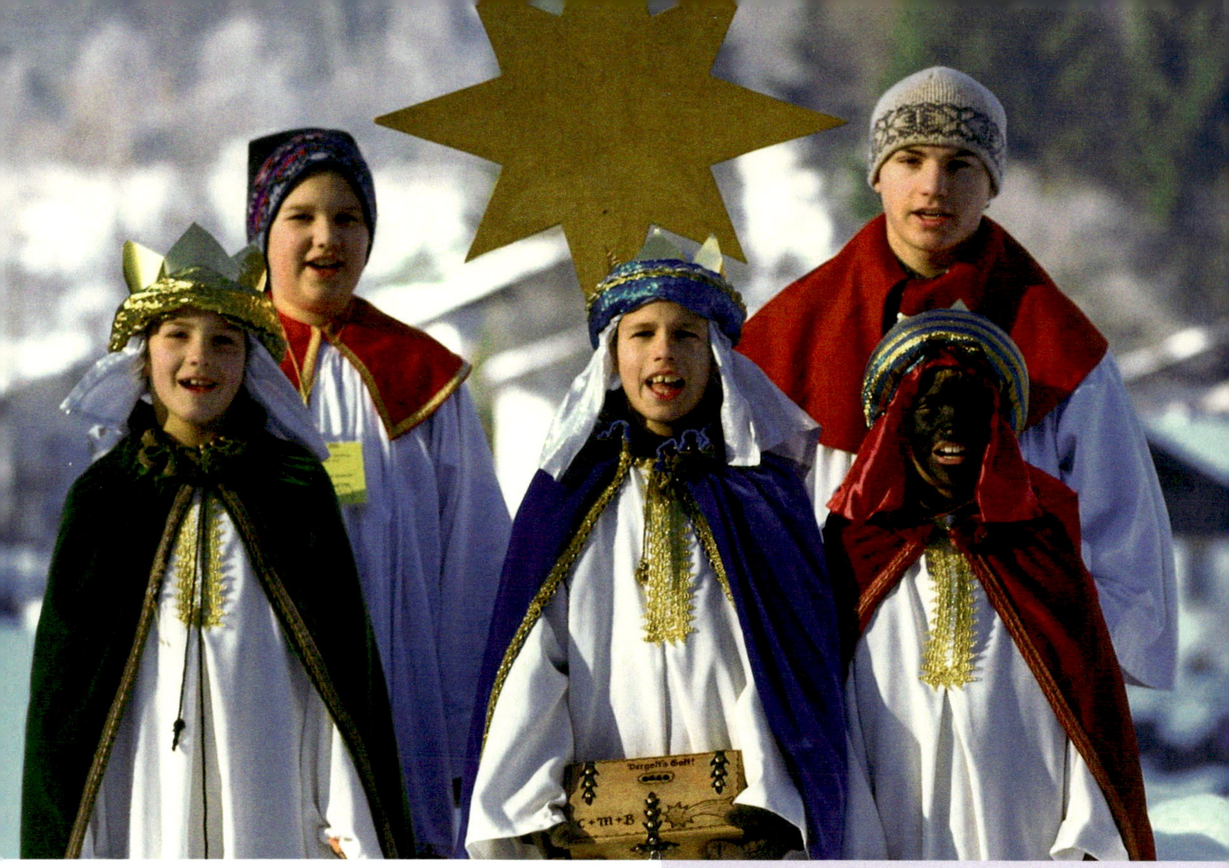

Die heil'gen drei König' mit ihrem Stern,
die kommen gegangen, ihr Frauen und Herrn.

An Sonn- und Festtagen galten früher – im wahrsten Sinne des Wortes – andere Spielregeln. Die Eltern, aber vor allem Lehrer und Pfarrer duldeten nicht, dass Kinder an Sonn- und Festtagen lautes Spiel trieben. Wie die Erwachsenen sollten auch sie die Sonntagsruhe einhalten und sauber gekleidet den Gottesdienst besuchen. Diese Regel wurde vor allem im ländlichen Raum noch bis in die 1950er-Jahre eingehalten.

An Sonntagen gab es besseres Essen, schönere Kleidung, einen ruhigeren Tagesablauf mit Stunden der Muße in der Familie und vor allem mehr Zeit zum Spielen als an den Wochentagen. Der Alltag trat in den Hintergrund. Groß und Klein durften dem strengen Alltag entfliehen – wenn auch nur für ein paar Stunden.

Wenn Peter Rosegger uns sagt: „Die Wochentage kommen mir vor wie rauchgeschwärzte Kammern, der Sonntag ist das helle Fensterlein, durch das man hinausgucken kann in die Ewigkeit", dann galt diese Erfahrung für eine sehr breite Bevölkerungsschicht.

Der Alltag der Kinder unterschied sich bis weit in das 20. Jahrhundert wenig von dem der Erwachsenen. Sie waren daher an jedem Fest in irgendeiner Form beteiligt. Und wenn dann die hohen Feiertage wie Ostern, die Kirchweih oder Weihnachten nahten, versprachen diese Festtage auch für die Kinder außergewöhnliche Ereignisse, die sie kaum erwarten konnten. Ihr Verhalten bei diesen Festen nahm eigene spielerische Formen an, die aber im eigentlichen Sinne keine Spiele waren. Es handelte sich dabei eher um kindgerechte Rituale und Bräuche, die bis heute einen unmittelbaren Zusammenhang zum jeweiligen Fest haben. Vieles aus alter Zeit wird in abgewandelter Form heute noch praktiziert. Fast Vergessenes kann vielleicht neue Anregungen bringen.

Neujahr

Die Kinder besuchten an Neujahr Großeltern und Paten und auch die Verwandtschaft im Dorf. Dabei sprachen sie in Versen ihre Glückwünsche aus. Sie durften dafür ein kleines Geschenk erwarten. Es war manchmal ein Geldbetrag, meist aber ein speziell zu diesem Tag hergestelltes Gebäck aus Hefeteig, die sogenannte Neujahrsbrezel oder der Neujahrsring. Hier ein paar Beispiele für Neujahrswünsche:

Ich bin ein kleiner Mann,
der nicht viel wünschen kann.
Prosit Neujahr!

Mein Wunsch soll kürzlich dieser sein:
Ich kann nicht viele Worte machen,
Gott segne Euch in allen Sachen
und nehme weg den Kummerstein,
der soll in Gold verwandelt sein!
Prosit Neujahr, Dout (Pate)!

Ein neues Jahr voll Sonnenschein,
voll Äpfel und Birnen und Korn und Wein!
Uns allen viel Arbeit und freie Zeit
und dem Garten ein neues, grünes Kleid.
Ein neues Weihnachten auch dabei,
mein Spielzeug ist schon heute entzwei.
(Carl Ferdinands)

Heut' ist der erste Januar,
ein Wünschlein möchte' ich bringen dar.
Gott woll' uns miteinander geben
ein fröhlich und gedeihlich Leben,
ein Leben voll Zufriedenheit,
ein Leben zu andrer Nutz und Freud!

Dreikönig

In katholischen Orten war es auch schon vor dem Jahr 1900 Brauch, dass Kinder und Jugendliche am Dreikönigstag als „Sternsinger" (drei Könige mit dem Stern) durch den Ort zogen, um vor den Häusern ihre Lieder zu singen. Sie wurden dafür mit kleinen Geldbeträgen oder Gebäck beschenkt. Heute organisiert die katholische Kirche diese Sternsingeraktion. Das gespendete Geld fließt in die Mission. Eines der Sternsingerlieder geht so:

Die heil'gen drei König' mit ihrem Stern,
die kommen gegangen, ihr Frauen und Herrn.
Der Stern gab ihnen den Schein;
ein neues Reich geht uns herein.
Die heil'gen drei König' mit ihrem Stern
knien nieder und ehren das Kindlein, den Herrn.
Ein' selige, fröhliche Zeit
verleih' uns Gott im Himmelreich!

Heutzutage machen sich die Sternsinger in Königsgewändern auch ohne Ansehen der Religion einsatzfreudig auf den Weg, um bei Armen und Reichen, bei Gesunden und Kranken, bei Regierenden und Minderheiten segnend einzutreten. Sie werden freundlich aufgenommen und – der Ärmsten der Welt gedenkend – mit Geld beschenkt. Auf diese Weise ist das ein überaus lobenswerter, alle Menschen verbindender Brauch unserer Weihnachtszeit, die sinnerfüllter nicht abgeschlossen werden kann.

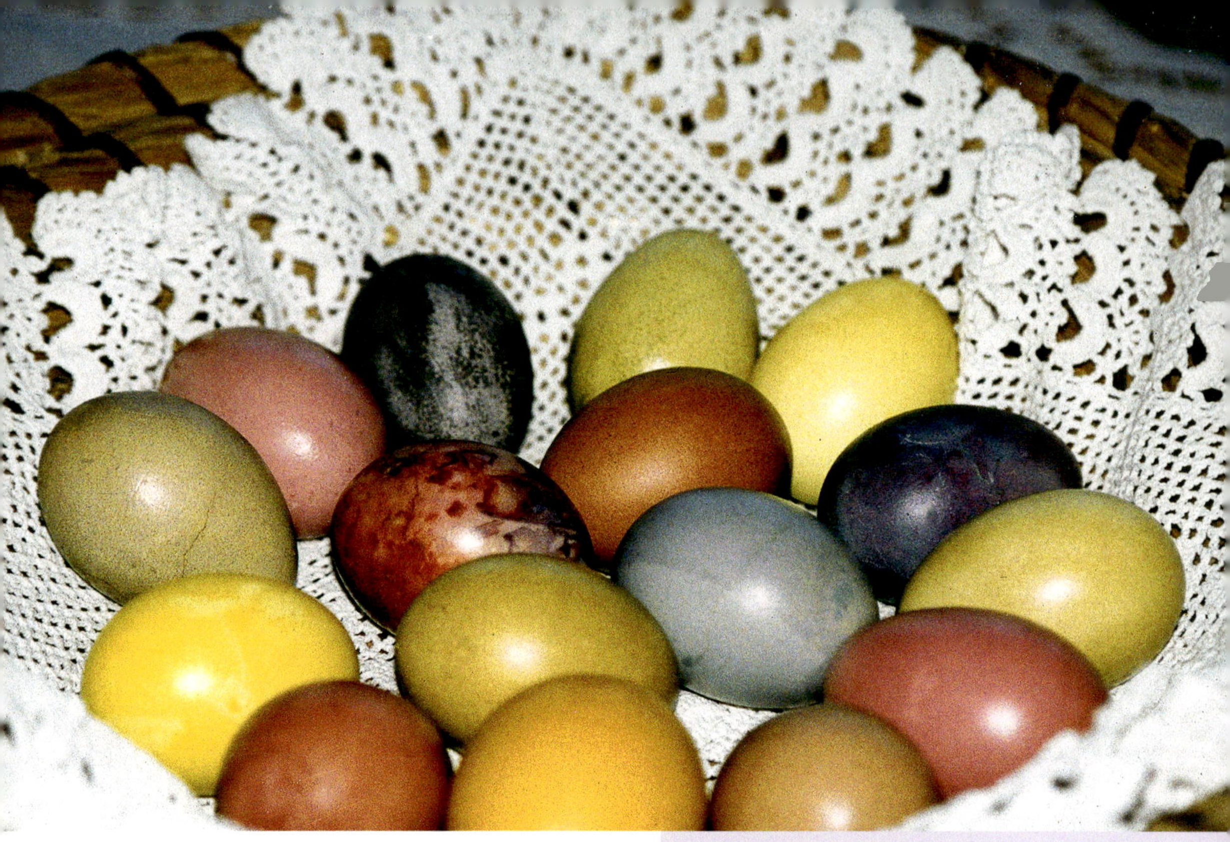

Heute färbt man seine Ostereier gerne wieder mit Naturfarben.

Ostern

Am Ende der Karwoche steht das lichterfüllte Osterfest. Es ist das älteste und höchste Fest der Christenheit. Wie im Jahr 325 durch das Konzil von Nicäa beschlossen, fällt Ostern stets auf den ersten Sonntag nach dem ersten Frühlingsvollmond. Somit gehört es zu den beweglichen Jahresfesten.

Ostereier

Das Beschenken mit farbigen Eiern ist seit dem 16. Jahrhundert bekannt. Aber nur gefärbte und in der Kirche geweihte Eier bezeichnete man als Ostereier. Paten und Liebespaare waren wohl die Ersten, die sich liebevoll verzierte Eier gegenseitig zum Geschenk machten.

Ein Eilein, ein kleines Geschenk,
woran man die Freundschaft erkennt.

Von ihren Paten durften die Kinder zu Ostern meist eine besondere Aufmerksamkeit erwarten: einen gebackenen Osterhasen, einen Ball, ein Hüpfseil und manchmal auch etwas zum Anziehen, aber auf alle Fälle viele bunte Eier.

Osterhase

Im 17. und 18. Jahrhundert soll der Brauch, dass der Hase die Ostereier bringt, in Kreisen des städtischen Bürgertums eingeführt worden sein. Protestanten versuchten auf diese Weise, dem katholischen Ostereierbrauch entgegenzuwirken.

Osterhas, Osterhas,
leg mir Eier in das Gras.
Große Eier, kleine Eier,
für die frohe Osterfeier.

Um ihren Kindern nicht sagen zu müssen, dass die gefärbten Eier geweihte Eier sind, brachten sie den Osterhasen ins Spiel. Den Kindern auf dem Land konnte man diese Geschichte natürlich nicht so leicht vorgaukeln, denn die kannten sich aus:

Die Mutter färbt die Eier,
der Vater legt sie ins Gras,
dann meinen die dummen Kinder,
das wäre der Osterhas.

Osternest

Ein schmuckes Ostergärtchen lässt sich ganz einfach selbst anfertigen. Mit Weiden- oder Haselnussruten gelingt es am besten.

Die dicken Enden werden in die Erde gesteckt, die biegsamen Teile korbartig eingeflochten und das Innere mit Moos ausgelegt. Man kann ein solches Nestchen auch überdachen oder mit einer kleinen Pforte als Eingang für den Osterhasen bauen.

Spiele mit Ostereiern

Nach dem Ostereiersuchen und nach dem Besuch bei Großeltern und Paten war das Osternestchen der Kinder mit vielen bunten Eiern gefüllt. Jetzt freuten sich die Kleinen auf die Spiele draußen auf den Wiesen, wobei die Ostereier am Ostersonntag das schönste Spielzeug darstellten. Doch jeder hoffte, dass ihm dabei möglichst wenige Eier zerbrachen, denn der Eiervorrat sollte auch für den Ostermontag reichen. Erst, wenn die Eier angeschlagen, also kaputt waren, haben die Kinder sie aufgegessen.

Welche Freude gab es dann, wenn der Dotter schön gelb war. Dann hatte man ein „Engelchen“. Die dunklen Dotter waren die „Teufelchen“ und daher weniger beliebt.

Eierwerfen

Auf einer Wiese oder einer sandigen Spielfläche wird ein Kreis von etwa 1 Meter Durchmesser markiert. Die Abwurflinie ist etwa 10 bis 15 Meter davon entfernt. Jedes Kind versucht, von dieser Linie aus ein Ei in den Kreis zu werfen. Es sollte so vorsichtig geworfen werden, damit das Ei ganz bleibt. Wer sein Ei unbeschadet in den Kreis trifft, bekommt als Preis alle außerhalb des Kreises liegenden Eier. Auch das eigene Ei darf zurückgenommen werden.

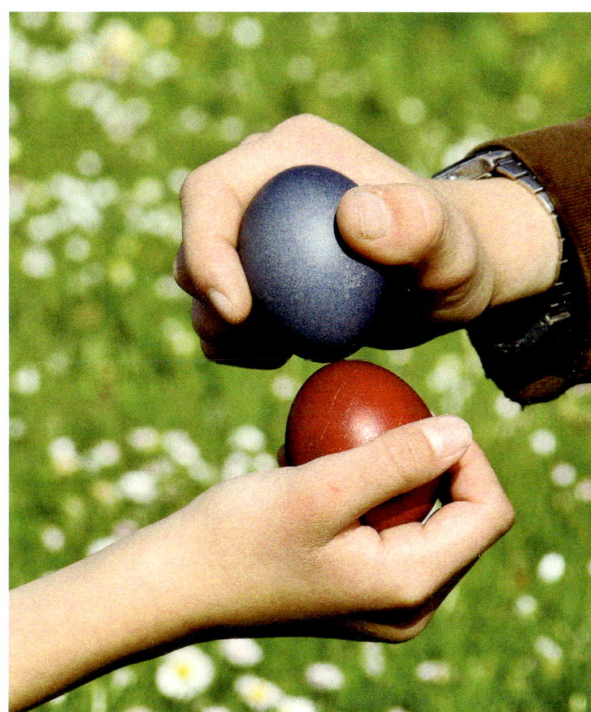

Das Eierdotzen ist eines der beliebtesten Spiele am Ostersonntag.

Eierdotzen

Zwei Spieler stehen sich gegenüber. Jeder hält ein Osterei in der Hand. Nach vorausgegangenem Neckspiel stoßen die beiden die jeweils spitzen oder stumpfen Enden der Eier (das wird vorher abgesprochen) gegeneinander. Der Spieler, dessen Ei dabei ganz bleibt, bekommt das eingedrückte des anderen.

Eierrollen

Die Kinder stellen sich an einem Wiesenabhang oder auf einer anderen abschüssigen

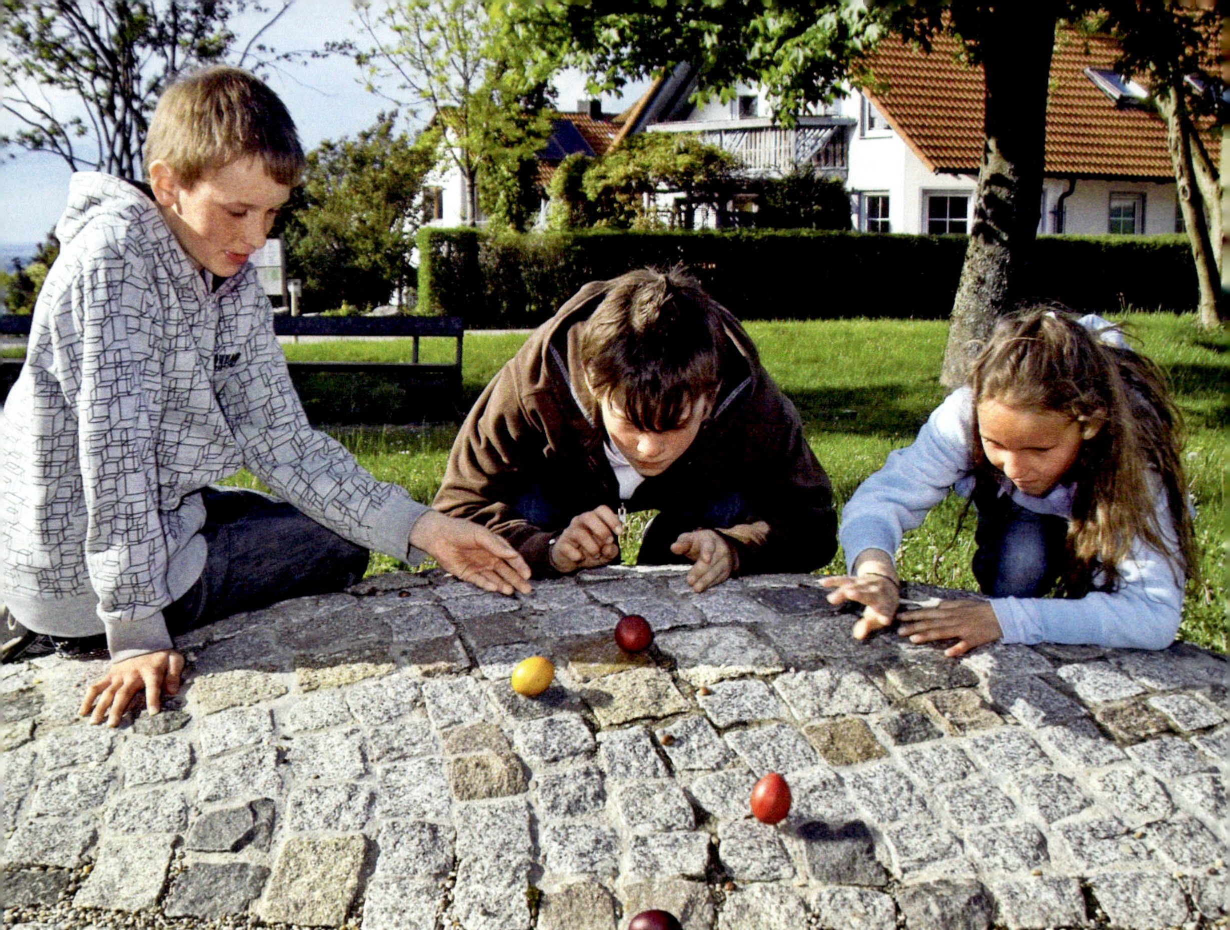

Auf einem festen, abschüssigen Boden rollen die Eier besonders gut.

Fläche auf. Auf das Startkommando eines Spielers lassen alle ein Ei den Abhang hinabrollen. Das Kind, dessen Ei am weitesten gerollt ist, darf die Eier der anderen Spieler behalten.

Eierkullern
In Sand oder lockerer Erde wird von den Kindern eine flache Mulde angelegt. Ein Kind behält sein Ei zurück, alle anderen legen das ihre in die Mulde. Der Spieler, der das zurückbehaltene Ei hat, rollt dies aus einer bestimmten Entfernung in die Mulde. Trifft er auf ein Ei, darf er dieses behalten.

Eierschieben
Zwei runde Stangen (Besenstiele, gerade Äste oder Ähnliches) werden nebeneinander mit den einen Enden auf die Erde gelegt, die anderen Enden liegen erhöht auf einer Kiste, einem Karton oder Balken. So entsteht eine schiefe „Rollbahn“.

Die Kinder lassen in der schmalen Rinne zwischen den Stangen der Reihe nach ihre Eier herunterrollen. Wessen Ei am Boden das eines anderen trifft, der bekommt das Ei des betreffenden Mitspielers.

Sommerfeste

Sommerzeit – Ferienzeit! Nein, im Gegensatz zu heute hieß es früher: Sommerzeit – Arbeitszeit! Die Schulferien richteten sich – zumindest auf dem Land – nach der Dringlichkeit der Arbeiten auf dem Feld, also nach der Heuernte im Frühsommer, nach der Getreideernte im Hochsommer und nach der Kartoffelernte im Herbst. Auf die Mithilfe der Schulkinder konnte nicht verzichtet werden. „Erst die Arbeit, dann das Vergnügen" – diese Parole war kein leeres Wort, sondern eine von klein auf geübte Gepflogenheit.

Die sommerlichen Feste beginnen mit dem 1. Mai. Früher sprach man nur vom Sommer- und vom Winterhalbjahr, daher begann mit dem 1. Mai der Sommer. Am Maifeiertag, an Christi Himmelfahrt, Pfingsten und dem Johannistag sowie an den Erntefesten mit der Kirchweih suchten weniger die jüngeren Kinder als vielmehr die Jugendlichen ihr Vergnügen – sicherlich auch als Ausgleich für den entbehrungsreichen Alltag, denn Urlaub und geregelte Freizeit gab es lange nicht. Vor diesem Hintergrund waren Feste aller Art, gerade im Sommer, die schönste Spielzeit für Jungen und Mädchen. Und weil sie ihre Sonntagskleidung nicht schmutzig machen sollten, unterhielten sie sich bevorzugt mit ruhigeren Spielen wie Rätselraten, Reimen, Zungenbrechern, Reigen oder Pfänderspielen.

Wer nahe an der Natur lebte, machte sich diese zum Spielzimmer, band Ketten und Kränze aus Blumen und Blättern, bastelte Mohnpüppchen oder Strohwindmühlen, verzierte einen Haselnussstecken nur so zum Vergnügen oder als Peitschenstiel für den Kreisel. Der Einfallsreichtum der Kinder war unerschöpflich.

Hahn oder Henne

Beim sonntäglichen Spaziergang mit den Eltern, der sie durch Wiesen und Felder führte, wurde gern „Hahn oder Henne" gespielt. Hierfür wird ein Rispengrashalm abgepflückt und dem Mitspieler vorgehalten. Dabei fragt man: „Willst du Hahn oder Henne?"

Der Gefragte äußert seinen Wunsch. Nun streift der Fragende die Rispen des Grashalmes mit Daumen und Zeigefinger ab. Sind die Rispen zwischen den Fingern lang und geformt wie die Schwanzfedern eines Hahnes, ist er Hahn. Sind die Rispen kurz geraten, ist er eine Henne. Dies wird mehrmals wiederholt. Wer am meisten seinem Wunsch gerecht wird, ist Sieger.

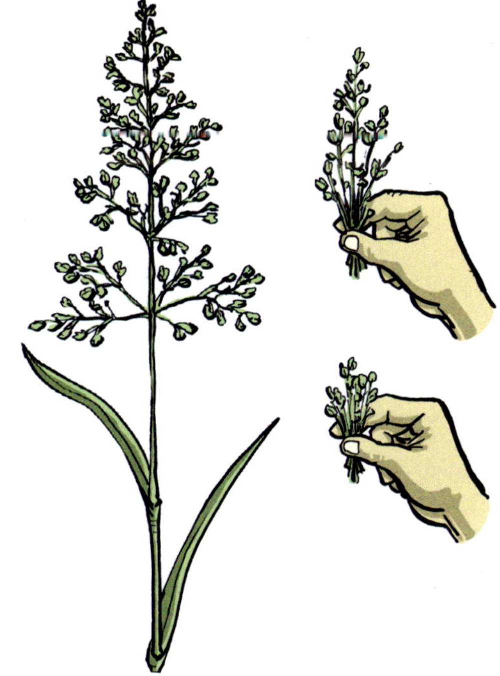

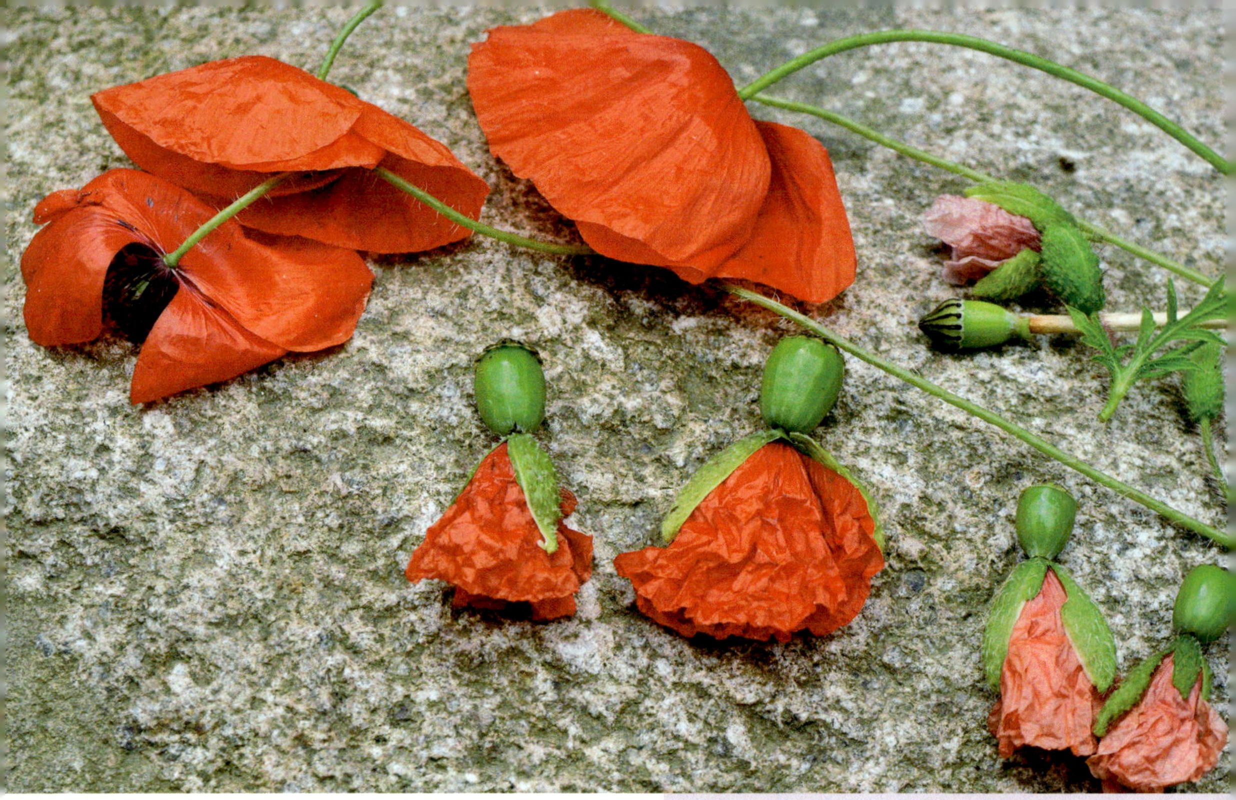

Aus den Knospen der Mohnblüte und den Samenkapseln entstehen mährchenhafte Figürchen.

Mohnpüppchen

Im Frühsommer, wenn das Getreide zu reifen beginnt, ist er schon von Weitem zu sehen, der scharlachrote Feldmohn. Vom Rand eines Ährenfeldes oder auch von Schutthalden, wo Mohn häufig blüht, dürfen sich die Kinder gern ein paar Stängel für ihre Mohnpüppchen abpflücken. Sie brauchen dazu nicht die aufgeblühte Blume, sondern nur die Knospen und die Samenkapseln.

Die möglichst dicke Knospe wird so abgeschnitten, dass noch ein Stückchen Stiel (etwa 1 cm) an ihr ist. Eine kleine Samenkapsel bohren wir mit einem dürren Ästchen von unten her etwas an; sie dient als Kopf. Mohnknospe und Mohnkopf werden zusammengesteckt. Die grünen Kelchblätter der Knospe nehmen wir vorsichtig auseinander, sie sind das Mäntelchen. Die zum Vorschein kommenden roten Blütenblätter falten wir vorsichtig als Kleid auseinander. So können ganze Mohnpüppchenfamilien entstehen.

Verzierte Haselnussstecken

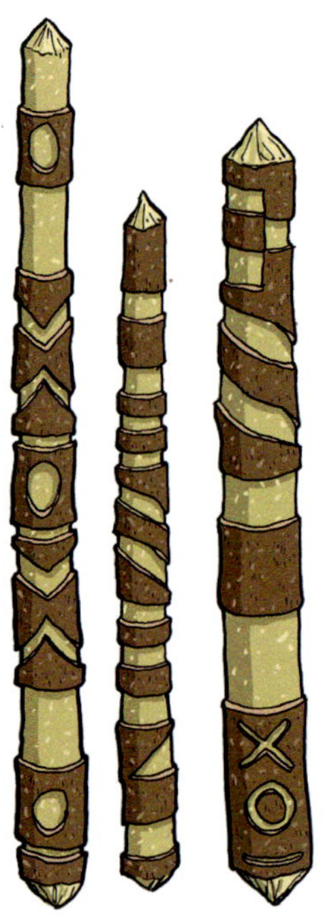

Mit einem scharfen Taschenmesser schneidet man sich einen geraden Haselnussstecken ab und ritzt mit dem Messer verschiedene Verzierungen in die noch frische Rinde ein und hebt diese dann vorsichtig ab, sodass das weiße Kernholz zum Vorschein kommt. Kringel, Spiralen, Punkte, Zickzacklinien und Namenszeichen sehen besonders hübsch aus.

Kirchweih

Die Kirchweih war stets das Hauptfest der Landbevölkerung. Es hieß, dass ein Bauer eher Ostern und Weihnachten aufgibt als die Kirchweih. Das ist verständlich, denn nach einem arbeitsreichen Sommer und einer guten Ernte stand es jedem zu, ein frohes Fest zu feiern. Der ursprüngliche Festgedanke, nämlich die Erinnerung an die Einweihung der Kirche, trat mehr und mehr in den Hintergrund.

Am Kirchweihfest ging es auch für die Kinder hoch her. Schon Tage zuvor hüpften sie fröhlich singend auf der Straße. Als Landkinder freuten sie sich auf das üppigste Fest des Jahres, das wie kein anderes über mehrere Tage mit gutem Essen, vor allem aber mit sehr viel Kuchen und Schmalzgebäck, mit Musik, Jahrmarkt, Glücks- und Tanzspielen der Jugend sowie mit fröhlicher Unterhaltung für alle Generationen gefeiert wurde. Und wenn die Kinder dann auf den Jahrmarkt durften, um für ein paar Pfennige Naschwerk zu kaufen oder gar Karussell zu fahren, war ihr Glück vollkommen.

Karussellfahren war für Kinder einer der Höhepunkte auf dem Jahrmarkt.

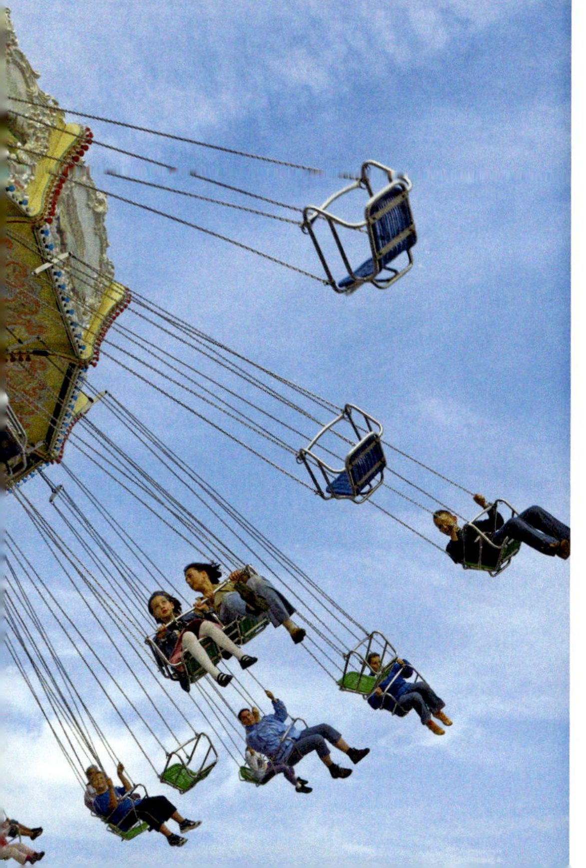

Das Gedicht „Jahrmarktsfreude“ von A. H. Hoffmann von Fallersleben drückt diese Freude aus:

Jahrmarkt ist in jedem Städtchen:
Könnt' auch ich dort heute sein!
Junge Burschen geh'n und Mädchen,
alles geht zur Stadt hinein.
Und mein Herz, wie würd' es lachen,
ja, ich wär' ein glücklich Kind,
säh' ich all die schönen Sachen,
die dort ausgestellet sind.
Doch was hülfe mir das Sehen,
würde nichts von allem mein.
Besser drum, die Andern gehen
Und sie kaufen mir was ein.
Sprach nicht drüben an der Pforte,
als er schied, der Großpapa –
ei, das waren süße Worte!
Wär' er nur bald wieder da!
Er versprach von allen Dingen,
die mein Herz schon lang begehrt,
eins vom Jahrmarkt mitzubringen:
Er versprach ein Schaukelpferd.
Heißa lustig, liebe Leute,
bald ist auch mein Jahrmarkt da;
was ich wünsche, bring mir heute
unser lieber Großpapa.

Martinstag

Es ist November, die Tage werden kürzer und die kalten Winde blasen das Laub von den Bäumen. In Straßen und Gassen leuchten bunte Laternen und Lampions auf. Und trotz des ungemütlichen Wetters sind die Kinder unterwegs. Sie feiern am 11. November den Gedenktag des Heiligen Martin.

Es heißt:

Martin ist ein frommer Mann.
Zündet ihm die Lichter an,
dass er's droben sehen kann,
der viel Gutes hat getan.
Martin ist ein lieber Mann.
Stimmet ihm die Lieder an,
dass er's droben hören kann,
der viel Gutes hat getan.

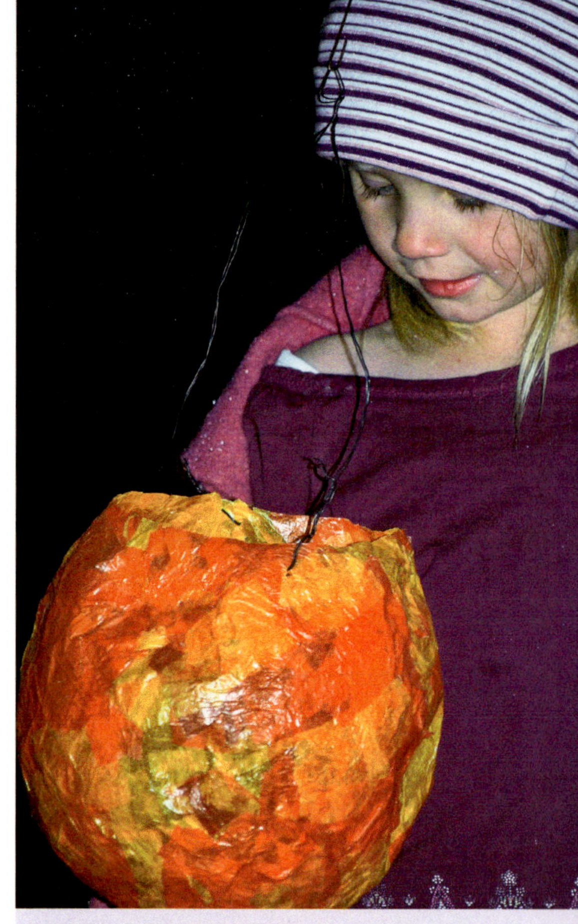

Auf eine selbst gemachte Laterne sind die Kinder besonders stolz.

Früher waren zu Martini, am 11. November, die Arbeiten in Feld und Garten abgeschlossen. Es begann die Zeit der langen, dunklen Abende, die die Familie am warmen Ofen in der Stube zusammenführte.

Martini war im bäuerlichen Jahreslauf ein wichtiger „Lostag". Pacht, Zins und Arbeitslohn wurden fällig. Meist war es der erste Schlachttag vor dem Winter, an dem es auch den Gänsen an den Kragen ging. Schmackhaft zubereitet kamen sie – vor allem in großbäuerlichen Familien – an diesem Tag auf den Tisch.

Allerlei Bräuche verbanden sich mit dem Martinstag, die teilweise bis in unsere Tage erhalten geblieben sind. So wird auch heute noch in vielen Orten der Martinsritt durchgeführt, bei dem hoch zu Ross Sankt Martin, der mit einem Armen seinen Mantel geteilt hat, voranreitet, begleitet von einem Zug Laternen tragender Kinder. Auch dort, wo kein Martinsumzug stattfindet, ziehen bei Einbruch der Dunkelheit heute die Kinder mit ihren bunten Laternen singend durch die Straßen.

Laterne, Laterne,
Sonne, Mond und Sterne!
Brenne auf mein Licht,
brenne auf mein Licht,
aber nur meine liebe Laterne nicht!

Ich geh' mit meiner Laterne
und meine Laterne mit mir.
Da oben leuchten die Sterne,
hier unten leuchten wir.
Verlösche nicht,
du liebes Licht.
Rabimmel, rabammel, rabum!
Mein Licht geht aus,
wir gehn nach Haus.
Rabimmel, rabammel, rabum!

Kinder auf dem Land zogen auch häufig mit ausgehöhlten Rüben oder Kürbissen umher, in die sie ein Gesicht geschnitten hatten. Sie steckten die ausgehöhlten Rüben auf einen Stab, zündeten im Innern eine Kerze an und ließen ihre Geister dann gespenstisch durch die Nacht leuchten.

Rübengeist

Eine beliebte Beschäftigung im Spätherbst war das Schnitzen eines Rübengeistes. An Herbstabenden konnte man auf verschiedenen Fensterbrettern unheimliche, flackernde Gesichter sehen, die in die Nacht leuchteten. Mit großen hellen Augen und weit geöffnetem Mund sahen sie furchterregend aus.
Viel Spaß hatten die Buben, wenn sie die Rübengeister heimlich jemandem ans Fenster stellen konnten, um die Bewohner zu erschrecken. Auf einen Stock gesteckt können die Geister Laternen ersetzen und beim Laternenlaufen an Martini getragen werden.
Eine Rübengeistlaterne lässt sich ganz leicht selbst anfertigen. Von einer dicken Futterrübe wird das obere Fünftel als Deckel abgeschnitten. Mit Löffel und Messer geht es dann ans Aushöhlen, bis die Wand ringsum nur noch 2,5 bis 3 cm dick ist. Der Boden sollte stärker bleiben, damit der Stab, der dann von unten hineingesteckt wird, genug Halt hat. Augen, Nase und Mund werden nun nach Belieben herausgeschnitten.

Im Innern wird dann eine Kerze eingesetzt. Um sie besser befestigen zu können, bohrt man in die Mitte des Bodens eine kleine Vertiefung.

Die Laterne kann mit oder ohne Deckel getragen werden. Wenn der Deckel eine Öffnung hat, brennt die Kerze besser.

Auf einen Stock gesetzt kann der Rübengeist auch als Laterne getragen werden.

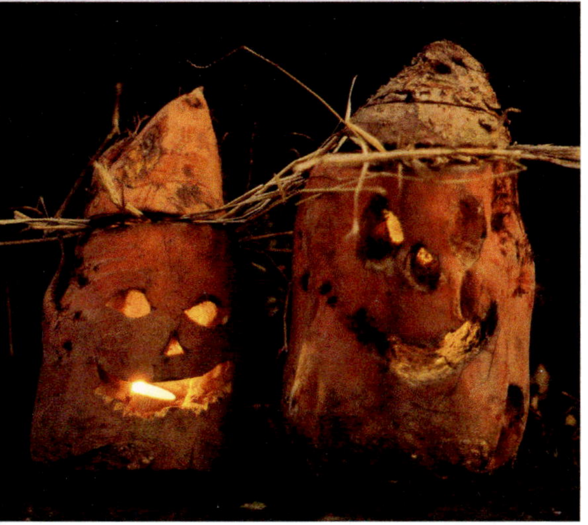

Kürbisgeist

Für den Kürbisgeist benötigt man einen großen, dicken Kürbis. Kürbisse sind ja heute in allen Größen und Formen zu bekommen, auch wenn im eigenen Garten keine Kürbisse wachsen.

Am Stielende von dem Kürbis wird etwa ein Fünftel gerade abgeschnitten, sodass dieses Teil wie ein Deckel abgenommen werden kann. Die Wand sollte noch 3 bis 4 cm dick sein, damit der Kürbis nicht so schnell zusammenfällt. Auch der Deckel wird etwas ausgehöhlt und erhält noch ein Loch, damit später die Kerze gut brennt.

Nun kann nach Lust und Laune ein fröhliches, trauriges oder gar furchterregendes Gesicht eingeschnitten werden. Besonders gruselig sieht das Gesicht aus, wenn im Mund einige Zähne mit eingekerbt werden.

Auch im abgeschnitten Deckel kann man ein paar Streifen quer oder längs einschneiden. Das sieht dann aus wie Runzeln oder Haare. Zum Schluss wird in eine kleine Vertiefung am Boden ein Licht gestellt. Das kann eine Kerze, ein Teelicht oder ein Grablicht sein.

Advents- und Weihnachtszeit

Mit dem Öffnen des ersten Türchens am Adventskalender und mit dem Anzünden der ersten Kerze am Adventskranz beginnt für die ganze Familie die spannendste und ereignisreichste Zeit des Jahres. Beides, Adventskalender und Adventskranz, sind noch recht junge Erscheinungsbilder für die vorweihnachtliche Zeit. Diese Symbole waren in großbürgerlichen Häusern in der Stadt früher anzutreffen als in kleinbürgerlichen und bäuerlichen Kreisen. Allgemein wurden sie erst nach dem Zweiten Weltkrieg weiter verbreitet und haben sich seitdem überall in Deutschland eingebürgert.

Apfelmännchen

Die Apfelmännchen sind eine passende Dekoration für einen Adventsnachmittag. Wenn Besuch zum Kaffee eingeladen wird, schmücken mehrere dieser Männchen wirkungsvoll den Tisch und die Gäste freuen sich, wenn sie einen der kleinen Wichtel später mit nach Hause nehmen dürfen.

Ein Apfelmännchen ist ganz einfach anzufertigen. Auf einen schönen, großen Apfel steckt man mithilfe eines Streichholzes oder eines Zahnstochers eine Walnuss als Kopf. Mit etwas Watte formt man einen langen Bart, der an der Nuss festgeklebt wird. Augen, Nase und Mund werden mit einem Stift aufgemalt. Als Kopfbedeckung kann man aus Goldpapier oder anderem farbigen Papier eine spitze Mütze formen und aufkleben.

Nikolaus

Wenn der Nikolaustag nahte, kam bei den Kindern auch immer ein wenig Furcht auf, vor allem dort, wo der Nikolaus einen ruppigen Gesellen mitbrachte, der die Kleinen nicht nur mahnend an ihre Folgsamkeit erinnerte, sondern auch mit Schlägen drohte. Wie war das mit dem Bravsein das Jahr über? Meldet sich nicht ein wenig das schlechte Gewissen? Doch der Heilige Nikolaus im prächtigen Bischofsgewand stand ihnen bei. Er zeigte sich warmherzig und gütig, belohnte und beschenkte sie. Es waren „Apfel, Nuss und Mandelkern“, wie es im Lied heißt, die er den artigen Kindern nach Aufsagen ihres Sprüchleins gab, denn Zuckernaschwerk war noch bis zur Mitte des 20. Jahrhunderts ungewöhnlich teuer.

Apfelmännchen sind aus einfachen Materialien schnell herzustellen.

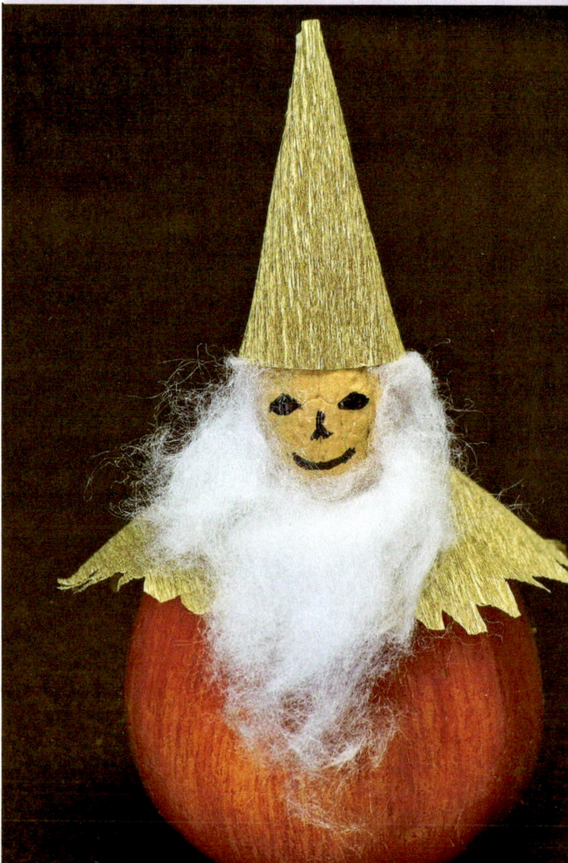

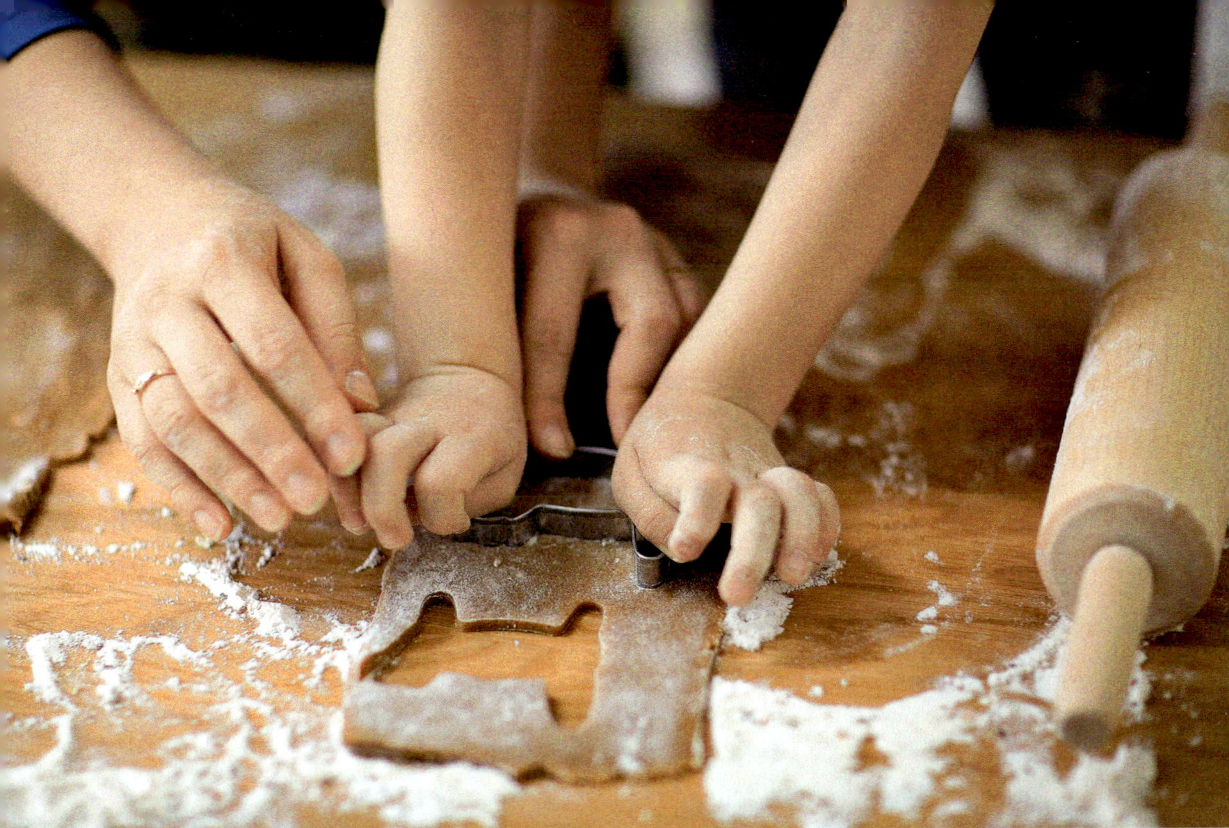

Gemeinsames Backen gehört heute wie früher zur Adventszeit.

Sankt Nikolaus, leg mir ein,
was dein guter Wille mag sein,
Apfel, Nuss und Mandelkern
essen brave Kinder gern.

Bevor Weihnachten beziehungsweise Heiligabend zum Bescherfest wurde, brachte fast überall Sankt Nikolaus in Gestalt eins Bischofs die Geschenke. Nikolaus als unsichtbarer Gabenbringer ist übrigens von Norden nach Süden überliefert worden. Die Kinder stellen am Vorabend des Nikolaustages Schuhe, Strümpfe, Teller oder Schüsseln aus, die am nächsten Morgen dann tatsächlich gefüllt sind.

Süßes Backwerk für das Fest

Es ist Backtag in der Vorweihnachtszeit. Ein betörend süßer Duft zieht durch das Haus. Die Mutter rührt Eier, Zucker und Butter. Die Kinder können es kaum erwarten, mithelfen zu dürfen. Das Backen im Advent gehört zur Vorfreude auf Weihnachten.

Früher wurde nicht Wochen, sondern nur wenige Tage vor dem Fest mit dem Backen begonnen. Und nicht überall durften die Kinder dabei mithelfen. In manchen Familien mussten sie beim Teigkneten und Rühren eifrig beten oder singen, damit sie nicht naschen konnten. Dass vor Weihnachten das Gebäck nicht gegessen werden sollte, war nahezu überall eine strenge Übung der Enthaltsamkeit. Es fiel allenfalls ein „Versucherle“ ab. Nascherei gab es das Jahr über kaum, daher versuchten die Großen wie die Kleinen, mit allerlei List vom versteckten Gebäck zu stibitzen.

Zucker war bis zu dessen industrieller Herstellung Mitte des 19. Jahrhunderts teuer und wurde in den Kriegs- und Nachkriegsjahren des 20. Jahrhundert rationiert. Seit nun Zucker jederzeit verfügbar ist, muss keiner mehr auf Süßigkeiten verzichten. Eltern backen zusammen mit ihren Kindern bereits zum 1. Advent ihre Lieblingsrezepte.

Klopfnächte

Ein weiterer Höhepunkt in der Vorweihnachtszeit vergangener Kindertage waren die Klopfnächte. Gemeint sind damit die letzten zwei oder meist drei Donnerstage vor Weihnachten.

Donnerstage wurden von alters her für Glück bringende Tage gehalten. „Klopft an, so wird euch aufgetan." Mit diesem Bibelwort als Hinweis auf die Herbergssuche und den nahenden Erlöser erklärte einst die Geistlichkeit den Sinn der Klopfnächte.

Der Brauch soll aus dem Adventssingen der Kinder zur Ankündigung und Vorbereitung auf die Weihnachtszeit hervorgegangen sein. Als Gegengabe für ihre Gesänge und Verse bekamen sie Obst, Gebäck und ein wenig Geld.

Anklopfverse

Für die Klopfnächte gibt es eine Reihe von Anklopfversen. Einige davon werden im Folgenden aufgeführt.

Jetzt kommt die heil'ge Weihnachtszeit,
die macht uns eine große Freud;
gebt uns doch nur ein klein Geschenk,
dass Jesus Christus an Euch denk!

Ich steh' vor der Tür
und klopf so höflich an,
um Äpfelschnitz, um Birnenschnitz
und um ein Marzipan.

Wir sagen an, wir klopfen an,
der Heiland Jesus kommt bald an.
Wenn er kommt, ist Heil im Haus,
holla, holla, Klopfer raus.

Dass es den Kindern bei den Adventsumzügen nicht so sehr um die Ankündigung der Geburt Christi ging und dass sie ihre Umzüge eher spielerisch begriffen, hören wir aus einer Vielzahl häufig selbst zusammengereimter Sprüchlein heraus. Der Wunsch, in ihre vorgehaltenen Körbchen oder Säckchen Naschereien gefüllt zu bekommen, war offenkundig.

Die Rosen, die Rosen,
die wachsen auf dem Stock.
Der Herr ist schön,
der Herr ist schön –
die Frau ist wie eine Dock.

Klopf an, klopf an,
die Bäuerin hat den schönsten Mann,
den schönsten und den reichsten,
die tun einander gleichen.

Krone und Kessel

Mit Walnüssen wurde in den Bauernfamilien gern um die Weihnachtszeit auf dem großen Tisch in der Stube gespielt. Eines der Spiele heißt „Krone und Kessel". Hierfür werden das „Mäuschen" (zwei Nüsse), die „Krone" (vier Nüsse) und der „Kessel" (sechs Nüsse) in Form von Häufchen aufgebaut. Um diese Nusshäufchen wird gewürfelt. Zwei halbe Walnussschalen dienen als Würfel. Jeder Spieler bekommt zwölf Nüsse als Einsatz.

Wenn die geworfenen Schalen mit der Öffnung nach oben liegen bleiben, bekommt der betreffende Spieler die „Krone". Bleiben die beiden Schalen mit der Rundung nach oben liegen, darf derjenige, der so gewürfelt hat, den „Kessel" wegnehmen. Liegt eine Schale mit der Rundung nach oben und die andere mit der Rundung nach unten, kann das „Mäuschen" kassiert werden. Ist ein Häufchen bereits vom Tisch genommen, muss der Nächste, der es erwürfelt, dies aus seinem Bestand aufbauen.

Die Mitspieler können vor Beginn des Spieles bestimmen, wie viele Runden sie zusammen spielen wollen. Wer danach die meisten Nüsse hat, ist Gewinner.

Weihnachtsschmuck

Wie das Weihnachtszimmer und der Christbaum geschmückt waren, blieb für die Kinder bis zum Heiligen Abend lange Zeit verborgen. Also durften sie auch beim Basteln nicht mithelfen. Das ist heute anders. Im Kreis der Familie wird schon rechtzeitig vorher damit be-

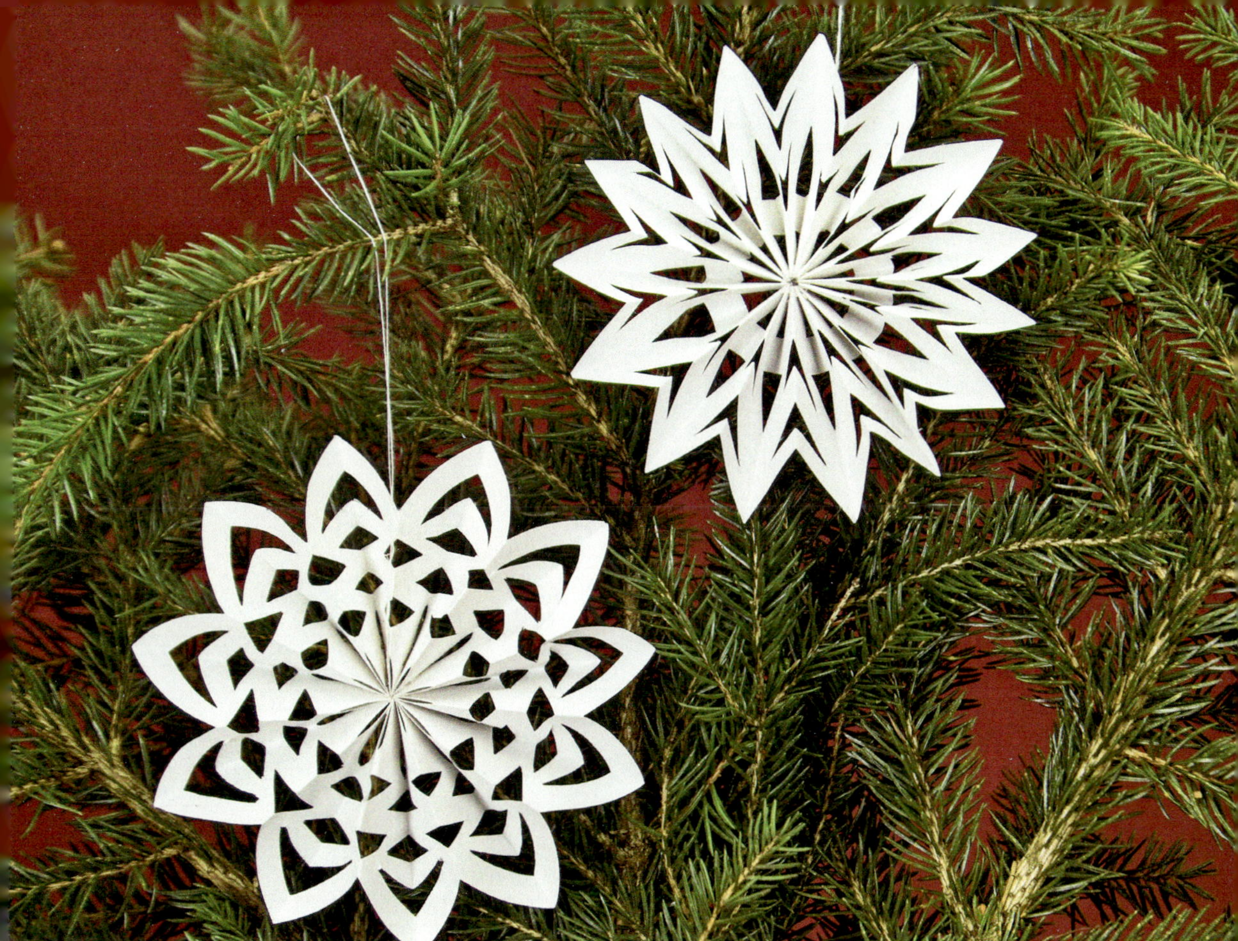

Der Spitzenstern ist eine sehr festliche Dekoration für die Weihnachtszeit.

gonnen. Ganz beliebt sind Engelchen oder Püppchen aus Watte, Filz oder glänzender Folie, Papierblumen sowie Ketten und Sterne aus Stroh oder Goldpapier.

Spitzenstern

Ganz einfach anzufertigen ist der Spitzenstern, den man ans Fenster oder an den Weihnachtsbaum hängen kann. Hierfür benötigt man einen Papierstreifen aus weißem Schreibpapier (dann sieht der Stern wie ein Schneekristall aus) oder aus Goldpapier mit den Maßen 6 × 30 cm. Der Papierstreifen wird fächerartig in schmale Streifen gefaltet. Die einzelnen Streifen sollten 1 bis 1,5 cm breit sein.

In die Falten werden nun mit einer spitzen Schere verschiedene Formen nach Wunsch geschnitten. So lassen sich viele filigrane Muster herstellen. Am unteren Ende des gefalteten Streifens wird dann mit einer Nähnadel zweimal ein fester Faden durchgezogen. Anschließend wird das fächerartige Gebilde zu einem Stern aufgefaltet, der Faden wird unten festgezogen und seine Enden miteinander verknotet. Anfang und Ende des Papierstreifens werden dann leicht zusammengeklebt. Der Faden wird nach außengenommen und zum Aufhängen verknotet.

Die Krippe

Sowohl in prachtvollen Schlössern als auch in einfachen Stuben war bei Katholiken die Krippe unverzichtbar und der Mittelpunkt weihnachtlicher Festgestaltung. Bereits in der Adventszeit wurde mit dem Aufbau begonnen. Die ganze Familie war daran betei-

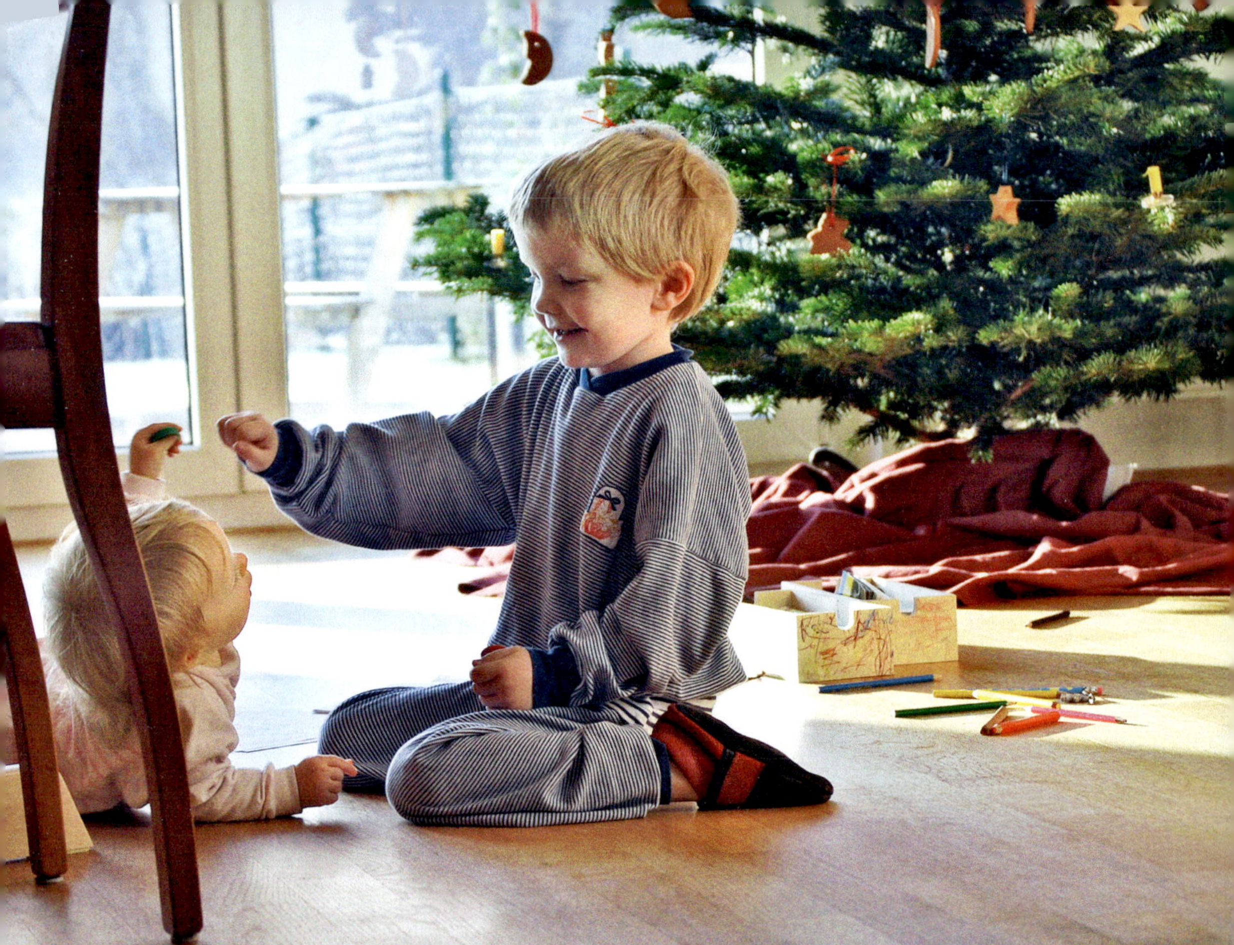

Ein Christbaum im Raum schafft eine wohlige Atmosphäre.

ligt. Es wurden Moos, Rinde und Tannenzweige gesammelt, Steine, Sand, Heu und Stroh zusammengetragen. Das alles wurde dann liebevoll um den vorhandenen Stall arrangiert, bis ganz zuletzt am Heiligen Abend von der Mutter oder einem Kind mit viel Liebe und Fürsorge das Jesuskind in sein Krippenbettchen gelegt werden konnte. Auf diese Weise kann bis heute die Weihnachtsgeschichte den Kindern anschaulich erklärt werden.

Das passende Lied dazu ist vielen bekannt:

Ihr Kinderlein kommet, o kommet doch all'!
Zur Krippe her kommet in Bethlehems Stall,
und seht, was in dieser hochheiligen Nacht
der Vater im Himmel für Freude uns macht.

O seht in der Krippe, im nächtlichen Stall,
seht hier bei des Lichtleins hellglänzendem Strahl,
in reinlichen Windeln das himmlische Kind,
viel schöner und holder als Engel es sind.

Da liegt es, das Kindlein, auf Heu und auf Stroh;
Maria und Joseph betrachten es froh;
die redlichen Hirten knien betend davor,
hoch oben schwebt jubelnd der Engelein Chor.

Der Christbaum

In katholischen Kreisen gehörte der Christbaum noch bis zu Beginn des 20. Jahrhunderts nicht zu den schmückenden Merkmalen der Weihnachtszeit. Dieser heute von Weihnachten nicht mehr wegzudenkende Brauch entwickelte sich wohl im 16. Jahrhundert von den städtisch-protestantischen Zünften aus. Über die europäische Aristokratie und das Großbürgertum fand der Tannenbaum nach dem deutsch-französischen Krieg seine Verbreitung, bis später auch in der ärmsten Hütte ein Weihnachtsbäumchen stand. Wo in der Stube kein Platz mehr war, fand man ein Tännchen sogar im Fensterstock hängen. Der Christbaum wurde in evangelischen Gegenden eher angenommen als in katholischen.

Die Kinder durften früher beim Christbaumaufstellen und -schmücken nicht mithelfen, denn für sie war der strahlende Lichterbaum jedes Jahr aufs Neue die besondere Weihnachtsüberraschung.

Strahlend-glitzernder Weihnachtsschmuck bringt Licht in die dunkelste Zeit des Jahres.

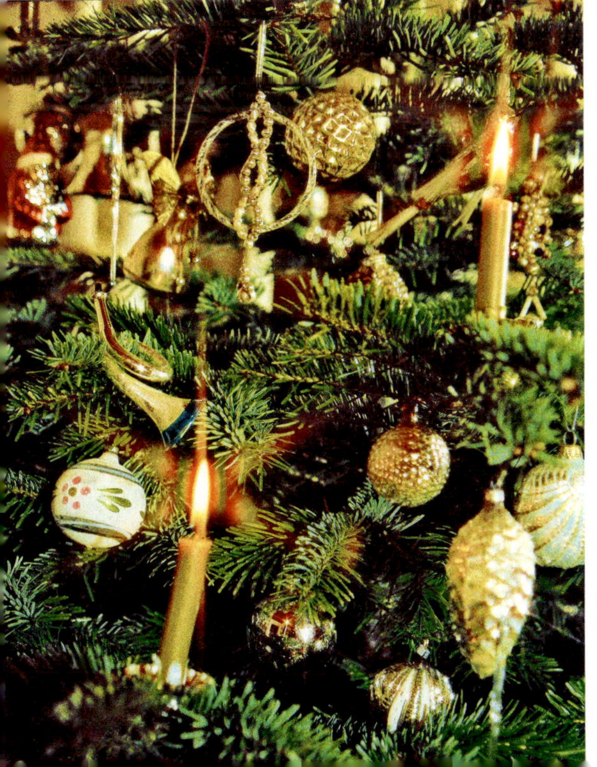

Heiliger Abend

Ungeduldig, doch in glücklicher Erwartung verfolgen am Heiligen Abend die Kinder – früher wie heute – hinter verschlossenen Türen alle vernehmlichen Geräusche. „Ihr müsst warten, bis das Glöckchen läutet", sagen häufig die Erwachsenen. Erst wenn Vater oder Mutter die Tür öffnet, folgt nach langen Stunden des Wartens die Bescherung. Gebäckteller und Geschenke stehen greifbar nah. Aber beim Schein der Kerzen wird zuerst gebetet, das Weihnachtsevangelium gelesen und die vertrauten Weihnachtslieder werden gesungen. Die Eltern bestimmen, wann die Kinder zu ihren aufgebauten Geschenken gehen dürfen. Dann aber sind sie nicht mehr zu halten. Jedes Jahr vollziehen sich die familieneigenen Rituale auf ähnliche Weise, wenn die Stunde der Bescherung gekommen ist.

Sowohl an Nikolaus als auch am Heiligen Abend war es üblich, dass die Kinder kleine Gedichte und Verse aufsagten, bevor sie ihre Geschenke erhielten.
Hier ein Beispiel:

Christkindlein, komm in unser Haus,
leer deine große Tasche aus,
stell dein' Schimmel untern Tisch,
dass er Heu und Hafer frisst.
Heu und Hafer frisst er nit?
Mandelhippen kriegt er nit!

Geschenke

Früher waren die Geschenke bescheiden. Die Kleinen freuten sich über Socken oder Handschuhe, die von der Mutter geschickt angefertigt worden waren, ebenso wie über einen neuen Griffelkasten oder ein Puppenkleidchen. Sie freuten sich auch darüber, wenn die Puppenstube mit den kleinen Püppchen und Möbelchen vom vergangenen Jahr, der Kaufladen aus alter Zeit oder das Schaukelpferd erneut unter dem Christbaum standen, weil sie wussten, dass bald nach Weihnachten all diese Herrlichkeiten wieder weggeräumt wurden, damit ja nichts kaputt ging.

Register

Noch Fragen?

Wissen über alte Kinderspiele wird meistens durch mündliche Überlieferung weitergegeben. Es lohnt sich also neben dem Recherchieren in Büchern, mit den entsprechenden Leuten direkt zu sprechen.

Wer sich für weitere alte Spiele oder deren Hintergründe interessiert, kann sich an Experten wenden; sie geben in aller Regel ihr Wissen sehr gerne weiter. Spezialisten für alte Kinderspiele sind neben den mehrfachen Großmüttern die **Volkskundler** oder Ethnologen. In vielen **Museen** und vor allem in **Freilichtmuseen** und **Museumsdörfern** wird altes Spielzeug ausgestellt und in einigen davon finden auch regelmäßig **Mitmachaktionen** oder „**Spieltage**" statt, die von diesen Stätten organisiert werden. Ein Überblick über die Freilichtmuseen in Deutschland wird auf der Internetseite www.vl-freilichtmuseen.de gegeben.

Gerade zu Spielen im Freien haben pädagogische Einrichtungen wie **Waldkindergärten**, die momentan immer populärer werden, und **Umweltbildungsstätten** einen reichen Wissens- und Erfahrungsschatz.

Auch das **Internet** bietet einiges Interessantes zum Thema an: Unter dem Stichwort „alte Kinderspiele" kommt man zum Beispiel auf die Seiten der Datenbank zur Europäischen Volkskunde www.sagen.at. Hier sind nicht nur Märchen und Sagen zu finden, sondern auch einige Forumsbeiträge zum Thema Kinderspiele.

Zum Weiterlesen

Aichele, Karl: Unser Liederbuch. Metzlersche Verlagsbuchhandlung, Stuttgart 1950.

Ariès, Philippe: Geschichte der Kindheit. dtv Wissenschaft, München 1998.

Dirx, Ruth: Kinderspiele von Januar bis Dezember. Econ-Verlag, Düsseldorf 1998.

Grunfeld, Frederic (Hrsg.): Spiele der Welt II. Fischer Taschenbuch-Verlag, Frankfurt am Main. 1997.

Kampmüller, Otto: Spiele, spielend leicht. Verlag Jugend und Volk, Wien, München.

Lederer, Helga und Fehenberger, Hannerl: Kinderspiele, Kinderspielzeug selbst gemacht. BLV Verlagsgesellschaft, München 1989.

Lehner-Hain, Hildegard: Spaß mit Spielen. Verlag Herder, Freiburg 1970.

Meier, Ernst: Deutsche Kinderreime und Kinderspiele aus Schwaben. Tübingen 1851.

Müller-Stein, Helen: Kinderspiele, die Spaß machen. Falken-Verlag, Niedernhausen 1996.

Plohn, Helene: Ratgeber für Kinderspiele. Humboldt-Taschenbuchverlag, München 1998.

Preetorius, Johanna: Knaurs Spielbuch. Droemersche Verlagsanstalt, München 2009.

Renner-Bentz, Maria: Kinderspiele und Spiellieder aus Schrozberg. Maschinenschrift bei der Württembergischen Landesstelle für Volkskunde in Stuttgart, 1956.

Schubart, Gertrud: Gesungene Kinderspiele. Forschungsstelle für fränkische Volksmusik, Band 35. Hrsg. Horst Steinmetz, Walkershofen 1986.

Stöcklin-Meier, Susanne: Natur-Spielzeug. Ravensburger Buchverlag, Ravensburg 2000.

Trapp und Pintzke: Das Bewegungsspiel. Langensalza 1891.

Weber-Kellermann: Die Kindheit. Insel-Verlag, Frankfurt/M. 1997.

Woll, Johanna, Merzenich, Margret und Götz, Theo: Feste und Bräuche im Jahreslauf, Eugen Ulmer, Stuttgart 2001.

Woll, Johanna: Weihnachten gestern und heute. Swiridoff Verlag, Künzelsau 2001.

Zechlin, Ruth: Werkbuch für Mädchen. Otto Maier-Verlag, Ravensburg 1950.

Bildquellen

Roland Bauer: 9, 10, 12; Theo Götz: 106/107; Margit Haimerl: 29, 35, 36, 55, 69, 76, 77, 79, 80 oben, 83, 84, 85 oben, 93, 98, 103; Frank Hecker: 86; istockphoto: 119; Michael Konz: 20 oben, 24, 37, 74, 75, 80 unten, 102, 112, 118, 121; Gabriele Lehari: 8, 14/15, 16, 17, 18, 19, 20 unten, 22, 25, 27, 28, 31, 32, 34, 38, 40, 42 (2), 43, 47, 48, 50–51, 52, 53, 57, 59, 60, 62, 64, 66, 71, 72/73, 85 unten, 88, 89, 90, 92, 105, 111, 114; Margret Merzenich: 117; mauritius images / Herbert Kehrer: 115; mauritius images / Rudolf Pigneter:108; Friedrich Springob: 116, 122; Johanna Woll: 11, 110;

Titelfoto: istockphoto / STEVECOLEccs
Zeichnungen: Daniel Stieglitz

Der Satz auf Seite 1 stammt von Monika Kech, Stuttgart.

Haftung

Die in diesem Buch enthaltenen Empfehlungen und Angaben sind von den Autoren mit größter Sorgfalt zusammengestellt und geprüft worden. Eine Garantie für die Richtigkeit der Angaben kann aber nicht gegeben werden. Autoren und Verlag übernehmen keinerlei Haftung für Schäden und Unfälle.
Der Verlag Eugen Ulmer ist außerdem nicht verantwortlich für den Inhalt von Links.

Bibliografische Information der Deutschen Nationalbibliothek
Die Deutsche Nationalbibliothek verzeichnet diese Publikation in der Deutschen Nationalbibliografie; detaillierte bibliografische Daten sind im Internet über http://dnb.d nb.de abrufbar.

Wollgrasweg 41, 70599 Stuttgart (Hohenheim)
E-Mail: info@ulmer.de
Internet: www.ulmer.de
Umschlagentwurf, Innenlayout: Wiebke Hengst, Ostfildern
Lektorat: Dr. Gabriele Lehari, Christine Schneider
Druck und Bindung: Firmengruppe APPL, aprinta druck, Wemding
Printed in Germany

ISBN 978-3-8001-5968-0